Del manuscrito al libro

Materialidad del texto y crítica genética en la novela iberoamericana: 1969-1992

RAFAEL CLIMENT-ESPINO

Fotografías de Abelardo Morell. Las imágenes aparecen por cortesía del artista y de la Edwynn Houk Gallery, Nueva York.
Fotografías de Chema Madoz. Las imágenes aparecen por cortesía del artista y de la Galería Elvira González.

ISBN: 1-930744-80-3
© Serie *Nuevo Siglo*, 2017
INSTITUTO INTERNACIONAL DE
LITERATURA IBEROAMERICANA
Universidad de Pittsburgh
1312 Cathedral of Learning
Pittsburgh, PA 15260
(412) 624-5246 • (412) 624-0829 fax
iili@pitt.edu • www.iilionline.org

Colaboraron con la preparación de este libro:

Composición y diseño gráfico: Erika Arredondo
Correctores: Mauricio Pulecio y Gustavo Vargas
Imagen de portada: Chema Madoz, *Sin título*. ©2016 Artists Rights Society (ARS), New York / VEGAP, Madrid

A mis padres, con todo el cariño

Índice

Introducción 9
Materialidad del texto y crítica genética 18

Capítulo 1
Boquitas pintadas como *codex factitium*. Manuel Puig y la poética del reciclaje

Introducción 29
El *Archivo Manuel Puig* y el manuscrito de *Boquitas pintadas*. Folletín 31
Boquitas pintadas como *codex factitium* 43
Materiales pretextuales: *status nascendi* de una novela ... 51
Poética del reciclaje en la primera narrativa puigiana ... 66
Reciclaje y bricolaje en *La traición de Rita Hayworth* y *The Buenos Aires Affair* 73
The Buenos Aires Affair 77
El caso de *Boquitas pintadas* 81
A) Pérdida de autoría 83
B) Materialidad del texto: bricolaje y reciclaje en *Boquitas pintadas* 88
C) *Boquitas pintadas*: ¿un juego de cartas? 94

Capítulo 2
Clarice Lispector y la narrativa informe: *Água viva* como antilibro

Proceso de elaboración escritural 111
El manuscrito de *Água viva*: análisis y repercusión estructural 116
La radical libertad ficcional de *Água viva*: hacia una desmaterialización de la escritura 129
Tinta sobre papel: *Água viva* como narrativa informe ... 142
Lo informe del agua: al margen de la escritura 152

Capítulo 3
Zero: una archivalía literaria de la dictadura militar brasileña

Introducción 163
Contexto sociopolítico de Zero 168
Proceso de creación escritural de Zero 179
Descripción y análisis del manuscrito 185
Zero: archivalía literaria de la dictadura militar brasileña.
Estructura y orden 194
Una archivalía bajo el velo de la literatura 198
Conclusión 207

Capítulo 4
El papel de los papeles en *Nubosidad variable* de Carmen Martín Gaite

Introducción 211
Descosiendo el libro: génesis y descripción del manuscrito
de *Nubosidad variable* 213
La escritura por prescripción médica 233
Nubosidad variable: novela de papeles atados 251
Prácticas escriturarias en *Nubosidad variable* 259

Conclusión 271

Trabajos citados 275

Agradecimientos

La investigación que ha hecho posible este libro se pudo llevar a cabo gracias al apoyo financiero de las becas Frederick N. Andrews Fellowship (2008-2010) y Bilsland Dissertation Fellowship (2010-2011) otorgadas por la School of Languages and Cultures y el College of Liberal Arts de Purdue University.

Este estudio tiene un importante trabajo de archivo. Mi gratitud a Carlos Puig, Mara Puig y Graciela Goldchluk por permitirme tan amablemente el acceso al *Archivo Manuel Puig* en Buenos Aires. Agradezco al Instituto Moreira Salles y a la Fundação Casa de Rui Barbosa en Río de Janeiro las facilidades dadas para la consulta de los manuscritos de *Objeto Gritante* y *Água viva* de Clarice Lispector. A Ignácio Loyola Brandão por su amabilidad y generosidad para estudiar los materiales iniciales de *Zero* en São Paulo. Por último, mi agradecimiento a la Dirección de la Biblioteca de Castilla y León en Valladolid por las gestiones para acceder al manuscrito de *Nubosidad variable* de Carmen Martín Gaite.

Durante la elaboración de esta investigación tuve la inmensa fortuna de poder contar con los comentarios, las sugerencias y la crítica constructiva tanto de mi directora de tesis, Marcia Stephenson (Purdue University), como de Ana María Gómez-Bravo (University of Washington, Seattle), ambas han sido importantísimas interlocutoras en las discusiones planteadas en este libro, para ellas mi más profundo agradecimiento. Mi gratitud también a Paul B. Dixon (Purdue University) y Emanuelle Oliveira-Monte (Vanderbilt University) por sus recomendaciones a mi manuscrito. A Vera Lúcia Casa Nova (Universidade Federal de Minas Gerais) por sus siempre iluminadoras ideas. Finalmente, tuve fructíferas conversaciones con Frieda Blackwell, Guillermo García-Corales, Stephen Silverstein y Lilly Souza-Fuertes de Baylor University.

A Candi, Alfonsi, Antonio, Fran y Elena.

Introducción

Cerremos los ojos para ver. Abramos los ojos para experimentar lo que no vemos.
Georges Didi-Huberman, *Lo que vemos, lo que nos mira*

Hace tiempo un amigo me regaló, para mi sorpresa, un paquete de cigarrillos y una caja de cerillas: "Si yo no fumo" le dije, "Pero lees" me respondió. Extrañado, volví al paquete de cigarrillos y a la caja de cerillas, el primero era un libro de poesía con veinte páginas, cada una de ellas enrollada simulando un cigarro.[1] La pequeña caja de cerillas era otro libro que contenía cien haikus del poeta brasileño Marcelo Dolabela (2002). Se entabló una conversación sobre la originalidad y la pretensión de aquellos formatos en relación con el contenido. Quienes allí estábamos manipulamos y leímos el "paquete de cigarros" y la "caja de cerillas". Debido a la originalidad del formato la experiencia fue más lúdica que la de leer dos libros comunes de poesía. Sin duda, el libro objeto despierta la curiosidad del lector.

---

[1] La bibliografía sobre libros de artista y libros-objeto es escasa. La mayoría de estos artistas parten de la idea de que el libro se ha independizado de su papel de vehículo de textos y es un material válido y manipulable para la creación artística. Limitándome a la creación artística en España, destacan como poetas objetuales de Joan Brossa, Antonio Gómez y Francisco Pino, éste último con una poesía geométrica que juega con la arquitectura del libro de una forma plástica. Tanto Pino como Felipe Boso son deudores de la poesía concreta brasileña y pueden considerarse poetas concretistas españoles. Otra variedad que ha irrumpido con fuerza en el mercado español son las revistas objetuales, entre ellas destaca *La más bella* editada por Pepe Murciego y Diego Ortiz. Algunas editoriales comienzan a otorgar más importancia al libro objeto como consta Winston Manrique en *El papel del libro renace como objeto*, artículo que ofrece la opinión de editores en relación a este asunto. El mundo anglosajón ha prestado más atención al libro-objeto, sobre la eclosión como objeto escultural en Estados Unidos, remito a Sandra Salamony (*1000 Artists' Books*) y al trabajo de Leah Price (*How to Do Things with Books*). En realción a las variantes del libro-objeto interesa el estudio de Keith A. Smith ("The Book as Physical Object").

Tiempo después, mientras releía *Boquitas pintadas* de Manuel Puig reparé en que la ficción de la novela desmentía que lo que tenía en las manos fuese un libro en el sentido tradicional del término. Empecé a sospechar que el acostumbrado paralelepípedo de papel no se ajustaba ni a lo que se desprendía de la ficción ni se adecuaba a su estructura interna: ficción y estructura pedían un material transmisor distinto del libro tradicional. El libro común, el formato de *codex*, es un aparato tecnológico de forma rectangular formado por hojas encuadernadas que suele ser transmisor habitual de narraciones. La innovación de ese formato en la narrativa actual es mínima. Tras esa relectura de *Boquitas pintadas* me planteé si se podría optimizar esa tecnología para ofrecer al lector un formato que conciliase mejor forma y contenido, no sólo en *Boquitas pintadas*, sino también en aquellos textos que suponían un reto y un cuestionamiento del formato libresco.

Conforme iba madurando esta idea fueron apareciendo otras novelas susceptibles de ser estudiadas desde este planteamiento, pues rechazaban de una u otra forma ser vehiculadas en formato de libro. La investigación para dar respuesta a esa inquietud se presentaba ardua en cuanto que para proponer nuevos formatos debía conocer las intenciones del autor durante el proceso escriturario de la novela, prestar especial atención a la materialidad del texto y a las prácticas escriturarias llevadas a cabo por escritor y personajes. En definitiva, necesitaba partir del manuscrito para llegar al libro, estudiar el proceso de elaboración observando qué materiales textuales hacían emerger la ficción en cada caso particular. Del desarrollo de esa idea inicial se ocupan estas páginas.

Las cuatro novelas que analizo –*Boquitas pintadas* (1969), *Água viva* (1973), *Zero* (1974) y *Nubosidad variable* (1992)– son "libros que no lo son", paradoja cuya lógica aclaro en adelante desmontando las piezas que componen estas novelas. Mostraré que tanto la fragmentariedad de su estructura interna como los géneros textuales que las componen cuestionan el formato de libro. La crítica literaria suele omitir en su análisis la materialidad que vehicula el texto, principalmente en novelas contemporáneas donde la producción textual y los materiales de escritura no parecen tener la importancia que tuvo en otros períodos. Este estudio rompe con esa tendencia al subrayar la relevancia que las técnicas y los procesos de producción escrituraria tienen en el proceso creativo y argumentar que su estudio aporta una visión abarcadora de la propuesta literaria en cada caso. Con el objetivo de entender mejor el texto dado al público entro en el taller del escritor para desvelar que el libro es sólo un formato aparente que, en no pocos casos, esconde una pluralidad singular de textos.

La materialidad que vehicula el texto ha sido olvidada por la crítica que se ocupa de la narrativa contemporánea, sin embargo su importancia en otras épocas, como la medieval, es incuestionable. Especialistas en cultura escrita, filólogos, paleógrafos y medievalistas han analizado los distintos soportes textuales para entender mejor la producción y transmisión de documentos de aquel período y las prácticas lectoras y escriturarias en el contexto sociocultural de la época. Este estudio plantea invertir esa tendencia de omitir la materialidad del texto en los estudios sobre literatura contemporánea, y propone que éstos deben tener en cuenta los soportes textuales pues son también informativos. Entiendo por soporte (Cardona 50-56) una superficie física donde se inscribe, fija y muestra un texto; esa superficie, al ser seleccionada entre muchas, no es neutra y opera en relación al receptor. Disciplinas como la codicología, la diplomática, la paleografía, la antropología, la sociología de la escritura o la historia del libro no han sido ajenas al análisis de los materiales de escritura. Un área de especial relevancia en este análisis es el de la cultura material y, en específico, el de la materialidad del texto.[2] Es menester conocer dónde y sobre qué se escribe ya que ese conocimiento pone al lector en contacto directo con el acto de escritura y conlleva otras preguntas que tienen al texto como fuerza centrípeta: cómo y por

---

[2] Son cuantiosos los estudios monográficos sobre cultura material, cito cuatro por su especial importancia. El primero es *The Material Culture Reader*, editado por Victor Buchli, que ofrece un amplio abanico de ejemplos sobre cómo aplicar la cultura material de forma rigurosa a áreas tan diversas como la antropología del arte, la cultura visual, la arquitectura o el consumo. En segundo lugar, el trabajo de Carl Knappett (*Thinking Through Material Culture*) aproxima cultura material y ciencias cognitivas, son especialmente interesantes los capítulos 4 y 5 donde Knappett analiza las *redes* o *networks*. Un estudio solvente para el lector no avezado en esta área es el de Ian Woodward (*Understanding Material Culture*). Por último, para contextualizar la cultura material dentro del extenso campo de la historia cultural, recomiendo la lectura de *What is Cultural History?* de Peter Burke.

qué fue escrito el texto, con qué materiales e intención, quién y dónde lo escribe, a quién va dirigido. Responder a estas preguntas era y es, desde una perspectiva sociológica, antropológica y literaria, necesario para conocer mejor las intenciones de quienes producen textos, pues el objetivo principal de un escrito es siempre ser leído, establecer una comunicación: escritura y lectura son actividades interdependientes.

Las prácticas lectoras y escriturarias han variado de unas épocas a otras, no leemos hoy como se leía en la Edad Media o en el Siglo de Oro español.[3] Un texto, para ser tal, precisa un formato material en el que la lengua sea inscrita: el texto es objeto ya que no es concebible fuera de su materialidad, y ésta es productora de sentido y significante. Al ser objeto, el texto se erige como fuente de conocimiento para antropólogos e historiadores interesados en los instrumentos de escritura o en la historia de la cultura escrita, pues la escritura, incluso desligada de su significado, es cultura *per se*. Inevitablemente, esos objetos portadores de escritura influyen en el conocimiento sobre el hecho literario y en la relación física del lector con el texto: pienso, por ejemplo, en las disquisiciones entre oralidad y escritura que hubo en la época clásica, es decir, entre la necesidad o no de inscribir lo oral.[4] El libro ha sido, desde sus orígenes, objeto de culto para religiones y civilizaciones, también para artistas y lectores, la cubierta y el interior de los primeros códices debían estar a la altura de aquello que custodiaban y sus materiales, formas e imágenes

---

[3] Sobre prácticas lectoras en el medievo, remito a Armando Petrucci (*Alfabetismo* 183-97). El valioso estudio de Ana María Gómez-Bravo (*Textual Agency*) se ocupa de la transmisión textual en el siglo XV. En cuanto a las prácticas lectoras y escriturarias en la literatura aureosecular remito a los trabajos de García de Enterría ("¿Lecturas populares?"), Fernando Bouza (*Imagen; Corre manuscrito; Papeles y opinión*) y Castillo Gómez (*Entre la pluma*). Sobre la relación de la cultura judía con el texto escrito es muy informativo el texto de Amos Oz (*Los judíos y las palabras*).

[4] La oralidad requiere un componente material para producirse: aire, aparato fonador, etc. La distinción principal entre oralidad y escritura es que ésta está ligada a la inscripción mientras aquélla no. Esta problemática entre ambas ha despertado gran interés entre la crítica, disquisiciones de interés son las de Walter Ong (*Orality and Literacy*), Jack Goody (*Interface*), Ruth Finnegan (*Literacy*) y McKenzie (*Making Meaning* 237-58). Florence Dupont (*La invención de la literatura*) aborda esta cuestión en la época clásica teniendo en cuenta las condiciones materiales de producción textual. Es imprescindible leer sobre este tema el estudio de Shane Butler (*Matter of the Page*) y Michel de Certeau (*Invención* 143-66).

tenían que expresar el valor de su contenido. El libro nació como objeto de producción artística.

La llegada del libro *codex*, tal y como hoy día lo entendemos, hizo que los materiales textuales, hasta entonces plurales y diversos, se homogeneizaran. Jacques Derrida define el *codex* como "ese cuaderno con páginas superpuestas y encuadernadas, la forma actual de lo que denominamos habitualmente un libro tal que se puede abrir, poner sobre una mesa o tener en las manos" (*Papel máquina* 20). Ana María Gómez-Bravo, al analizar la transmisión textual en el siglo XV español, sostiene que: "uno de los problemas que deriva de la aceptación de la primacía del libro a través de los siglos es que otros soportes materiales son destruidos o no estudiados y, por lo tanto, permanecen invisibles" (6). Este problema sigue vigente en la literatura contemporánea ya que el libro se ha impuesto y generalizado como transmisor textual. El formato libresco ha actuado como repositorio de textos invisibilizando la riqueza textual de gran número de manuscritos, novelas y narraciones. Sacar a la luz esos textos, hacer visibles los materiales que esconden los libros e indagar en su repercusión para la lectura de la obra es tarea principal de este estudio.

Considerar la literatura como mero entretenimiento minimiza, a mi entender, la amplitud e importancia del acto literario. No se puede omitir el complejo proceso que supone la producción literaria desde que le surge una idea a un escritor hasta la recepción por parte del lector: utilización de materiales escriturales, elección de un soporte sobre el que escribir, realización de prácticas escriturarias, intencionalidad y necesidades del autor al elegir y descartar materiales y formatos, ubicación del texto una vez elaborado, edición, manipulación del texto por parte del lector, diversidad de prácticas lectoras, etc. Analizar un texto omitiendo los aspectos sociales y materiales de la escritura aporta sólo una visión sesgada de la amplitud del hecho literario. La literatura tiene validez documental en cuanto producción cultural que refleja una variedad de prácticas cotidianas de las personas que escriben en distintas comunidades. Mi estudio presta especial atención al acto de escritura y a todo lo que lo rodea interesándome por el utillaje que los escritores usan para componer sus novelas. Analizo las prácticas escriturarias también dentro de la ficción, pues los personajes escriben con frecuencia. Para todo ello, distingo en mi análisis entre estructura narrativa e *infraestructura material*, concepto creado *ad hoc* y que es central para indagar y cuestionar el formato tradicional de libro. La infraestructura material pretende dirigir la mirada a los géneros textuales que el formato de libro invisibiliza, me refiero a todos los materiales que se sitúan jerárquicamente por debajo de la estructura narrativa y que levantan el andamiaje material de la ficción. Esta investigación muestra, apoyándose en la materialidad del texto y en la crítica genética como teorías fundamentales, cómo en muchos casos la variedad textual que cimenta la ficción descompone el libro y se opone a su formato. Con ese objetivo, establezco una vía inductiva que parte del estudio del manuscrito y de los materiales textuales usados por el escritor para llegar a la narración. Propongo que la ficción surge como resultado de un ensamblaje textual que cuestiona la idoneidad del formato tradicional del libro como el único posible para transmitir ciertas narraciones.

Mientras en épocas pasadas la tenencia de libros implicaba estatus económico, cultural y social, el libro, al convertirse en producto de consumo masivo en la segunda mitad del siglo XX, ha perdido valor como objeto de cultura. Con el derecho a la alfabetización en las sociedades democráticas y el acceso de las clases menos pudientes a la educación y a la cultura, el libro es un producto de consumo asequible para la mayoría de la población en Iberoamérica. El libro debe mantenerse como producto cultural válido ante el fuerte envite de las nuevas tecnologías o "textualidades electrónicas" (Chartier, *Historia o la lectura* 84) y, para ello, ha de atender a la renovación y diversificación de su formato. La rápida evolución de la tecnología presenta un reto al libro tradicional: cuál es su papel en nuestra ya denominada "era tecnológica". Armando Petrucci (*Libros, escrituras* 61) señala voces muy tempranas que consideran que el autor debe diseñar materialmente su libro y no dejarlo en otras manos. Las cambiantes condiciones y características del mercado editorial obligan a que la comunicación entre editores y escritores sea más fluida de lo que ha sido hasta ahora. Urge enriquecer la oferta, presentar formatos innovadores que no se limiten al habitual paralelepípedo de papel, en suma, volver al libro-objeto, hacer de cada libro un objeto singular.

Sobre esa necesidad de innovación, Jesús Camarero, analizando la obra del escritor francés Michel Butor, sostiene que:

> para Butor, es absolutamente necesario impulsar el libro-objeto, porque el libro ha pasado a ser un objeto de consumo, casi invisible y prácticamente perecedero; de modo que hay que devolver el libro al mundo de los objetos, al mismo tiempo que hay que transformarlo: manipular su maqueta, su texto, su soporte, hacerlo audible, visual, llegar al ejemplar único, ir "más allá de la significación" habitual. (Camarero, *Metaliteratura* 124-25)

Si, ciertamente, se ha recorrido algún camino en cuanto a poesía objetual y revistas-objeto, el libro-objeto contenedor de novelas sigue siendo la asignatura pendiente del mercado editorial, son mínimas las innovaciones llevadas a cabo en su formato en los últimos siglos. Ofrecer al lector materiales de lectura más atractivos o intentar adaptar forma y contenido son nuevas posibilidades para dinamizar el mercado. Entre esas posibilidades, el libro-objeto, el proyecto cartoneras, el *bookart* o libro de artista son direcciones hacia donde escritores y editores han de mirar con más interés.[5] No siempre hay que buscar esos formatos fuera del proceso de elaboración escriturario del texto pues, como pongo de manifiesto en este trabajo, el propio manuscrito ofrece, a menudo, formatos alternativos al libro.

En la actualidad, el libro de papel mantiene una fuerte lucha con el libro electrónico en el mercado y es innegable que éste último gana terreno a ritmo acelerado. Sin embargo, el hecho de que el *e-book* esté relegando a un segundo plano al libro tradicional ha hecho que se otorgue más atención a la materialidad de su formato. Si bien es cierto que el vigor del libro electrónico es hoy más fuerte que nunca, y que parece que esa línea continuará en los próximos años, no lo es menos que el libro-objeto y el libro de artista toman fuerza en el mercado oponiéndose a la fuerte homogeneización de formato que ofrece el *e-book*. Curiosamente, la amenaza tecnológica sobre el libro tradicional ha hecho que se revitalice la producción artesanal de éste, principalmente desde editoriales

---

[5] Destaco el estudio de Ksenija Bilbija y Paloma Celis Carbajal (*Akademia Cartonera*) que analiza la evolución del proyecto cartoneras en Latinoamérica.

pequeñas, con una tendencia a la creación de ejemplares únicos que se aparta de la producción industrial de libros. Existe un nuevo mercado para libros originales, libros raros y manuscritos, cuyos formatos son, a veces, diseñados por los escritores. Esta tendencia supone una vuelta a la práctica amanuense y a la artesanía de la escritura.[6]

Esta monografía propone, en primer lugar, reflexionar sobre la necesidad de incluir el estudio de manuscritos y archivos literarios hispánicos y brasileños en los estudios de literatura iberoamericana. El crítico Daniel Ferrer afirma que "esses arquivos da criação constituem um continente inteletual fantástico, ainda em sua maioria inexplorado" ("Crítica genética" 220). Las pugnas entre ministerios de cultura, fundaciones y particulares por la compra de archivos y manuscritos de reconocidos escritores han elevado sus precios de forma meteórica, no es éste un hecho positivo para el investigador pues hay propietarios y albaceas que no han sabido dar a la obra la difusión que merece. La crítica ha ofrecido diversas lecturas de textos publicados en formato de libro, pero apenas se ha ocupado del proceso de creación escritural de esas ficciones. Revisar manuscritos y archivos ayudará a tener una visión abarcadora de la obra de cada escritor y a empezar a diseñar una poética de la génesis literaria en cada uno de ellos. Así, este trabajo vincula los rastros dejados por el escritor en su proceso creativo con la interpretación de la obra atendiendo especialmente a los materiales que componen la narración y proponiendo nuevos soportes que la transmitan.

Walter Benjamin definió la literatura como *ars inveniendi* (*Work of Art* 181) o el arte de inventar, esa capacidad inventiva ha de estar no sólo en la ficción sino también en los materiales transmisores de textos. Mi estudio muestra cómo la variedad de soportes que se pueden ofrecer al lector está implícita en muchas ficciones publicadas como libros, libros que esconden una sorprendente diversidad textual: mostrar los formatos textuales que camuflan es tarea principal de estas páginas. Considero que los libros que transmiten las novelas analizadas son trampantojos e intento descubrir al lector ese engaño. El cuestionamiento del libro que se lleva a

---

[6] Un estudio que incluye un panorama preciso sobre los libros y revistas de artistas españoles desde los 60 hasta la actualidad es el editado por José Arturo Rodríguez Núñez.

cabo en estas novelas del ámbito iberoamericano abre una vía para saber qué materiales textuales ocultan los libros. Reconociendo la funcionalidad del libro, mi propuesta es desplegarlo para mostrar la heterogeneidad de materiales que contiene y la pluriformidad de textos que homogeniza. El libro adquiere su forma debido en parte a que manos ajenas al escritor –cajista, tipógrafo, diseñador– actúan como agentes dentro del proceso de edición. Es por ello que Donald McKenzie (*Making Meaning* 207) sostiene que, todavía hoy, debemos aprender a leer el lenguaje de los libros, un lenguaje del que me valgo en mi análisis.

La codicología, en cuanto ciencia que estudia el libro como objeto físico, y las ideas que los expertos en esta área han aportado para hacer de él un objeto más flexible han de incorporarse a las técnicas de edición y estudio actuales, el libro debe enfrentarse a los nuevos retos con imaginación. No creo en las voces que proclaman el fin del libro, la industria editorial tiene herramientas suficientes para diversificar la oferta de formatos textuales y recuperar la importancia del libro como objeto de cultura. Este estudio muestra cómo los propios manuscritos sugieren, en gran medida, propuestas innovadoras de edición. A veces, los textos originales señalan inusitadas ideas de formatos que las editoriales, al priorizar lo económico, no llevan a cabo. La necesidad de publicar hace que los escritores acepten editar sus narraciones como libros. Roger Chartier subraya este inmovilismo del formato libresco a través de los siglos: "El libro occidental alcanzó la forma que conservaría en la cultura impresa doce o trece siglos antes de la introducción de la nueva tecnología" (*Forms and Meanings* 14). Las ficciones que analizo sugieren una renovación del mercado del libro, el *bookart* podría jugar un papel determinante para romper la monotonía de soportes textuales. Retomar el camino *del manuscrito al libro*, pensar el libro desde el manuscrito, devolverá al lector la heterogeneidad textual que cimenta la génesis de la ficción.

Materialidad del texto y crítica genética

Recientes investigaciones en materialidad del texto y crítica genética guían mi análisis de manuscritos literarios. Sólo de forma secundaria me sirvo de la perspectiva transatlántica para justificar que trato un tema transversal en cuatro novelas escritas por escritores de tres nacionalidades y de ambos lados del Atlántico.[7] Para algunos teóricos el término 'transatlántico' es innecesario al referirse a la literatura iberoamericana porque ésta es transoceánica *per se*. El propósito de los estudios transatlánticos no es jerarquizar culturas sino profundizar en el estudio del continuo diálogo entre la península ibérica y Latinoamérica. La influencia mutua entre ambas regiones es incuestionable a todos los niveles. Si la influencia de España y Portugal es patente en muchos aspectos de la vida diaria de Latinoamérica, la influencia de Latinoamérica en la cultura ibérica ha permeado no sólo en la literatura y la cultura más institucionalizada sino también en la cultura popular. Iberoamérica no es una entelequia, las continuas oleadas migratorias de la península a América y viceversa han forjado unos vasos comunicantes indelebles a través del Atlántico que, afortunadamente, son cada vez más fuertes. En cuanto a la crítica cultural, Francisco Fernández sugiere cómo ha de ser el diálogo crítico entre ambos lados del océano:

> La apertura al Atlántico de la práctica crítica peninsular a través de un profundo análisis de la teoría contemporánea revitalizaría lecturas y debates. Esto ayudaría [...] a mejorar los intercambios intelectuales transcontinentales y a crear un campo de estudio donde se trabajen líneas de investigación que se liberen de la ideología y metodología del intercambio colonial, paternalista y en muchos casos, autócrata del último siglo. La crítica latinoamericana, por su parte, está más preparada para tomar este tipo de estudios gracias a la ya larga historia de su teoría cultural. Conceptos como la "transculturación" de Fernando Ortiz, la 'heterogeneidad' de Antonio Cornejo Polar o la, más reciente, 'hibridez' de

---

[7] Hay abundantes estudios sobre la perspectiva transatlántica realizados desde los años 80 hasta nuestros días. Un artículo solvente sobre el estado de la cuestión es el de Francisco Fernández de Alba ("Hacia un acercamiento"), también Fernández de Alba ("Teorías de navegación") aporta un interesante trabajo dedicado al método usado por esta perspectiva teórica. Conviene revisar los trabajos de uno de los principales impulsores de esta perspectiva, Julio Ortega, que quedan anotados en la bibliografía.

García Canclini son resultado de décadas de reflexión sobre las pluralidades culturales y sus intercambios. ("Hacia un acercamiento" 101)

Este auge en los estudios transatlánticos surge, paradójicamente, al mismo tiempo que los nacionalismos toman fuerza en Europa, debido al debilitamiento de la idea de estado-nación de las últimas décadas del siglo XX. Ricardo Gutiérrez Mouat afirma que: "el discurso de la nación hoy en día es un recurso residual de legitimación literaria, que parece menos dominante que en épocas anteriores y acosado por dispositivos emergentes de autoridad cultural, pero no por eso prescindible" ("Cosmopolitismo y latinoamericanismo" 106). Los estudios transatlánticos superan la idea de nación y se insertan dentro de una perspectiva transnacional al analizar la producción cultural de una importante diversidad de países que tienen como núcleo de unión la lengua, ya sea el español o el portugués. Lo que conceptos geoculturales como Iberoamérica, Hispanoamérica y Latinoamérica aglutinan, va más allá de la idea de cultura nacional al aunar países, culturas, lenguas, pueblos, gentes y razas cuya heterogeneidad es de gran riqueza. No debe extrañar, pues, que este trabajo incluya un escritor argentino –Manuel Puig–, dos brasileños –Clarice Lispector e Ignácio Loyola Brandão–, y una española –Carmen Martín Gaite– , pues intento, respetando diferencias estilísticas y culturales, establecer diálogos y buscar puntos de encuentro entre literaturas que comparten el acervo cultural iberoamericano.

Por otra parte, un campo de estudio que sustenta mis hipótesis es el de la materialidad del texto. En relación con esta área, algunas ideas expuestas por Roger Chartier fundamentan parte de las ideas propuestas.[8] Chartier

---

[8] La relación entre materialidad del texto y literatura ha sido explorada desde diversas perspectivas. *Máquina Papel* de Jacques Derrida es una lectura obligatoria en este campo. Además, son muy sugerentes los estudios llevados a cabo por Jesús Camarero en *Metaliteratura. Estructuras formales literarias*, libro clave para teorizar sobre la materialidad del texto y establecer un diálogo entre escritura y literatura. Camarero centra su investigación en la literatura francesa analizando con minuciosidad la obra literaria y crítica de Michel Butor. Profundiza en las relaciones entre escritura y literatura desde una perspectiva metaliteraria, llegando a afirmar que: "concebimos metaliteratura como una literatura de la literatura, en la que el texto se refiere, además de otras cosas, al mismo texto, una literatura que se construye en el proceso mismo de la escritura y con los materiales de la propia escritura, un conjunto de maniobras metatextuales que quedan incorporadas al texto como un elemento más del sistema de delación programada de la obra

afirma que: "Si queremos entender las apropiaciones e interpretaciones de un texto en su completa historicidad, necesitamos identificar los efectos, en términos de significado, que sus formas materiales produjeron" (*Forms and Meanings* 2), idea básica que subyace en todo mi trabajo. Creo con Chartier (*Orden de los libros; Aventura do livro*) que un mismo texto se lee de forma distinta cuando el soporte donde se fija varía; no me refiero a la comprensión del texto en sí, sino a que la relación que el lector mantiene con él difiere dependiendo del formato que lo vehicule: el lector no reacciona de igual forma ante un mismo escrito si éste está en un diario íntimo, publicado en un periódico o plasmado en un grafiti. En otras palabras, la relación física del lector con el texto es operante, pues el soporte no cambia el contenido, pero sí la relación con él y, por tanto, su interpretación del texto. Tanto la forma material como las condiciones de escritura del texto –fuera y dentro de la ficción, pues hay personajes que escriben– deben ser tenidas en cuenta en el análisis literario. La incorporación de estudios sobre materialidad del texto para examinar la narrativa del siglo XX está teniendo una recepción positiva por parte de la crítica. Así, para Jesús Camarero:

> la escritura (literaria o no) tiene un aspecto material, tangible, sustantivo o sustancial, depende del fenómeno de la inscripción [...] el soporte es importante así como el proceso matérico de inscripción, y también lo son las formas o dimensiones del signo en su aspecto material mediante manipulación. (*Metaliteratura* 19)

Al observar atentamente la fragmentariedad narrativa y los materiales textuales que componen las novelas objeto de análisis, se cuestiona el formato tradicional de libro y se posibilita una nueva lectura. Mi interés se centra en el texto no sólo por su contenido, sino como tecnología transmisora de ficciones, como artefacto material que organiza la narrativa de forma *sui generis*. Para Camarero "hay que plantearse qué ventajas o qué sentido tiene el libro. Otros soportes tienen la ventaja de una mayor

---

literaria" (*Metaliteratura* 10). Para una información precisa sobre manuscritos, instrumentos escriturarios y diferentes conceptos y posibilidades de escritura remito a Armando Petrucci (*Libros, escrituras* 51-132). Interesan las reflexiones sobre materialidad del texto desde el materialismo filosófico expuestas por Jesús Maestro (58-60; 99-100).

fidelidad o un menor desvío en la reproducción del objeto representado" (*Metaliteratura* 123). Reflexionar sobre este planteamiento de Camarero es útil tras estudiar el libro desde un acercamiento crítico que lo entienda como objeto complejo transmisor de escritura. Investigar dónde, cuándo, por qué, cómo y por quién fue escrito el texto y qué lecturas posibilitan el conocimiento de esos hechos es una finalidad principal de estas páginas, dar respuesta a esas preguntas permitirá comprender mejor las intenciones de quienes escriben. Estudiar cómo lectores y personajes de ficción se relacionan con la escritura y el texto, analizar sus prácticas lectoras y escriturarias (Certeau, *Invención de lo cotidiano*) aporta valiosos datos para la interpretación. En las cuatro novelas analizadas hay personajes que leen y escriben reflejando prácticas que llevan a cabo los escritores.[9] Así, no soy ajeno a las condiciones sociológicas que gobiernan la producción escrituraria dentro y fuera del texto para entender de forma abarcadora qué información relevante aportan los hábitos de escritores y personajes sobre las figuras que habitan la ficción.

Thomas Tanselle, Donald F. McKenzie y Walter J. Ong clarifican la importancia de contar con el libro no como simple contenedor de textos, sino como objeto físico complejo con una historia propia. McKenzie, el más importante crítico en historia del libro, revoluciona la manera de entender los materiales transmisores de textos al argumentar que sus formas determinan el significado. Por su parte, Thomas Tanselle, especialista en crítica textual y bibliografía analítica, sostiene que forma y contenido son interdependientes, cara y cruz de una misma moneda.[10]

---

[9] La obra de Michel de Certeau supone una útil caja de herramientas teóricas para los estudios culturales. De Certeau propone metodologías de aproximación a la producción cultural, su agudeza a la hora de analizar las *prácticas cotidianas* es de gran lucidez. Destacan *La invención de lo cotidiano* (2000), *Historia y psicoanálisis* (2003) y *La escritura de la historia* (2006). Para una visión abarcadora de la obra de De Certeau es útil el trabajo de Ben Highmore que repasa las aportaciones del teórico francés a los estudios culturales. También Roger Chartier (*On the Edge* 39-47) ha dedicado páginas de interés al análisis de la obra del crítico francés.

[10] *Literature and Artifacts* es el libro más conocido de Thomas Tanselle junto con *Bibliographical Analysis: a Historical Introduction* donde manifiesta que al lidiar con textos y libros manejamos de forma directa objetos que tienen valor estético sea cual sea la intención de su creador. Para Tanselle, los elementos que componen el libro –tamaño, tipografía, orden de la página, tipo de papel, etc.– son pertinentes para el análisis en cuanto que afectan a la lectura que de ellos se hace. Por tanto, no sólo el texto implica significado sino también las condiciones materiales en las que el texto se vehicula. Ideas de importancia para elaborar una historia de la lectura que,

Para él, omitir del análisis literario la materialidad del texto es incurrir en un grave error ya que, ante todo, el texto es objeto. En la misma línea se encuentran los estudios de Thomas A. Vogler, quien proclama que: "El término libro puede tener tres significados distintos: el texto del libro, el objeto mismo ('un libro') y el modo institucionalizado de tecnología compuesta ('el libro')" (448). Vogler menciona que para ciertos críticos el texto es la parte principal constitutiva del libro aunque interesa aclarar que un texto puede existir fuera del libro y que un libro puede ser tal sin texto, no son interdependientes. Para Vogler (449), la producción física está separada de la artística, idea que cuestiono en este estudio analizando los manuscritos y mostrando cómo, a veces, se ficcionaliza el proceso de creación. No entro en cuestiones de teoría textual aunque los estudios en esta área pueden abrir nuevas vías interpretativas a las aportaciones de la materialidad del texto.[11]

La crítica genética es el otro pilar teórico de mi investigación. Tanselle (*Literature and Artifacts* 258-71) saluda con afecto esta teoría por sus innovaciones con respecto a la crítica textual.[12] La crítica genética

---

irremediablemente, estará ligada a la historia de la escritura. Los últimos trabajos de Tanselle (*Book-Jackets*) giran alrededor de la historia del libro objeto. En relación al libro como objeto en el ámbito de la literatura española se pueden consultar las aportaciones de Jesús Marchamalo *Tocar los libros* y *Donde se guardan los libros: bibliotecas de escritores*.

[11] Me refiero a los trabajos de D.C. Greetham (*Theories*) que han entrado en un interesante diálogo intelectual con los de G. Thomas Tanselle a raíz del concepto de "intencionalismo textual". En *Theories of the Texts*, Greetham define este concepto: "el intencionalismo textual está muy preocupado con la distancia entre el acto de percepción y el objeto real (el texto), en esa distancia deben ser encontradas las problemáticas de la devoción de esta disciplina a la intencionalidad. Además, creo que reconcebir el texto como objeto intencional en términos fenomenológicos ('la dirección o aplicación de una mente a un objeto') no oscurece sino que clarifica esta cuestión textual" (*Theories* 181). La propuesta de Greetham coincide con los presupuestos planteados por Tanselle respecto del intencionalismo (*Literature* 21). Parte de la investigación de Greetham, principalmente en *Textual Scholarship*, está centrada en problemas de crítica textual. En cuanto a las nuevas tendencias en los estudios de materialidad del texto, remito al segundo capítulo de *Writing Machines* de Katherine N. Hayles. También *The Metaphysics of the Text* de Sukanta Chaudhuri parte de la materialidad del texto en su propuesta analítica y centra su análisis en el libro como transmisor textual.

[12] La crítica genética surge como disciplina teórica en Francia en los años 60 y 70. Son indispensables los trabajos de Louis Hay (1979), Daniel Ferrer (1993), Almuth Grésillon (1994, 2008), Jed Deppman (ed.) (2004) y Philippe Willemart (2007). El grueso de trabajos publicados en esta área data de los 80 y los 90. Remito a la extensa bibliografía que proporciona Élida Lois (241-62) con los estudios más importantes en el ámbito anglosajón, francés e

no lidia con las variantes del texto sino con el análisis de su proceso de escritura. Para realizar esta labor, los geneticistas han de tener contacto directo con los manuscritos literarios, por ello, materialidad del texto y génesis textual son disciplinas, a mi parecer, estrechamente ligadas. Un manuscrito, soporte material de borradores textuales, es mucho más que texto y escritura, pues rompe la homogeneidad presentada en el libro e incorpora papeles, tintas, colores y tamaños de textos que determinan su dimensión física. Interesa aclarar que mientras el texto final está homogeneizado para ofrecerlo al lector, el manuscrito se forma de una amplia serie de componentes insospechados que exploro en mi análisis. El manuscrito está, además, muy relacionado con los ambientes y los hábitos que rodean al escritor en su cotidianeidad.

Los capítulos que siguen tienen como punto de partida una descripción del manuscrito original de cada novela y de su proceso de escritura. No obstante, no pretendo hacer una edición crítico-genética y ofrecer la progresión del escritor en la composición de una obra literaria, sino más bien acercarme al manuscrito como objeto textual previo al libro. Tanselle (*Literature and Artifacts* 261) problematiza la labor de la crítica genética al adelantar algunos problemas con los que se enfrenta esta perspectiva como los casos en que, después de publicar el libro, hay revisiones y cambios autoriales. Para él, la labor del geneticista no se detiene con la publicación de la obra (Tanselle, *Literature and Artifacts* 262), considera a los editores dentro del proceso de creación textual y llama la atención sobre su falta de interés por innovar el formato del libro. Sin editores arriesgados, el formato libresco tenderá a perpetuarse como ha ocurrido en los últimos siglos. Tanselle (*Literature and Artifacts* 267) pone al editor frente a la disyuntiva de innovar o no en el formato. En un futuro próximo, debido a la rápida digitalización de manuscritos, los lectores podrán leerlos sin necesidad de que pasen por la imprenta.

---

hispánico. Lois ofrece un breve apartado sobre la historia de esta perspectiva teórica (45-48) y se detiene en el papel que ha jugado la crítica genética en Latinoamérica centrándose en Argentina (48-60). Un aspecto que hace atractivo el estudio de Lois es que ofrece una hoja de ruta para quienes quieran iniciarse en los estudios geneticistas. Lois aporta datos sobre distintos archivos de escritores a la espera de ser estudiados destacando la excepcionalidad del *Archivo Manuel Puig* debido a su buen estado de conservación.

El libro de papel comienza a dejar de ser un formato necesario para ser una de tantas posibilidades a las que apuntan las nuevas tecnologías. En *Genetic Criticism: Texts and Avant-textes*, editado por Deppman, se hallan definiciones abarcadoras sobre el objetivo de esta perspectiva crítica. Por una parte, se señala que "[la crítica genética] se centra en los procesos de escritura y no en un estado particular del texto, sino más bien en el proceso por el cuál el texto llega a ser tal" (5). Por otra parte, apunta que su preocupación principal "no es el texto 'final' sino la reconstrucción y análisis del proceso de escritura. Los geneticistas encuentran una riqueza inagotable en lo que ellos denominan 'avant-texte': una colección crítica de las notas del escritor, bocetos, borradores, manuscritos, textos mecanografiados, pruebas y correspondencia" (12), estas citas resumen con precisión la tarea de la crítica genética que tendría un antepasado cercano en lo que Petrucci llamó "filología de los borradores" (*Libros, escrituras* 289).

Desde la década de los setenta los estudios en crítica genética se han ido especializando y hoy día se encuentran en una importante fase de expansión en toda Latinoamérica, principalmente en Brasil.[13] Élida Lois resume cuáles son las nuevas vías por las que se están diversificando los estudios en génesis textual. Esas tendencias son, según Lois, la génesis y teoría lingüística (22), la génesis y teoría psicoanalítica (26) y la sociogenética (35). En todas ellas el juego dialéctico entre escritura y lectura es constante, el análisis de los manuscritos a través de la génesis textual sorprende a la obra en movimiento, a una literatura latente. Una aportación innegable de esta teoría es la de devolver al texto su vitalidad

---

[13] A los mencionados estudios de Élida Lois hay que sumar los de José Amícola (1998; 2001) y Graciela Goldchluk en Argentina y el más reciente de Daniel Balderston y María Julia Rossi (2014). Los estudios geneticistas han tenido gran aceptación en la academia brasileña, que va muy por delante en la investigación de esta área si se compara con el resto de países iberoamericanos. Estudios de importancia han sido llevados a cabo por Márcia Ivana de Lima e Silva (2000), Claudia Amigo Pino (2007) y Roberto Zular (2002). Destacan los estudios de Cecilia de Almeida Salles que merecen especial atención por derivar la crítica genética hacia otras artes, Salles es la principal impulsora de la denominada "crítica del proceso". Un centro de enorme importancia para la crítica genética brasileña es el *Núcleo de Apoio à Pesquisa em Crítica Genética da Universidade de São Paulo* (NAPCG-USP). También depende de esta institución académica la *Asociação de Pesquisadores de Crítica Genética* (APCG). La mayoría de estos investigadores trabaja con manuscritos literarios de escritores franceses o brasileños.

inicial, alejándose de la idea de literatura como actividad estática e inmutable. Mi estudio intenta incorporar una nueva tendencia a ese *dossier* apuntado por Lois que es la que aúna crítica genética y materialidad del texto.

Capítulo 1

Boquitas pintadas como *codex factitium*.
Manuel Puig y la poética del reciclaje

INTRODUCCIÓN

> *El ochocientos francés ha sido un período áureo para el folletín, pero deben tener un concepto muy bajo de los propios lectores aquellos periódicos que reimprimen novelas de hace un siglo, como si el gusto, el interés, la experiencia literaria no hubiesen cambiado nada de entonces hasta ahora (...) Y pensar que esta gente está pronta a desparramar lágrimas de tinta sobre la infeliz suerte de las letras patrias*
>
> Antonio Gramsci, *Literatura y vida nacional*

La relevancia que la materialidad del texto tiene en *Boquitas pintadas*. *Folletín* (1969) de Manuel Puig es clave para poner en tela de juicio que el libro sea el material transmisor idóneo de la ficción propuesta en *Boquitas pintadas*. Considero esta novela un *codex factitium* por sus características constitutivas que están en armonía con los rasgos de los códices medievales hispánicos.[14] En este capítulo muestro que las peculiaridades materiales del *codex factitium* se adaptan plenamente a la forma narrativa del texto y que su formato es el más adecuado para vehicular la ficción. Llego a estas conclusiones tras el análisis minucioso del manuscrito original de *Boquitas pintadas*.

Para el geneticista no importa tanto el producto final como el camino seguido para llegar a él, acompañar el proceso escriturario de *Boquitas pintadas* aporta información de gran valor sobre las intenciones literarias del escritor argentino. Cuando se trata de Manuel Puig es necesario distinguir entre creación y elaboración, pues él no parte de la nada sino que elabora utilizando unos materiales dados de diversa índole. Utilizo

---

[14] Distingo entre *codex* y códice siguiendo las definiciones de una experta en codicología y archivística como Elisa Ruiz García (*Manual de Codicología*). Sobre este tema remito a Germán Orduna (97-112).

esta distinción para hablar de una *poética del reciclaje* que abarca, al menos, los tres primeros textos puigianos. Con la intención de revisar esos materiales hago referencia a anotaciones, borradores, fotos y artículos de periódico relacionados con la novela. Amplío así el concepto de archivo desde una perspectiva interdisciplinaria al incorporar soportes materiales que se encuentran en la génesis del texto.

La diversidad de soportes textuales que componen *Boquitas pintadas* cuestiona que el formato tradicional de libro sea el más adecuado para transmitir su ficción. Graciela Goldchluk sostiene que el libro es sólo una de las múltiples formas de acceder a la experiencia literaria y que "la crítica genética nos muestra, al trabajar con manuscritos de autor, que la versión publicada de un texto, la que aparece en el libro, es una posible entre varias" ("¿Dónde sucede la literatura?" 94). El análisis del manuscrito ayuda a explorar esas otras opciones que ofrece el *ante-texto* (Segre 87), que son todos los textos surgidos antes de la publicación de una obra, materiales estudiados por la llamada crítica de las variantes, aproximación teórica con no pocas similitudes a la crítica textual. Lo que Segre denomina *ante-texto* se conoce en crítica genética como materiales pretextuales.

En este capítulo presento algunos materiales pretextuales y paratextuales del texto para apoyar mi razonamiento crítico. La intención es describir el proceso escriturario de *Boquitas pintadas* para estudiar las huellas dejadas tras su proceso de escritura. Finalmente, lanzo una hipótesis sobre la poética literaria de la primera narrativa de Puig para sostener que se puede hablar de una *poética del reciclaje* en su primera etapa que comprendería, según Alberto Giordano (20) y Roberto Echavarren (66), *La traición de Rita Hayworth* (1968), *Boquitas pintadas* (1969) y *The Buenos Aires Affair* (1973). Considero en una etapa narrativa diferente *El beso de la mujer araña* (1976) que funciona como bisagra entre el primer y el segundo momento narrativo que abarca las cuatro novelas de su producción posterior. Dejo a un lado la amplia producción dramática y de guiones cinematográficos escritos por Manuel Puig.[15]

---

[15] A la producción dramática y de guiones cinematográficos de Manuel Puig se ha prestado poca atención por parte de la crítica. Entre sus textos dramáticos publicados en vida encontramos *Bajo un manto de estrellas* (1983), *El misterio del ramo de rosas* (1983), *El beso de la mujer araña*

El Archivo Manuel Puig y el manuscrito de Boquitas pintadas. Folletín

> *Yo tengo un gran problema para expresarme y creo que eso tiene que ver con el hecho de que escriba porque ahí hay tiempo de revisar y corregir lo que se dice*
>
> Manuel Puig

La excelente descripción del manuscrito de *Boquitas pintadas* realizada por Graciela Goldchluk es de gran ayuda para su estudio. El *Archivo Manuel Puig* goza de buena salud gracias a que manos profesionales han tomado en serio su organización y digitalización.[16] Según se desprende de diversas fuentes, el archivo cuenta con unos 20.000 documentos que abarcarían la totalidad de la obra puigiana incluyendo, además de su producción novelística, su producción dramática y algunos guiones cinematográficos.[17] Este es "uno de los archivos de autor más completos que se encuentran en Argentina" (Goldchluk, "Edición digital" 161), es en ese abundante material archivístico donde se halla el dactiloescrito de *Boquitas pintadas*, material pretextual de la novela dada al público en 1969. Goldchluk ha hablado de la relación entre manuscrito y archivo para sostener que:

(1983, versión teatral), *La cara del villano* (1985) y *Recuerdos de Tijuana* (1985). Para conocer de manera exhaustiva la producción de Manuel Puig remito a Goldchluk (*Cronología* 46-51).

[16] Graciela Goldchluk, Mara Puig y Pedro Gergho se han ocupado de la digitalización del material. La descripción del manuscrito se encuentra en internet, queda anotado en la bibliografía como "Descripción del manuscrito de *Boquitas pintadas*". Es un documento de carácter descriptivo sobre el proceso de génesis textual de la novela que está en línea en la Red de Bibliotecas de la Universidad Nacional de la Plata, en el marco del proyecto *Archivos de la memoria escritural del Cono Sur: Documentación, integración cultural, procesos textuales y teoría de la edición*. Muchos de los documentos digitalizados se pueden encontrar en la página web de la Facultad de Humanidades y Ciencias de la Educación de la Universidad de La Plata: <http://www.fahce.unlp.edu.ar/biblioteca/labiblioteca/archivo-digital-manuel-puig>.

[17] En Goldchluk ("Edición digital") se detalla el trabajo del proyecto de digitalización del *Archivo de Manuel Puig*. El *Archivo digital Manuel Puig* ha sido editado por Graciela Goldchluk y Mara Puig. Una edición crítico-genética sobre *Boquitas pintadas* se está llevando a cabo por Giselle Rodas. Para descripciones y documentos digitalizados del archivo se puede consultar: <http://difusion.roble.biblio.unlp.edu.ar/roble/bibliotecas_de_la_red/fahce/servicios/archivodigitalmanuelpuig.html>.

al afirmar que los manuscritos son el lugar privilegiado para leer el proyecto creador de un escritor no pensamos solamente en el hallazgo de una frase oculta al lector tradicional, sino que son las tachaduras, las elisiones, los reemplazos, los que nos hablan de la orientación ideológica y estética de un proceso creador, así como de sus limitaciones materiales. ("Edición digital" 162-63)

Otros estudiosos de la génesis textual han ido más allá señalando la idoneidad de considerar estos vestigios literario-textuales no como documentos sino como monumentos literarios (Cury, "Acervos" 53) ya que, efectivamente, estamos trabajando con la arqueología del texto. En cuanto a las ediciones crítico-genéticas de la obra de Puig, destacan los trabajos de José Amícola, que dirigió varios grupos de investigación para sacar a la luz una edición crítico-genética de *La traición de Rita Hayworth* en 1996 y otra de *El beso de la mujer araña* en 2002.[18] La calidad y exhaustividad de estos trabajos los yerguen en ejemplos para posteriores estudios geneticistas sobre Puig.

En 2010 tuve acceso al dactiloescrito de *Boquitas pintadas* en el apartamento de la familia Puig en Buenos Aires. De acuerdo con la detallada descripción de Goldchluk sobre el manuscrito, Manuel Puig empezó a escribir la novela en 1967 en Nueva York aunque la mayoría del texto se escribiría en Buenos Aires. Se ha llegado a esta conclusión –la materialidad del texto aporta datos valiosos– porque parte de la primera etapa escrituraria de la novela está trabajada sobre reversos de papel con membrete de *Air France*, compañía para la que Puig trabajó en Nueva York. Goldchluk habla de tres etapas escriturales en la elaboración del texto:

> **Primera etapa de escritura**: cada capítulo se desarrolla por separado y establece un fuerte diálogo con los apuntes prerredaccionales, donde se define la estructura de la novela y se establece el lugar definitivo para cada capítulo. En

---

[18] El grupo de investigadoras de la Universidad Nacional de La Plata que trabajó en la edición crítico-genética de *La traición de Rita Hayworth* bajo la supervisión de José Amícola estaba compuesto por Julia Romero, Roxana Páez y Graciela Goldchluk. Como resultado de esta investigación salió a la luz *Materiales iniciales para La traición de Rita Hayworth* (Puig 1996). José Amícola (1998a; 2002) llevó a cabo, junto con Jorge Panesi, una edición crítico-genética de *El beso de la mujer araña*. Sobre esta edición se puede consultar Goldchluk ("La travesía de Valentín").

este caso, se ve que la primera entrega formará finalmente las dos primeras de la novela, y de ese modo se desplazan los capítulos que siguen. **Segunda etapa:** Puig pasa la novela en limpio de manera consecutiva. En esta etapa todas las correcciones tienen que ver con la textualización, ya que la estructura se define antes. De esta etapa se conserva una versión original, que es copia dactilográfica de mano de autor, y una versión formada por las copias carbónicas, que Puig conserva. En ambas hay correcciones de mano de autor, sin embargo, la que será tomada como base para la tercera etapa de escritura será la original [...] Hay dos personajes que mantienen todavía nombres provisorios: Danilo, que comienza a transformarse en Juan Carlos cuando hay una revisión, y Mila, que será Mabel recién en la tercera etapa. **Tercera etapa:** la novela pasada en limpio, con indicaciones para la imprenta. Continúan las correcciones, pero son menores. En algunos capítulos de esta etapa se utiliza una máquina de escribir que no tiene el signo de apertura de interrogación (¿), y se completa a mano. Las dos versiones conservadas son copias carbónicas. (Goldchluk, *Descripción* 1; énfasis en el original)

En el manuscrito se observa cómo se establece un continuo diálogo entre las diversas etapas escriturarias. Hay interconexiones entre ellas desde un punto de vista material pues Puig utilizó, en no pocas ocasiones, el reverso de los folios de la primera etapa para dactilografiar capítulos que elaboró en un último momento. Así, se da a menudo el caso de que haz y envés de un mismo folio contienen partes muy diferentes de la novela. Goldchluk (*Descripción* 1) apunta, por ejemplo, que una versión intermedia de la *Entrega Once* se encuentra en el envés de las hojas de la primera etapa escrituraria. Ya en esta reutilización material del papel por parte de Puig hay un primer acercamiento a la temática del reciclaje. Goldchluk observa que:

Una característica de esta novela es que Puig reutiliza reversos de la misma novela para escribir otros capítulos. Así, en la primera etapa, la entrega C (que finalmente ocuparía el lugar 4) aparece en el reverso de las entregas anteriores. Para un mejor seguimiento, hemos reconstruido la primera versión de la entrega 4 con copias de los reversos. En las fichas, aparecerá ausente la entrega 4. (Goldchluk, *Descripción* 2)

Interesa esta reutilización del papel porque de los cuatro manuscritos estudiados para este trabajo sólo Puig usa esta forma de escribir sobre el envés de folios de la misma novela, procedimiento singular y nada usual en otros manuscritos. Este reciclaje de papeles es significativo, pues tanto en *Boquitas pintadas* como en *La traición de Rita Hayworth* y *The Buenos Aires Affair* el concepto de reciclaje es fundamental para entender su poética literaria. Establezco así un vínculo temprano entre la materialidad del texto y la poética del autor que desarrollaré más adelante.

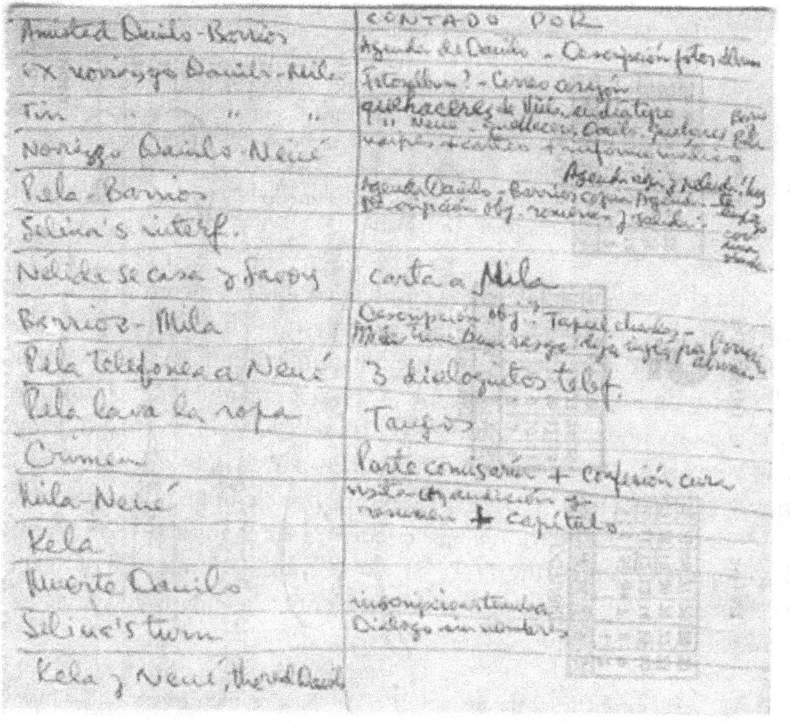

Imagen 1: Documento pretextual prerredaccional del *Archivo Digital Manuel Puig* (N.B.1.0017R). Esquema con escritura hológrafa dividido en dos columnas: una especifica el contenido y la otra el género textual transmisor. Tinta azul sobre papel de almanaque escrito por ambas caras.

Esta imagen presenta un boceto de la novela escrito en el envés de un calendario o almanaque. El reciclaje está presente ya en la génesis de la novela, todo es aprovechable para la creación artística: al escribir Puig da un nuevo valor a cosas supuestamente inservibles. El material reciclado puede ser un primer indicio de las prácticas que Puig utiliza para la creación literaria. El siguiente esquema de la organización del manuscrito de *Boquitas pintadas* realizado por Goldchluk recoge el uso de estos materiales reciclados:

Resumen del contenido:
Cantidad de hojas escaneadas: 1519
Total de imágenes en el archivo electrónico: 1727
Carpetas que las contienen: 110.
Total de hojas en el archivo soporte papel: 1519.
Total de imágenes que se presentan en la página: 43.
Esquema del contenido:
• Pre-textos prerredaccionales.
• Pre-textos redaccionales:
o Primera etapa.
o Segunda etapa:
§ Original.
§ Copia.
o Tercera etapa:
§ Primera versión.
§ Segunda versión.
o Hojas descartadas (pertenecientes a las tres etapas).
• Para-textos: dos dibujos (de Bergara Leumann y del Fan Club de Manuel Puig)
• Traducciones:
o Epígrafes en español para las traducciones.
o Epígrafes en francés.
o Epígrafes en italiano.
o Inglés.
§ Epígrafes.
§ Texto.
• **Material reciclado** (proveniente de reversos de tres proyectos, no se realiza ficha aparte porque la ficha está en el original).
• Pos-texto, film.
Para-texto: Cartas de Torre Nilsson.
Resumen cinematográfico.
Guión Puig – Torre Nilsson. (Goldchluk, *Descripción* 3; énfasis en el original)

El manuscrito presenta materiales pretextuales —textos previos a la impresión final— prerredaccionales y redaccionales. Además, se describe la relación paratextual del texto literario: trabajo de Puig para traducciones a varios idiomas, adaptación de la novela a distintos formatos como el cinematográfico o la correspondencia que Puig mantuvo con el director Leopoldo Torre Nilsson que llevaría *Boquitas pintadas* a la gran pantalla (Torre 1974).[19] Es un material muy abundante —nada menos que 1519 hojas y un total de 1727 imágenes escaneadas— que no puede ser omitido para tener una visión global del texto literario y hacer una lectura abarcadora de la novela. Acompañar el proceso de producción no sólo ofrece una posibilidad inigualable de manejar claves interpretativas, sino que permite elaborar hipótesis sobre técnicas y poéticas escriturarias en cada autor. Tener la oportunidad de inmiscuirnos en esa primera etapa de elaboración literaria, manejar los materiales pretextuales de los que emerge la ficción es una oportunidad única para buscar claves interpretativas.

Todavía hoy, el acceso a manuscritos literarios es muy restringido pues son materiales únicos y efímeros que han de ser manipulados con sumo cuidado por expertos. Uno de los problemas acuciantes que enfrenta la crítica genética para que se reconozca su relevancia dentro de los estudios literarios es la digitalización y comercialización de archivos para que puedan llegar, cuanto antes, a un mayor número de investigadores. En este sentido, Goldchluk señala que "la tecnología se presenta como un vehículo de democratización: una edición digital permite la visualización a bajo costo de una réplica casi perfecta del manuscrito" ("Edición digital" 163). Además, a través de la tecnología, se puede aumentar la imagen para reparar en detalles mínimos de diseños de la escritura que a simple vista pasarían desapercibidos y que pueden tener pertinencia para la crítica. El acceso a estos documentos aporta información de gran valor para el análisis del texto literario dado a la imprenta, que sería el segundo momento de comunicación literaria previo a la lectura. Analizar

---

[19] La novela ha trascendido lo meramente literario y artístico. *Boquitas pintadas* se ha llevado a distintos formatos, quizá más que ninguna otra obra de Manuel Puig incluyendo *El beso de la mujer araña*. Hay una película de Leopoldo Torre Nilsson con adaptación del guión hecha por Puig. También se elaboró un cómic sobre el asesinato de Pancho por Raba que se puede encontrar en el *La Argentina en pedazos* de Ricardo Piglia (118-22). *Boquitas pintadas* se convirtió en obra de teatro, *Boquitas pintadas: un crimen perfecto*, dirigida por Coco Romero, se estrenó en el año 2000 dentro del programa *Puig en acción* en General Villegas. El artista Eduardo Bergara Leumann elaboró dibujos basándose en la novela. Hay un Hotel-Bar-Restaurante en Buenos Aires llamado "Boquitas pintadas" que toma la estética *kitsch* de la novela. Finalmente, en el año 2010 se inauguró el restaurante *Boquitas pintadas* en General Villegas.

el proceso de producción posibilita un amplio abanico de lecturas potenciales que serían difíciles de hacer sin conocer el *modus operandi* del escritor. Para acompañar el proceso de producción de *Boquitas pintadas* sigo la descripción de Goldchluk que toma la crítica genética como base teórica y describe los materiales pretextuales prerredaccionales de la siguiente manera:

> B-1. **Boquitas pintadas. – Pre-textos prerredaccionales.** — ARCHIVO DIGITAL PUIG\ Novelas \ Boquitas pintadas\ Pre-textos prerredaccionales\ Endogénesis. — 1965-1967. — Nueva York y Buenos Aires. — 73 hojas. — 134 imágenes. — Tamaños variados: se separan 32 hojas de 22 x 16 cm y menores. El resto tamaño oficio y carta. — Manuscrito hológrafo. — Español con muy poco inglés. — Manuel Puig. — *Boquitas pintadas. Folletín*, Buenos Aires, Sudamericana, 1969. — Numerosos apuntes prerredaccionales con inclusión de esquemas de la novela y letras de tangos. Se puede ver que la novela estuvo planeada en 18 entregas. También son interesantes las referencias a otros escritores, que no se hallarán en novelas posteriores. Entre las opciones no realizadas hay un recuadro: "Queridos lectores: sé que vosotros amigos queráis saber lo que pasó con Mila [Mabel en la novela] ¿no es así? Interrupciones a cargo del autor que trata de hacer ver todo rosado." Un pretexto de esta época contiene en su reverso el borrador de una carta a Kado [Koster] fechada en 1973, poco antes de su partida de Buenos Aires. En este caso estaría consultando sus apuntes para la adaptación que le había pedido Torre Nilsson. En los reversos: A) Hojas de Air France, B) Hojas de almanaque 1965, en Español. C) Hojas de sitios de Buenos Aires, D) Original de "Génesis del boom de K. H.", para Siete Días Ilustrados. — Ubicación topográfica: B- 0001-00073. (Goldchluk, *Descripción* 4; énfasis en el original)

El trabajo de desciframiento y análisis de los documentos que precede la publicación de un manuscrito literario es arduo y requiere mucha paciencia. La descripción se refiere a diversos materiales relacionados con la génesis de la novela: esquemas, letras de tango o una primera estructura en 18 entregas. Tanto el tango como la entrega, que remite al folletín, indican la intención premeditada de Puig de trabajar con materiales provenientes de la cultura popular. Puig no parte de la nada a la hora de elaborar su ficción, tenía claro que quería escribir un folletín y que incluiría partes de letras de tangos y boleros como citas introductorias a cada capítulo. Además de estas letras de tango, la intención del escritor argentino era ofrecer al lector un producto "rosado", sentimental o de novela rosa, género que tiene claros antecedentes en el folletín romántico.[20] La maestría de Puig hace que esos materiales de la cultura popular establezcan una dinámica dialogante y fluida con la cultura canónica, renovando ésta y valorizando aquélla, tarea nada fácil. Encontrar varios borradores de una parte específica del texto indica que fue una sección difícil de resolver para el escritor: las interpretaciones que posibilitan los manuscritos son variadas. El proceso está ligado en extremo con la materialidad del texto pues pasa por diferentes momentos de producción textual. Élida Lois señala en relación al trabajo del geneticista que:

> En consonancia con la naturaleza de esos objetos de análisis, la crítica genética desarrolla una metodología encaminada a enfocar tanto la materialidad, la forma y la modalidad de la escritura (papeles, tintas, grafías, rasgos simples, trazado, diagramación, ritmos), como los procesos de simbolización. (2)

Esta idea ha de ser tenida en cuenta en el análisis. El geneticista debe descifrar el texto cuando sea necesario y reproducir los materiales escriturales usados por el escritor, de tal modo que hará converger las dos teorías críticas de las que me sirvo: materialidad del texto y crítica genética. Esta convergencia es provechosa para el análisis al aportar respuestas a preguntas que darán una visión más global del texto objeto de análisis. Dónde, cómo, con qué, por qué y para quién se escribe son preguntas fundamentales para hablar de comunicación literaria, pues entre la cantidad de materiales, formas y formatos de producción posibles el escritor está obligado a elegir los que considera más oportunos y acertados. Esa elección no es neutra y, por tanto, es pertinente para la interpretación literaria, pues no sólo se eligen unos materiales y formatos concretos sino que, en esa elección, también se están descartando muchos otros. En la aproximación al texto que hace la crítica genética cualquier rasgo, por insignificante que parezca, debe ser registrado en la descripción y el análisis del proceso creativo, nada carece de importancia para esta teoría crítica. La génesis textual otorga la debida importancia

---

[20] La novela rosa actual es heredera del folletín del siglo XIX. Remito a Álvarez Barrientos (224-25) y Roman Gubern (*Metamorfosis* 28-29; 62, 70-71).

a los materiales escriturales en la literatura contemporánea pues son inherentes a la creación literaria.

Analizar manuscritos es tirar del hilo de una enredada madeja para intentar descifrar qué caminos e hipótesis manejó el creador. La variedad del material expuesto –hojas de *Air France*, hojas de almanaque, hojas con membrete de distintos lugares de Buenos Aires– interesa porque esa heterogeneidad textual y material se mantendrá, a pesar del formato de libro, en la propuesta literaria de *Boquitas pintadas*. La cantidad de papeles con autonomía material que componen y fragmentan la novela establecen un claro vínculo con la estructura folletinesca y la tradición de novela sentimental española que se remonta hasta el medievo, pienso en *Cárcel de amor* (1492) de Diego de San Pedro a la que me referiré más adelante.

Un ejemplo de descripción de materiales pretextuales lo ofrece Goldchluk que describe los textos redaccionales para señalar la posible vía escrituraria que siguió Puig en la elaboración de la novela. Se pone de manifiesto cómo tachones, borrones o correcciones en distintos colores son significativos para acompañar el proceso creativo del texto literario:

> **Primera etapa redaccional**: es la primera etapa conservada. En algunos casos, se puede ver que hay escrituras que corresponden a momentos distantes en el tiempo. Por los reversos, conjeturamos que las cuatro primeras 'entregas' o capítulos, fueron escritas en Nueva York. Las restantes pertenecerían a Buenos Aires. Haciendo una correlación con los capítulos, vemos al menos tres momentos de escritura en estos capítulos. **Primer momento**: escritura a máquina con correcciones. **Segundo momento**: relectura lápiz en mano. Este momento sería posterior, ya que en la entrega 13 se realiza un agregado importante en el reverso de hojas utilizadas para la segunda etapa de escritura. A este momento pertenece la escritura de la radionovela que escuchan Nené y Mabel (Mila) y el agregado de la historia de la niña de 13 años seducida por Juan Carlos, en el reverso de la entrega 14. **Tercer momento**: una relectura y escritura con bolígrafo azul, en la que Puig define dos cosas: 1) agrega pensamientos que interfieren en el diálogo de Mabel (en esta etapa Mila) con Pancho, y en la conversación de Celina con la viuda; 2) agrega faltas de ortografía en las cartas de Juan Carlos (aquí Danilo) y prueba una transcripción de peculiaridades de pronunciación para la Raba, que descartará en la próxima versión. A este momento pertenece la definición de las 'Entregas'. (Goldchluk, *Descripción* 4; énfasis en el original)

Goldchluk habla de tres etapas escriturarias que implican tres escrituras superpuestas sobre un texto primigenio. Merodeamos alrededor de una escritura palimpséstica al trabajar con un manuscrito que conserva huellas de un texto anterior que ha sido borrado. Se puede ahora imaginar a Puig en plena fiebre de elaboración literaria, muchos de sus personajes son asiduos lectores y escriben. Esto es evidente en *Boquitas pintadas* donde la correspondencia epistolar entre personajes los convierte también en autores y receptores de textos: hay un trasvase de prácticas escriturarias de escritor a personajes. La escritura de éstos es hológrafa, manuscrita, y la novela debería reflejar las diferentes caligrafías de los personajes con la intención de que el texto sea más apetecible para la lectura y, potencialmente, más rico para el análisis. Se echa en falta aquí valentía por parte de editores para innovar el texto literario desde la perspectiva de la tipografía formal.[21]

La materialidad del texto está presente en la novela a cada momento. La mayoría de los personajes leen, escriben, envían y reciben cartas: aquéllos que no lo hacen, como Raba o Pancho, aparecen como sujetos en informes médicos y policiales. Otros aparecen en necrológicas y esquelas, escriben diarios íntimos, agendas, unos personajes corrigen los textos de otros, se manchan de tinta, tiran el lapicero, rompen escritos, los queman, se cuestionan su forma de escribir, leen y escriben a revistas, hay juegos de seudónimos, copias y plagios, descripciones de cómo, dónde y con qué escriben o de lo que hacen con los papeles que manejan. El lector de *Boquitas pintadas* es introducido en la ficción de forma directa al manipular todos estos textos que están en el ambiente de los personajes y que ellos también manejan, Puig tiene la habilidad de insertar al lector en la ficción a través de la materialidad del texto en cuanto que le ofrece los mismos textos que manipularon los personajes. Tener acceso directo a esa pluralidad textual escrita del puño y letra de las figuras literarias sumerge al lector en el mundo de la ficción, pues tiene ante sí no lo que escribe Manuel Puig, sino lo que escriben y leen los personajes. Estos son autores de los textos que transitan la novela, escriben los fragmentos

---

[21] Las reflexiones de Pedro Salinas (63-65) sobre la distinción entre tipografía y caligrafía son de singular agudeza.

que componen la historia de la que forman parte pero, al tener acceso sólo a una parte muy limitada de todos los documentos, no conocen la complejidad del mundo en el que se mueven. El lector, privilegiado por Puig, sí accede a todos ellos. *Boquitas pintadas* es un aglomerado de textos, una *miscellania varia* de documentos que prueba de forma fehaciente que la historia leída ocurrió.[22] Esa variedad textual no debe vehicularse mediante el libro, pues son papeles autónomos unos de otros, sin vínculo material y que sólo a través de conexiones mentales el lector relaciona. En este sentido, Cecilia de Almeida Salles sostiene que: "Todo documento, de modo geral, está inevitavelmente relacionado a outro e tem significado somente quando nexos são estabelecidos" (*Redes* 117). En *Boquitas pintadas* el lector ha de establecer redes mentales (Knappet, *Thinking Through*) al leer, es preciso atar cabos entre textos para hilvanar la ficción. La novela requiere un lector muy atento al acontecer narrativo para desvelar la trama: Puig prioriza el papel creativo del lector que queda por encima del papel del escritor.

Tanto el autor en su proceso escriturario como el lector en su proceso de lectura se equiparan; como Penélope, tienen constantemente que hacer y deshacer tejidos, textos, para desechar unas hipótesis y aceptar otras. A este respecto, Enrique Giordano afirma que "el lector deberá, en su lectura, lanzar trazados más allá de la superficie del texto en un proceso de construcción reconstrucción. Las probabilidades son muchas, lo que obliga a varias lecturas para poder desarrollar el mundo implícito de la novela" (34). El concepto de red señalado por Salles y Knappet es lo suficientemente abarcador para englobar todas esas posibles lecturas y trazados.

En cuanto a las características del manuscrito, Puig prefiere la escritura mecanográfica desde el primer momento. Inicialmente hace correcciones con la propia máquina de escribir y corrige después a mano sobre el mecanografiado antes de pasar a limpio el texto: este "pasar a

---

[22] Armando Petrucci (*Libros, escrituras* 249-292) hace un repaso histórico sobre el libro misceláneo deteniéndose en el análisis de estas producciones en el mundo altomedieval. *Boquitas* comparte no pocos rasgos con estos códices.

limpio" implica otra revisión que supone nuevos cambios.[23] Puig, como Carmen Martín Gaite, trasvasa su práctica escrituraria a sus personajes. En *Boquitas pintadas* (73) se describe una escena de una película de Hollywood donde una seductora dactilógrafa neoyorquina, dibujada por Puig como *femme fatale*, engaña a todos sus amantes. Mabel idealiza en su fuero interno la vida de la rubia dactilógrafa que a ella le gustaría ser.[24] En este pasaje, quienes se dedican a la escritura como profesión son mostrados como traidores, hecho que tiene ecos en la novela en lo que ocurrirá entre Celina y Nené. Para terminar esta sección, cedo la palabra a Puig que cuenta sobre sus hábitos escriturarios:

> Escribo en mi habitación que está totalmente aislada. No me puedo sentar frente a la máquina si sé que tengo menos de dos horas y media disponibles para escribir. Lo ideal es tener unas tres o cuatro horas. En general, paso una hora más o menos de preparación: saco punta a los lápices –aunque escriba a máquina–, acomodo papeles, fumo un cigarrillo, termino el té, miro el techo. Inclusive cuando ya he empezado a escribir, bajo a hacerme un café. Es la última excusa. Más despierto imposible. El tiempo se ha ido reduciendo y sé que si no hago el esfuerzo final después voy a tener mucha bronca, una frustración muy fea. Aunque lo que haya conseguido escribir sea un tramo corto, ya siento que el día ha sido aprovechado. No tengo otra manía que el silencio. (Romero, *Puig por Puig* 125-26)

La creación literaria se presenta como producto de una tensión entre la dificultad de sentarse a escribir y la necesidad de producir para no tener remordimientos.

---

[23] La importancia de la máquina de escribir como tecnología que materializa la escritura se refleja a menudo en la literatura, podría hablarse de 'metaescritura' en las obras literarias que se refieren a la máquina de escribir como tema. Merecería la pena hacer un estudio estadístico sobre cómo y con qué escriben los escritores actuales, quizá los resultados sorprendan, pues todavía hoy muchos escritores se aferran a la pluma estilográfica y a la máquina de escribir. Sobre el asunto interesa leer *Olympia Carrera de Luxe* (*El País*) de Javier Marías.

[24] Esta dactilógrafa neoyorquina, rubia, sexy e interesante se sitúa en las antípodas de la dactilógrafa dibujada por Clarice Lispector en *A hora da estrela* donde Macabéa, personaje principal y dactilógrafa de profesión, se presenta como una muchacha fea, ingenua, ignorante y mala copista.

BOQUITAS PINTADAS COMO *CODEX FACTITIUM*

Los puntos que desarrollo a continuación –poética del reciclaje, fragmentariedad narrativa, pérdida de autoría y estructuras móviles– favorecen el cuestionamiento del formato de libro como material transmisor idóneo de la narración en *Boquitas pintadas*. Argumento por qué el formato que mejor se ajusta a esta narración es el del *codex factitium*. ¿Qué es un *codex factitium* y cuáles son sus características? Para Elisa Ruiz García, experta en códices, la codicología es la "ciencia que tiene por objeto el estudio del libro manuscrito en todos sus aspectos" (Ruiz, *Manual* 376). En *Boquitas pintadas* hay manuscritos por doquier, cartas y documentos firmados por personajes que escriben textos cuya materialidad analizo a la luz de las prácticas escriturarias que rodean la creación textual. La novela aúna escritos de diversa autoría, aspecto éste que se problematiza a lo largo del texto. En este apartado se hace referencia a algunas características particulares del *codex factitium* – variedad caligráfica, *de re ligatoria*, compilador, variedad documental, *marginalia*, cantorales, calendarios, etc.– para mostrar que, en efecto, *Boquitas pintadas* es un *codex factitium* peculiar.

El subtítulo de la novela, *Folletín*, pone su narrativa en contacto directo con la literatura sentimental. Giuseppe Mazzocchi (195) ha estudiado cómo este tipo de literatura se presentaba a finales del siglo XV cada vez menos como un género manuscrito, para él "es claro que la novela sentimental pierde una buena parte de su personalidad una vez que llega a la imprenta" (196). Mazzocchi subraya que el aprecio que se tenía por las sutilezas de los textos hológrafos y por la caligrafía de los autores entra en declive con la letra impresa. La relevancia que **tipografía y caligrafía** tienen en los textos no es menor. Yace ahí parte de la importancia que la materialidad del texto tiene en *Boquitas pintadas*, la cuestión de si el texto presentado al lector es hológrafo o mecanografiado no es baladí y tiene consecuencias relevantes en el acto de escritura, autoría y lectura. La sensación y percepción de leer un texto escrito a mano es muy distinta a la de leerlo en letra impresa, ésta carece de originalidad y reduce connotaciones, aspecto que se corrobora al trabajar con la crítica genética y poner en valor el proceso de escritura y los matices personales dejados por las grafías del escritor. La escritura caligráfica enriquecería connotaciones y aportaría estilos únicos a la producción literaria. Un rasgo del *codex factitium* es el hecho de que para ser tal tiene que ser manuscrito, y así ocurre en *Boquitas pintadas*. Aclaro algunos conceptos sobre de ***de re ligatoria*** que serán de importancia para acompañar mi argumentación, me refiero a la diferencia entre códice y *codex* que establece Elisa Ruiz (énfasis mío):

> **Codex** < caudex: a) Conjunto de láminas de cualquier material unidas entre sí por el margen interno mediante unas anillas metálicas o tiras de cuero y, generalmente, protegidas por unas cubiertas.
> **Códice**: libro manuscrito, de una cierta antigüedad, compuesto por un conjunto de hojas de un material flexible (papiro, pergamino o papel), unidas entre sí por el margen interno y generalmente protegidas por unas cubiertas. (*Manual* 376; énfasis mío)

Las diferencias son mínimas, pero interesa destacar que Ruiz considera el códice como libro, mientras el *codex* es un "conjunto de láminas de cualquier material". La distinción es pertinente para el análisis: es más apropiado referirse a *Boquitas pintadas* como *codex* que como códice pues aquél no implica todavía el libro como lo hace éste. Mientras el códice supone páginas y unidad material, el *codex* es un conjunto de láminas, una amalgama de géneros textuales que permite la autonomía de los documentos que la componen. *Boquitas pintadas* es un conjunto de papeles y, al contrario que el libro, el orden de los documentos que lo componen se puede alterar. El *codex* respeta la autonomía material de todos los documentos que lo conforman: las tiras de cuero que le dan unidad pueden ser desatadas, las anillas metálicas abiertas y el orden y la disposición de los textos cambiados. El formato libresco es más rígido y carece de esa flexibilidad.

Tanto en *La traición de Rita Hayworth* como en *Boquitas pintadas* la estructura está cuidada y pensada al extremo. Para Lucille Kerr *Boquitas pintadas* "es un texto controlado de muchas formas cuyas partes constituyentes parecen haber sido organizadas y articuladas por una figura autorial cuya posición y desempeño lúdicos se visibiliza debido a ellos" (80). Kerr analiza la estructura de la novela que describe como un "mecanismo meticulosamente ordenado" (80). Mi opinión –siguiendo la ficción de *Boquitas pintadas*– es que Puig actúa como compilador y editor de los textos que contiene la novela pero no como autor de los mismos, ya que prácticamente todos ellos son escritos por personajes de la ficción. Sin embargo, a Puig le corresponde barajar posibilidades estructurales para presentarlos. En este sentido, Michel Butor alerta sobre los peligros de la exactitud estructural argumentando que:

> Cuando se prestan tantos cuidados al orden en el que se presentan las materias, inevitablemente se plantea la cuestión de saber si este orden es el único posible, si el problema no admite varias soluciones, si no se pueden (...) prever en el interior del edificio novelesco diferentes trayectos de lectura. (Camarero, *Michel Butor* 21)

Se puede responder que sí. Muchos de los antiguos *codices factitia* estaban estructurados en una suerte de fascículos o *entregas* al igual que el folletín, hecho que establece vínculos entre el *codex factitium* y *Boquitas pintadas*. Los textos que componen las dos primeras novelas de Puig están sólo unidos por la materialidad que ofrece el libro, a través de la ficción el lector sabe que hay que disociar esos textos que se deberían poder leer en distinto orden. *Boquitas pintadas* se presenta en formato de libro con una paginación –"serie numerada de páginas cuyos primeros antecedentes se remontan al s. XIII" (Ruiz, *Manual* 385)– que coarta las posibles lecturas que la novela ofrece. Considerar *Boquitas pintadas* un *codex factitium* establece una correlación más aguda con los géneros textuales que componen la narración, pues son una variedad de documentos autónomos que, en conjunto, ofrecen una visión general sobre un tema particular.

Cada lector deberá dilucidar si Puig es **autor o compilador** de los textos. Retomando la cuestión autorial y entrando en el juego de la ficción, hay condiciones para afirmar que el texto ha sufrido una doble escritura o redacción. Primero, la de los personajes-autores que escriben los textos e incluso los firman; en segundo lugar, otra mano, la de Puig, que compila textos ajenos y edita apógrafos o copias de textos originales. Puig es un copista que respeta registros e incluso errores ortográficos limitándose a transcribir los textos que llegan a sus manos. Respeta estos errores porque sabe que "para el amplio público de lectores de [la] novela sentimental, el estilo es en buena medida definidor del género" (Mazzocchi 200). Es decir, todo lector se acerca a un tipo de literatura con unas expectativas: ¿cómo imaginar la novela sentimental sin cursilería, sin cartas de amor, sin la tinta corrida por una lágrima, sin el perfume que recuerda al amante, sin rastros de carmín en insospechados lugares? Puig crea un aparataje técnico para que el lector tenga en sus manos no la novela que él escribió, sino los documentos originales de la historia contada que han llegado a sus manos no sabemos por qué vías.

Para entender *Boquitas pintadas* como *codex factitium* vinculo la novela a las características de los *codices factitia* medievales analizados por Elisa Ruiz (*Catálogo* 77-80, 101-09, 121-34), rasgos que se encuentran también en el texto de Puig. Estos *codices* datan incluso del siglo X y en sus descripciones hay bastantes líneas comunes con *Boquitas pintadas*. Una de ellas es de carácter material, pues los *códices factitia* se componían de una **variedad documental** importante: cartas, ilustraciones, libros, fragmentos con escrituras, restos escriturarios, escrituras superpuestas, diversidad tipográfica, etc. Muchos de ellos están relacionados con hagiografías, género que Antonio Belmonte (151) relaciona con las necrológicas en cuanto que ambas describen vidas ejemplares. Así ocurre con la necrológica de Juan Carlos que abre la novela que presenta al personaje casi como un santo varón cuando se sabrá que era todo lo contrario. Interesa además que los *codices factitia* están (re)escritos por tantas manos que la figura de los autores se acaba difuminando en favor del texto. De esa diversidad de manos emerge la variedad estilística que hay en el texto de Puig, no se puede hablar de estilo unívoco sino de variados registros, por ello Juan Carlos Onetti llega a afirmar que: "Yo sé cómo hablan y cómo escriben los personajes de Puig, pero no sé cómo escribe él" (Romero, *Puig por Puig* 152). En efecto, Puig busca distanciarse de la autoría de la novela y lo consigue sentando a escribir a sus personajes.

La referencia a los borradores y a la materialidad del texto es constante cada vez que un personaje acaba de escribir una carta. Tras este acto, y a través de una especie de acotación teatral presentada como **marginalia**, se describe una escena que explica qué hace el personaje después de escribir y cuáles son las repercusiones del acto de escritura informando sobre las prácticas escriturarias de los personajes. Esos textos, introducidos como notas aclaratorias, están estrechamente relacionados con la materialidad del texto, son acotaciones marginales que provienen de un nuevo escriba, una mano desconocida para el lector: parece filtrarse en ellas el narrador omnisciente del que Puig huye a toda costa. Las notas marginales o *marginalia* son un rasgo singular de los *codices factitia* medievales. En el manuscrito original de *Boquitas pintadas* comprobé que la mayoría de estas acotaciones –que discurren en columnas en el texto editado– están manuscritas sobre el dactiloescrito, lo que sugiere que fue una idea posterior de Puig durante el proceso escriturario de la novela.[25] Estas notas aportan información sobre el acto de escritura y sobre los materiales escriturarios que componen este *codex*. Por ejemplo, después de que Nené escribe una de sus numerosas cartas se halla la siguiente acotación: "Todavía no ha escrito el sobre, se pone de pie bruscamente, deja el tintero abierto y la lapicera sobre el papel secante que absorbe una mancha redonda. La carta plegada toca el fondo del vestido del delantal" (*Boquitas* 18). El campo semántico de la escritura sobresale, se hace referencia de forma explícita a los materiales escriturarios usados.

Presento a continuación un gráfico de la primera parte de *Boquitas pintadas*. En él distingo entre su estructura narrativa –dos partes compuestas de ocho entregas cada una– y un concepto que será clave en este estudio y que he denominado *infraestructura material*. Con este concepto muestro que la primera parte consta de 32 documentos o papeles independientes y detallo el andamiaje material que conforma cada entrega. Estos materiales estarían, desde un punto de vista jerárquico, por debajo de la estructura narrativa en la composición literaria. El concepto de *infraestructura material* tiene gran potencial como herramienta teórica para estudios que aborden la literatura desde la materialidad del texto y sugieran un cuestionamiento del libro:

---

[25] Con estas acotaciones empieza a conformarse la idea de usar notas a pie de página como recurso técnico dentro de la narrativa de Puig, es una *marginalia* peculiar. En el manuscrito hay abundantes notas en la parte baja de la página, escritas a mano sobre el texto mecanografiado. El recurso de las notas a pie de página es incorporado por primera vez en *The Buenos Aires Affair* y se desarrolla claramente en *El beso de la mujer araña*, a partir de aquí no se volverá a usar.

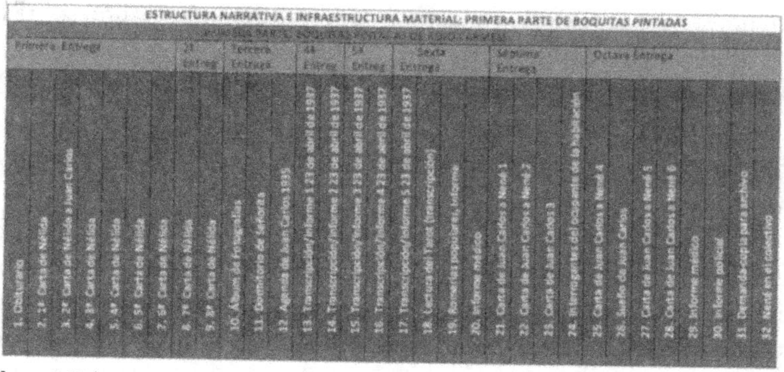

Imagen 2: 32 documentos que componen la infraestructura material de la primera parte de *Boquitas pintadas*

Otros textos que no aparecen en este esquema, escritos por otras manos e insertos en *Boquitas pintadas*, son todas las citas introductorias de **tangos y boleros**, formarían parte del paratexto según Genette (11). Hay aquí un juego intertextual de Puig con la cultura popular y los productos culturales despreciados que forman parte de este *codex*. Las letras de esas canciones aparecen incompletas y diferentes entregas están introducidas por versos de un mismo tango. Jesús Camarero considera que la cita introductoria "se sitúa en el nivel más explícito y literal […] Es la forma emblemática de la intertextualidad, ya que constituye la visualización de un texto insertado en otro mediante unos códigos tipográficos claros (cursiva, tipo reducido, comillas, sangrado, etc.)" (*Intertextualidad* 35). Estas letras de canciones populares son nuevos textos añadidos a *Boquitas pintadas*, en este punto es necesario recordar que es frecuente encontrar en los *codices factitia* medievales letras de **cantorales** que formaban parte de esas recopilaciones.

Otro vínculo relacionado con la materialidad del texto entre la novela de Puig y el *codex* medieval es que si en éste hay **variedad caligráfica**, en la novela de Puig se encuentra diversidad tipográfica: también en los *códices* medievales se hallan glosas o notas aclaratorias con distinta caligrafía (Ruiz, *Catálogo* 132). Puig varía la tipografía en dos momentos clave de la novela, valiéndose de la tipografía común para lo que los personajes verbalizan explícitamente, y de la cursiva para plasmar lo que piensan mientras hablan, dándose la paradoja de que dicen lo contrario de lo que piensan. Mediante un recurso técnico simple, Puig pone de manifiesto la hipocresía social de *Coronel Vallejos*. El pasaje de la conversación entre Pancho y Mabel (*Boquitas* 163-67), cargado de imágenes eróticas, y la conversación entre Celina y la viuda Di Carlo (*Boquitas* 190-94) son significativos de un uso tipográfico variado que se explota al máximo. Son dos de las partes que ofrecen mayor disfrute al lector, a quien Puig premia dándole a conocer la oposición entre lo que los personajes dicen y piensan:

– ¿Se puede? *el estómago se me revuelve*
– Sí, pase por favor. La estaba esperando, *qué arreglada se vino la petisa*
– Qué lindas tiene las plantas... *pero la casa da asco*. (190)

Debido al estudio del manuscrito original de *Boquitas pintadas* se sabe que Puig escribía sobre hojas de **calendarios**. Los calendarios han formado parte de algún que otro *codex factitium* (Ruiz, *Catálogo* 151), son otro documento añadido que establece vínculos entre la génesis de la novela y los *codices factitia* medievales. En ese sentido, interesa también la "Agenda 1935" (*Boquitas* 49-52) de Juan Carlos insertada en la *Tercera Entrega*, en ella se detallan los días y el santo que corresponde a cada fecha. El calendario y el santoral están aquí estrechamente unidos, rasgo que aparece con frecuencia en el *codex* medieval y que permite establecer otra filiación con *Boquitas pintadas*. Teniendo en cuenta todo lo dicho, Puig no elabora una estructura tan innovadora –aunque su tema y forma lo sean sin ningún género de duda– como cabría pensar, sino que sigue una línea continuista que enlaza con la tradición codicológica medieval. El *codex* medieval no incorpora sólo papeles sueltos sino también **cuadernos y cartas** (Ruiz, *Catálogo* 189, 526). En *Boquitas pintadas* también ocurre así, hay tal diversidad de soportes que en ningún caso se puede pensar en un formato unívoco o uniformador en forma de libro: agendas, fotos, cartas, naipes e informes son vehiculados a través de materiales textuales variados, escritos en condiciones distintas.

El *codex factitium* se presenta como un contenedor de textos de diversa procedencia y autoría que, como *Boquitas pintadas*, incorpora una amplia variedad textual de distinto formato. La novela aúna una importante **variedad textual**: esquelas, cartas, versos de boleros y tangos, álbum de fotografías, agendas, transcripciones de lectura de naipes y de hechos que ocurren en una romería popular, transcripción de radioteatros y de una confesión católica, monólogos interiores, dos informes médicos, tres informes policiales, un informe judicial, una recapitulación, dos epitafios, un aviso fúnebre, etc. Éstos son géneros textuales con autonomía material. No es fácil hallar un formato que contenga todo este tipo de materiales manteniendo su autonomía.

La siguiente fotografía es del *codex factitium* del Monasterio de San Dinis de Olivelas, albergado en el Archivo Nacional Torre do Tombo en Portugal. La foto ilustra la complejidad material del *codex* compuesto por una diversidad singular de documentos. El *codex* no unifica esos documentos bajo un único soporte como hace el libro, sino que les permite mantener su autonomía originaria, pues provienen, al igual que en la novela de Puig, de diversos autores.

Imagen 3: *Codex factitium* Mosteiro Saint Dinis de Olivelas, Arquivo Nacional Torre do Tombo

Grosso modo, este es el formato que se adapta mejor a la propuesta literaria de *Boquitas pintadas*, pues cada uno de los documentos arriba citados podría mantener su autonomía material aunque perteneciese a un conjunto mayor, el lector podría extraerlos, manipularlos, cambiar su orden. El *codex* permite una movilidad que el formato tradicional de libro impide por su costura. *Boquitas pintadas* es un *codex factitium*, esto es, un conjunto de hojas manuscritas independientes unas de otras que, una vez leídas, forman una trama ficcional.

Materiales pretextuales: *status nascendi* de una novela

> *He escrito con dolor y lo he destruido con dolor*
> Ernesto Sábato

En este apartado amplío el concepto de archivo al dar a conocer algunos materiales pretextuales de importancia que están en la génesis textual de *Boquitas pintadas* aunque no pertenezcan directamente al manuscrito. Trabajar con manuscritos literarios es una experiencia que difiere sustancialmente de trabajar con textos editados. Al manipular los textos que conforman un manuscrito se lidia con una literatura potencial, hecho que para el investigador despliega un amplio abanico de posibilidades interpretativas. Goldchluk se ha referido a esta experiencia de la siguiente forma:

> quienes trabajamos con manuscritos que nosotros convertimos en pre-textos al ponerlos en relación con un texto, leemos versiones que no llegaron al libro impreso y que nos encantan, incluso cuando acordemos con la decisión del autor de excluirlas, nos encantan por su poder de fascinación, por su necesaria exclusión del texto édito: comprobarlo o descubrirlo pertenece sin duda al orden de la experiencia literaria. ("¿Dónde sucede la literatura?" 95)

En efecto, las partes que el escritor no incluye en la edición publicada despiertan sobremanera el interés del investigador al ser textos desconocidos para el gran público. Esos textos ofrecen, a veces, vías para ampliar interpretaciones o pistas para nuevas especulaciones.

Al describir los tres momentos de la etapa redaccional, Goldchluk (*Descripción* 4) destacaba el minucioso cuidado con el que Puig elabora el registro de los personajes. En el manuscrito se observa que, *a posteriori*,

Puig decide incluir faltas de ortografía en las cartas escritas por Juan Carlos –todavía Danilo en el manuscrito– y que intenta mantener las peculiaridades del habla de Raba –"ajuera por afuera y otros" (Goldchluk, *Descripción* 7)–, lo que finalmente no prosperará. Lejos de lo aseverativo del texto editado en cuanto a los registros de los personajes, los manuscritos muestran una escritura errática y a un Puig dubitativo sobre el carácter final que va a imprimir al registro de dos personajes que ya tienen una importancia capital en la novela: el hallazgo del escritor en su proceso creativo valorando posibilidades es una de las grandes aportaciones de la crítica genética al análisis literario. Consciente de esta importancia, Manuel Puig decide finalmente jugar con la escritura "romántica" de Juan Carlos introduciendo faltas de ortografía en los escritos de este personaje y no otorgar a Raba un registro peculiar para no diferenciarla en exceso de otras figuras femeninas. Interesa comprobar cómo, en el proceso escriturario, Puig no sabe ni hacia dónde se dirige ni cuál va a ser el producto "final" de su escritura: la producción literaria es compleja pues cuando se escribe no se conoce con exactitud lo que va a ser escrito, de ahí las correcciones. Un documento pretextual redaccional que ejemplifica lo expuesto es el siguiente (Imagen 4).

Este documento hológrafo es de enorme relevancia porque trata nada menos que de una posible estructura de la novela, no es la única en el manuscrito, por lo que se puede conjeturar que Puig se dedicó a ello con esmero, planeando varias estructuras mientras elabora el texto. Las anotaciones, tachones y subrayados son pertinentes para nuestra lectura. Transcribo el documento con la máxima fiabilidad posible:

Del manuscrito al libro

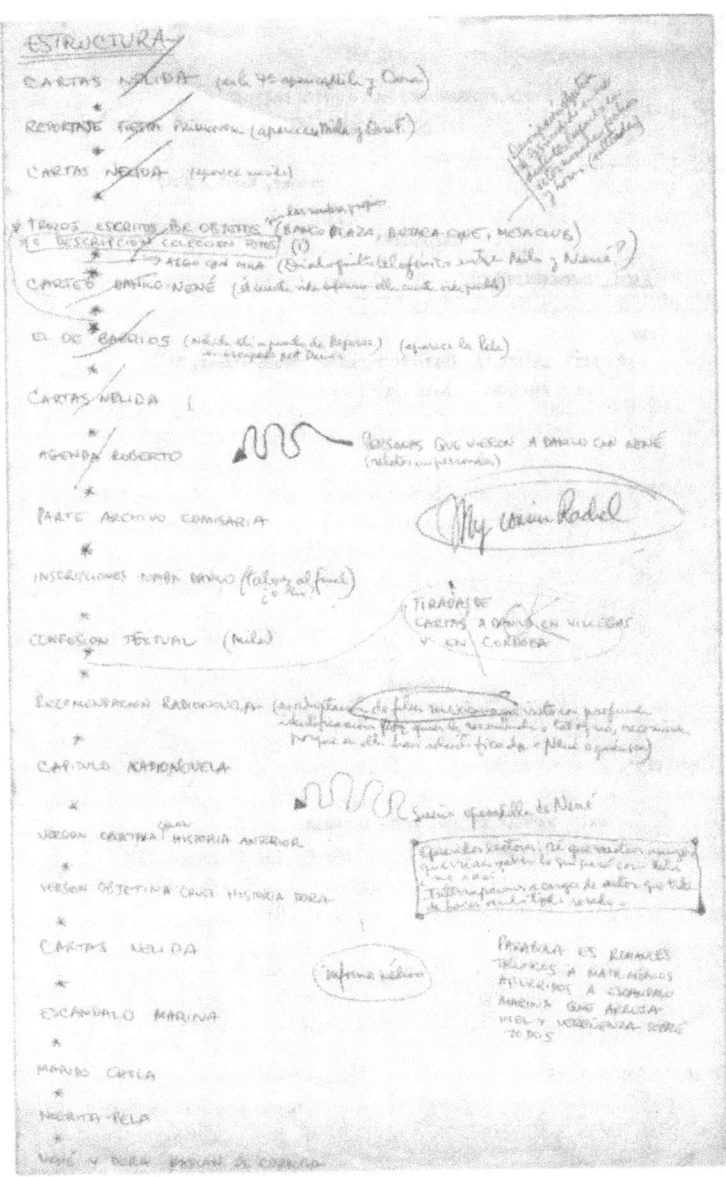

Imagen 4: Documento pretextual prerredaccional del *Archivo digital Manuel Puig* (N.B.2.0041R). Estructura con escritura hológrafa, división en filas. Tinta azul sobre papel.

53

ESTRUCTURA

CARTAS ~~NÉLIDA~~ (en la 4ª aparecen Mila y Dora)
*
REPORTAJE ~~FIESTA~~ Primavera (aparecen Mila y Dora F.)   Descripción obejtiva de
*   lo sucedido en esos
CARTAS ~~NÉLIDA~~ (aparece marido)   distintos lugares en
                                                                                                                       determinadas fechas
                                                                                                                       y horas (salteadas).
*   sin dar nombres propios
TROZOS ESCRITOS POR OBJETOS (BANCO PLAZA, BUTACA CINE, MESA CLUB)
~~·DESCRIPCIÓN COLECCIÓN FOTOS~~
*
------------, algo con Mila, (dialoguito telefónico entre Mila y Nené?)
*
CARTEO ~~DANILO~~-NENÉ (él cuenta su vida enfermo- ella cuenta vida pueblo)
*

EL DE ~~BARRIOS~~ (Nélida está a punto de dejarse   (aparece la Pela)
                        en escapada post Danilo)
*
~~CARTAS NÉLIDA~~   (
*
~~AGENDA~~ ROBERTO   PERSONAS QUE VIERON A DANILO CON NENÉ
*   (relatos impersonales)
PARTE ARCHIVO COMISARÍA
*   My cousin Rachel
INSCRIPCIONES TUMBA DANILO (tal vez al final)
                                    ¿o no?
*
CONFESIÓN TEXTUAL (Mila)   ~~TIRADA DE CARTAS~~ OK
*   ~~CARTAS A DANIILO EN VILLEGAS~~
          ---,   ~~Y EN CÓRDOBA~~
*
RECOMENDACIÓN RADIONOVELA (es adaptación de filme mexicano ya visto con profunda
                        identificación por quien la recomienda, o tal vez no, recomienda
                        porque en ella han identificado a Nené o a quien sea)
*
CAPÍTULO RADIONOVELA
*   sueño o pesadilla de Nené
VERSIÓN OBJETIVA CRUEL HISTORIA ANTERIOR

> Queridos lectores: sé que vosotros amigos querríais saber lo que pasó con Mila ¿no es así?
> Interrupciones a cargo del autor que trata de hacer verlo todo rosado

* VERSIÓN OBJETIVA CRUEL HISTORIA DORA
*
CARTAS NÉLIDA
*   informe médico
ESCÁNDALO MARINA
*
MARIDO CHOLA
*
NEGRITA -PELA
*
NENÉ Y DORA HABLAN DE CÓRDOBA

PARABOLA ES ROMANCES
TRUNCOS A MATRIMONIOS
ABURRIDOS A ESCÁNDALO
MARINA QUE ARROJA
HIEL Y VERGÜENZA SOBRE
TODOS

(*Archivo digital Manuel Puig* N.B.2 0041R)

Esta transcripción da idea de la abundante información que aporta un manuscrito sobre el proceso escriturario de una novela. Se observa que Puig planeó desde los primeros estadios constitutivos una estructura altamente fragmentaria. Interesa que en este documento se habla de "REPORTAJE FIESTA Primavera" en la segunda línea. Al parecer, esta fiesta se celebraba anualmente en General Villegas, ciudad natal de Puig, a la que se hace referencia explícita en el documento. Habla además de Danilo que fue un joven en el que Puig se inspiró para el personaje protagonista, Juan Carlos Etchepare. Parte de esta ficción tiene su base última en la realidad, José A. García Landa sostiene que la ficción "es una construcción con elementos tomados de la realidad, y siguiendo principios también tomados de la realidad. Por tanto, no hay actor, situación o ambiente puramente ficticio, todos se sitúan en algún punto de la línea que une la realidad con la ficción pura" (255). Sacar a la luz algunas matrices generadoras de *Boquitas pintadas* que se corresponden con personas y textos que están en su germen pretextual ayuda a entender mejor ciertos aspectos textuales. Me ocupo a continuación del *status nascendi* de la novela.

Puig afirmó en varias entrevistas que *Coronel Vallejos*, *locus* literario de sus dos primeras novelas, es General Villegas, su ciudad natal situada en la pampa seca argentina. El cambio de topónimo es un recurso también empleado por Ernesto Sábato que, como Puig, había nacido en la pampa.[26] El autor de *Sobre héroes y tumbas* (1961) nació en la ciudad de Rojas, en la provincia de Buenos Aires, una ciudad con un paisaje e idiosincrasia similar a General Villegas. La toponimia atribuida a estas ciudades en la ficción llama la atención, pues si el Rojas natal de Sábato es *Capitán Olmos* en *Sobre héroes y tumbas* y *Abaddón el exterminador* (1974), el General Villegas de Puig será *Coronel Vallejos* en *La traición de Rita Hayworth* y *Boquitas pintadas*. El rango militar –capitán, coronel y general– que aparece en tres de los topónimos no es casual en un periodo, el de la década de los 60 y 70, marcado por golpes de estado, y durante los que Sábato y Puig escriben gran parte de su producción literaria. No carece de relevancia el parecido fonético entre **Villegas** y **Vallejos**, casi un anagrama que deja clara la relación toponímica.

Es interesante rastrear pistas en General Villegas en busca de elementos que enlacen realidad y ficción. Tanto la Fiesta de la Primavera como el Danilo que aparece en los primeros borradores no son elementos elegidos al azar. Puig se inspiró en la realidad social de su ciudad natal para dibujar tanto el evento como el personaje de Juan Carlos. Ahí comienza la génesis del texto, Manuel Puig confirma en una entrevista que:

> Para Juan Carlos, el protagonista, me basé en un recuerdo infantil muy vago. Resulta que había en Villegas, mi pueblo, un muchacho que tenía entre 20 y 30 años, muy bien parecido, de aspecto muy cuidado, que no trabajaba. La primera vez que me llamó la atención fue en un té de señoras, donde él era el único hombre. Claro, a las cinco de la tarde todos los maridos, parientes y novios de las presentes estaban ocupados en sus trabajos. Fue muy cariñoso conmigo. Cuando volvimos a casa mamá me frotó con alcohol. Me explicó que ese muchacho estaba tuberculoso, que tenía poco tiempo de vida. Fue una impresión terrible porque el aspecto físico no hacía sospechar nada. Se llamaba Danilo, un hombre de película, yo en esa época era cinemaniático perdido. (Rodríguez Monegal, "El folletín rescatado" 29)

---

[26] Interesa poner de manifiesto la diferente visión que tienen Ernesto Sábato (Soler, "Ernesto Sábato" 8:33- 9:10) y Manuel Puig (Soler, "Manuel Puig" 6:35-8:04) del mismo paisaje. Ambos habían vivido su infancia en la pampa pero filtran esa experiencia de muy distinta manera. La idea nostálgica y casi romántica de Sábato contrasta con la de alivio de Puig por haber salido de allí.

Tirar del hilo del manuscrito nos lleva hasta la realidad social del niño Manuel Puig, o Coco como le llamaban en su infancia.[27] Por otra parte, Puig encuentra una importante fuente de inspiración para *Boquitas pintadas* en el periódico *Villegas Ilustrado*, publicación de su ciudad natal que Puig leyó en su infancia y adolescencia.[28] *Villegas Ilustrado* era una publicación de corte social y cultural donde aparecía todo tipo de información relacionada con eventos sociales acaecidos en la ciudad: bailes, verbenas, bautizos, nacimientos, cumpleaños, pedidas de mano, casamientos, concursos de belleza, operaciones, fallecimientos, obituarios, etc. *Villegas Ilustrado* se llamaba así porque era un periódico con ilustraciones. Esta publicación sirvió a Puig para encontrar formas y tonos incluidos en la narración que aportaran un registro creíble al ambiente social de *Coronel Vallejos*: he aquí un primer material pretextual de la novela. Desde la crítica genética se piensa que el texto "final" publicado es producto de un proceso de creación y elaboración de textos previos, de modo que *Villegas Ilustrado* puede ser considerado como documento pretextual al enlazar con el proceso de gestación textual. *Villegas Ilustrado* es un material que Puig recicla en *Boquitas pintadas*.

El obituario que abre la novela es un documento autónomo dentro de la misma. Antonio Belmonte, en *Muertos de papel*, ha analizado la importancia de las esquelas en la prensa para decir que desde principios del siglo XX las esquelas "ya se están convirtiendo en el principal medio publicitario de la muerte de personas" (142) y explica a qué se debía esto. Si bien se refiere a España, creo que esta realidad es extrapolable en gran medida a las costumbres argentinas: "A principios de siglo, la vida pública

---

[27] Todo tipo de habladurías corren por General Villegas identificando los personajes de la ficción con personas reales de la ciudad. La prensa escrita se ha ocupado de avivar el fuego sobre este asunto, pues sin duda hubo un gran componente de realidad en el germen de la novela. El lector que quiera perderse en estos vaivenes entre la ficción y la realidad puede leer los artículos de Patricia Kolesnicov y María Moreno. El documental *La viuda de Puig*, dirigido por Carlos Castro, está siendo rodado en estos momentos, trata de la repercusión y el impacto de la novela en la sociedad de General Villegas.

[28] El primer número de *Villegas Ilustrado. Revista gráfica mensual* apareció en septiembre de 1946 y el último, nº241, en diciembre de 1983. La revista destacaba eventos sociales como casamientos, bautismos, nacimientos y viajes tanto de la ciudad cabecera, General Villegas, como de pueblos del partido y pueblos vecinos.

se guarece en los casinos, cafés y otros locales de reunión de la gente de más o menos alterne. La esquela [...] acaba siendo una invitación personal intencional ante los interesados por el difunto y familia" (Belmonte 142). Es así como se da inicio a la novela, a través de una nota publicada en prensa –no en un libro–, medio de comunicación de masas. Se asume que algún familiar de Juan Carlos encargó la publicación de la esquela a la revista *Nuestra Vecindad* (*Boquitas* 9). La publicación de la esquela tiene que ver, según Belmonte (143), con cuestiones económicas, secularizantes y sociofamiliares, lo que se relaciona con el hecho de que una clase pública asentada necesita de una fuerte (re)presentación mediática. En *Boquitas pintadas* el tema del ascenso social y la problemática entre clases subyace en todas las relaciones interpersonales. *Villegas Ilustrado* hurgaba no sólo en lo social, sino también en aspectos familiares y personales del paisanaje villeguense y esto es, en definitiva, lo que el lector encuentra en la novela.

Hay varios tonos en *Boquitas pintadas* debido a las diferentes plumas que escriben los textos. La gestación del tono descriptivo del obituario que abre la narración y es el mismo que el del "álbum de fotografías" (*Boquitas* 37-41) y "Romerías populares" (*Boquitas* 98-103), y se encuentra ya en algunas descripciones de *Villegas Ilustrado*. Puig recicla ese tono del periódico de su ciudad natal y lo reutiliza en *Boquitas pintadas*, es éste un hecho hasta ahora inexplorado. Ese tono se halla en varios documentos de las primeras entregas. Así, por ejemplo, en *Villegas Ilustrado* desde los años 30 y 40 se retrataba a las ganadoras de los concursos de belleza, como es el caso del concurso de *Reina de la Primavera* que Nélida gana en el año 1936: "Juan Carlos pensó que Nélida era la Reina de la Primavera 1936, la besó por segunda vez ciñéndola con fuerza y pensó en las maniobras que infaliblemente la seducirían como habían seducido a muchas otras" (*Boquitas* 68). Se reproducen a continuación algunas páginas de *Villegas Ilustrado* de 1946, año que estaría dentro del tiempo de la historia narrada, el tratamiento del tiempo en la novela es magistral (Ludmer 4). *Villegas Ilustrado* plasma la base social en la que Puig se inspiró para *Boquitas pintadas*, el matrimonio "se vende" en esta publicación como un acto y logro social importante conseguido por dos personas, estamos ante los preliminares de lo que se ha dado en llamar "prensa del corazón", prensa amarilla o prensa femenina, que se aúna bajo la entrada de prensa sensacionalista.

En relación con el festival de *Reina de la Primavera* lo primero reseñable es que "El cuerpo –enfermo, muerto, desnudo o cubierto de ropa y joyas, de los condenados, de las mujeres– se inscribe como objeto de sensacionalismo en lo que hoy se llama somática histórica" (Álvarez Barrientos 269). Efectivamente, en *Boquitas pintadas* lo corporal y lo carnal es central, lo melodramático es sólo una forma de enmascarar un tema tabú como el sexo fuera del matrimonio. Estas Reinas de la Primavera –entremos en el juego de la ficción– fueron elegidas pocos años después de Nélida Fernández. Nelly Ortea –Imagen 5 arriba izquierda–, Reina de la Primavera 1942 fue en la realidad maestra de Manuel Puig en la escuela primaria según el artículo de María Moreno (2010), las idas y venidas entre realidad y ficción son constantes en el texto. Cabe, además, la posibilidad de que Puig tomase el nombre de Nélida de su maestra: Nélida/Nelly. La página de este periódico se encuadra en la crónica social pero siempre desde el sensacionalismo. La "exhibición pública" de las mujeres ganadoras del concurso de belleza las muestra más como objetos

Imágenes 5 y 6. Páginas de *Villegas Ilusrado* (1946) con las Reinas de la Primavera de General Villegas. Años 1942-43-44-45 y 1946. Fotos cedidas por la Biblioteca Municipal de General Villegas.

accesibles, asequibles y deseados que como personas: "Juan Carlos pensó que Nélida era la Reina de la Primavera 1936" (*Boquitas* 68), o sea, Juan Carlos no piensa que está besando a Nélida Fernández porque eso tiene la misma importancia que besar a *muchas otras*, piensa que besa a la Reina de la Primavera 1936, atributo cultural que es donde Juan Carlos parece encontrar el *sex-appeal* de Nélida, quien pasa a ser un trofeo para Juan Carlos, ganado con sus artes amatorias.

La intromisión del lector es fundamental en el texto y Puig la trabaja mediante diferentes hilos textuales, tejiendo una tela de araña en la que el lector queda atrapado. Gran porcentaje de *Boquitas pintadas* está constituido como un epistolario variado, Puig sabe que las cartas dan lugar a juegos autoriales insospechados y está dispuesto a explotarlos al límite. Un caso específico se encuentra en la correspondencia que Mabel, bajo el seudónimo de *Espíritu confuso*, dirige a María Luisa Díaz Pardo, redactora de la sección "Correo del corazón" (*Boquitas* 43) de la revista *Mundo Femenino* (43), para expresar sus inquietudes amorosas. Estas cartas y revistas son parte de la infraestructura material de la novela. Se establece un epistolario a pequeña escala si se compara con la correspondencia que hay entre Nené y Juan Carlos o entre Nélida y Doña Leonor/Celina. Estos epistolarios son manipulados por un lector que Puig convierte en *voyeur* (Barthes, *Placer del texto* 27) al consentirle leer correspondencias personales y conocer la identidad real de quienes escriben.

La revista *Villegas Ilustrado* es un material pretextual relevante para el análisis de *Boquitas pintadas*. El texto que da inicio a la novela es el siguiente: "NOTA APARECIDA EN EL NÚMERO CORRESPONDIENTE A ABRIL DE 1947 DE LA REVISTA *NUESTRA VECINDAD*, PUBLICADA EN LA LOCALIDAD DE CORONEL VALLEJOS, PROVINCIA DE BUENOS AIRES" (*Boquitas* 9). Esta revista *Nuestra Vecindad* de *Coronel Vallejos* no es otra que el *Villegas Ilustrado* de General Villegas. Ciertos tonos de la novela han sido reciclados de esta publicación, algo que Puig acostumbraba a hacer con diversidad de materiales provenientes de la cultura popular, si bien nunca hasta ahora se ha puesto de manifiesto que esta revista esté en la base de la novela y refleje el carácter social de la época: Puig recicla las publicaciones periódicas de su ciudad natal. Dejo constancia del tono de *Villegas Ilustrado* transcribiendo el texto de la Imagen 5 antes reproducida:

> Siguiendo una simpática costumbre implantada hace algunos años por el Club Social Sportivo de esta ciudad, el día 21 del corriente se festejó con una interesante reunión social la entrada de la estación primaveral. La de este año fue una gratísima fiestita que alcanzó destacados e inolvidables contornos, a la que prestó brillo y esplendor la numerosa como selecta concurrencia que colmaba la capacidad de los salones de esa prestigiosa institución, la que siguió con especial atención las diversas e interesantes alternativas de la amable reunión, culminando como es de imaginar con la ceremonia de proclamación de la Reina de la Primavera 1946, que recayó por elección del público en la señorita Norma Ortea, bella y gentil figurita que engalana hoy esta página ofreciéndole digno marco las distintas Reinas de Primavera de años anteriores. (*Villegas Ilustrado* 1946)

Visto con perspectiva temporal este texto es una parodia en sí mismo. El estilo empleado no puede ser más cursi, la abundancia de adjetivos pretende mostrar un refinamiento expresivo y el habla de una clase social elevada. La profusión adjetival y el constante circunloquio sobre la misma idea encuentran su eco en el obituario que abre la novela (*Boquitas* 9) donde adjetivos y sustantivos de poca frecuencia de uso aparecen en primera línea para engalanar el texto. No olvidemos que la cursilería es una característica del sentimentalismo. Hablando del ultrasentimentalismo de *Boquitas pintadas*, Silviano Santiago llega al extremo de afirmar que la originalidad de Puig en esta novela establece las reglas a seguir para crear lo que él ha denominado, con poca fortuna crítica, como "texto maricón" (1122). Toda esa temática sensacionalista –bodas, bautizos y juegos florales de la burguesía recogidos en *Villegas Ilustrado* se refleja en *Boquitas pintadas*– es materia prima para el folletín, género al que pertenece la novela.[29]

Tanto los titulares como los pies de foto de estas dos páginas recuerdan sobremanera algunos textos de la novela. Así, el texto de *Boquitas pintadas* "ROMERÍAS POPULARES EFECTUADAS EL

---

[29] El espacio dedicado por Joaquín Álvarez y María José Rodríguez a la prensa sensacionalista en su *Diccionario de Literatura Popular Española* (269-73) aporta información suficiente sobre el tema. También es de interés lo que este diccionario contiene respecto del folletín (126-32).

DOMINGO 26 DE ABRIL DE 1937 EN PRADO GALLEGO, SU DESARROLLO Y DERIVACIONES" (*Boquitas* 98) parece un eco del titular de la página 13 –Imagen 7– "Aspecto parcial del baile realizado el 25 de Mayo último en los salones del Club Recreativo Social". No quiero decir con ello que fuese ese titular específico el que motivó a Puig a escribir el suyo, pero sí pienso que ambos comparten un tono cuya raíz estaría en *Villegas Ilustrado*, que se convierte así en material pretextual prerredaccional de la novela. De esta manera, se reconstruye un antecedente del texto que había estado en la penumbra. Estos materiales

Imágenes 7 y 8: Páginas 13 y 15 de *Villegas Ilustrado* (sin fecha)

deberían formar parte del *Archivo Manuel Puig* si se considera el archivo desde una concepción no estática y abierta a nuevas incorporaciones.

No es éste el único eco entre el estilo de *Villegas Ilustrado* y *Boquitas pintadas*. La descripción de extremo detalle de las Romerías Populares (*Boquitas* 98) se acerca a la crónica periodística y podría ser un documento atribuible a esa "Revista Mensual *Nuestra Vecindad*" (9), tras la que estaría *Villegas Ilustrado*. La descripción del *Álbum de fotografías* (37- 41) comparte un estilo descriptivo muy similar al de textos de la publicación de General Villegas. Uno de los pies de foto de la página 15 –Imagen 8– nos informa de lo siguiente:

> Señoritas y jóvenes caracterizados con atavíos de la época que bailaron el baile criollo "El cuando", el 25 de Mayo pasado, en el Club Social Sportivo. Interpretado por las parejas Nélida Ibáñez-Martín Ibáñez, Arceli Pascal-Ortiz Cortez, Eva Silvia Locatell-Alfredo Irastorza, Esther Gladys Siri-Celestino Pascal. (*Villegas Ilustrado* s/f 15)

O el pie de foto de la página 13 –Imagen 7– que continúa con la misma línea de prolijidad de datos y redundancia de ideas sobre qué y quiénes aparecen en la imagen:

> Puede apreciarse en la foto que reproducimos, uno de los interesantes números realizados. Son las parejas que en la interpretación del baile "Candombe" nos transportaron hasta el Buenos Aires Colonial. Estuvo a cargo de los jóvenes Alicia Álvarez, Calixto López; Mary González, Orlando D'All Armellina; Zuni Elizalde, Francisco del Valle; Lidia Lago, Héctor Barreiro. En el bongó: José María Catalogne. (*Villegas Ilustrado* s/f 13)

Esta profusa información es recogida y parodiada por Puig debido a la exagerada exhaustividad descriptiva del pasaje de *Romerías populares* (*Boquitas* 98-103) donde se relata hasta el minuto preciso en el que tiene lugar un pensamiento o en el que una mejilla choca accidentalmente con otra en un baile. El detallismo descriptivo estaba en *Villegas Ilustrado* y funciona como un registro de acontecimientos sociales que dará lugar a rumores, donde el cotilleo se hace público y los mínimos detalles de cualquier acontecimiento son resaltados, sacando así materia de donde no la hay. Con la intención de que el lector entienda hasta qué punto se llega a informar de acontecimientos sociales, reproduzco parte de la información ofrecida en las páginas –Imágenes 7 y 8– de *Villegas Ilustrado*:

> COMPROMISOS
> Ha sido formalizado el compromiso matrimonial de la señorita María Gladys Luyden, con el joven Manuel Álvarez. El acontecimiento dio lugar a una grata fiestita realizada el 29 de Mayo próximo pasado.

OPERADA

Restableciéndose de la intervención quirúrgica a que fuera sometida, días pasados, en el Sanatorio Modelo de esta ciudad, la señora María Teresa Pini del Campo, esposa del diputado provincial de este distrito, Dr. Narciso Campo.

ADVENIMIENTOS

Mirtha Susana, hijita de los esposos Guillamondegui-Peralta. El 10 del corriente.

Carlos Horacio; hijito del matrimonio Mansilla-Carballo; el día 10 del mes actual.

CUMPLEAÑOS

El día 24 del corriente, celebró rodeada de los suyos, el 83º aniversario de su natalicio, la anciana convecina Da Nicolasa Vda. de Galli.

Igualmente, la señora Raquel Galli de Pereyra, festejó un acontecimiento íntimo con una fiestita familiar.

BAUTISMOS

Rosa Adela Dublanc-Penacino. Padrinos: Da. Rosa Carazzone de Penacino y el señor Vicente Penacino. (...) (*Villegas Ilustrado* s/f 13)

CASAMIENTOS

El día 8 de julio próximo, será consagrado en la capital federal, donde reside, el enlace matrimonial de la señorita Nilda Elvira Sánchez-Almilivia, con el señor Alfonso Madrid. La contrayente pertenece a una familia extensamente vinculada a nuestro medio.

El día 12 del corriente tuvo lugar el casamiento de la Señorita Alicia Beatriz Bermúdez con el señor Manuel Ledebur, siendo testigos del referido acto, los señores Antonio Gianullo y Carlos Grippo. (*Villegas Ilustrado* s/f 15)

Esta exhaustividad informativa con profusión de nombres y apellidos se refiere a eventos de índole estrictamente familiar y personal. Lo limitado de la importancia de estos hechos es lo que me lleva a hablar de cursilería. Puig supo muy bien leer y explotar este aspecto en su narrativa, captó pronto que esa retórica cursi plasmaba una artificialidad social que engrandecía la vanidad de la burguesía de la pequeña ciudad pampeana, quien al ver sus nombres y fotos publicadas creían ser reflejo de las grandes revistas, quizá de las grandes estrellas. El nombre y la imagen en papel impresos en un medio público parece separar a los habitantes de su realidad mundana y acercarlos a esa otra ficción que transmitían los medios de comunicación de masas: Mabel representa perfectamente este aspecto en *Boquitas pintadas*. En relación con este punto, unas palabras de Puig son muy relevantes:

> los argentinos de primera generación, hijos de inmigrantes [...] se encuentran con que sus padres quieren olvidar sus tradiciones, no continuarlas. Debido a esta carencia cultural familiar y a la necesidad de aprender el español [...] deben recurrir a modelos de la calle, totalmente irreales (el cancionero, subtítulos de películas, la radio, el periodismo más popular, el tango, los libros de lectura de la escuela primaria) y altamente retóricos. El motivo que los impulsa a encontrar una identidad que no se da en la casa, ser mejores; el ideal, la fineza y la elegancia; el resultado final, la cursilería. En ese lenguaje, y en esos modelos, predomina el motivo de la 'gran pasión', del sacrificio, de la nobleza. Y allí es donde surge el conflicto, porque esa gente habla con ese lenguaje, pero no puede actuar de acuerdo con él. (Corbatta, "Encuentros" 33)

Los documentos mostrados acercan a esa realidad social que Puig analiza con agudeza y de la que parte para elaborar su ficción. He hecho un análisis por separado de las distintas piezas que forman este *codex factitium* presentado bajo formato de libro. Puig tuvo la valentía de elaborar su literatura con unos materiales desprestigiados por ser *altamente retóricos y totalmente irreales*. Reciclar la cursilería, hacerla uno de los temas centrales de la novela y basarse en los medios de comunicación que promueven ese modelo es un atrevimiento que hasta ese momento pocos autores habían tenido en la literatura iberoamericana. El escritor bonaerense cita entre esos modelos irreales de la calle al *periodismo más popular* dentro de cuya órbita se encuentra *Villegas Ilustrado*. Por ello, he sacado a la luz documentos prerredaccionales que formaron parte de la génesis y del proceso de elaboración de *Boquitas pintadas*. De la misma forma que Puig recicló *Villegas Ilustrado* para transformarlo en literatura, usó otros materiales con el mismo propósito. La primera narrativa de Puig se encuadra dentro de lo que denomino *poética del reciclaje* ya que Puig reelabora materiales en su proceso escriturario y, a partir de ellos, ofrece un producto literario nuevo y original. Esos materiales heteróclitos apuntan a un cuestionamiento del formato de libro tradicional.

Poética del reciclaje en la primera narrativa puigiana

Se ha analizado, hasta aquí, el manuscrito de la novela y los materiales pretextuales usados poniendo de manifiesto que *Boquitas pintadas* comparte numerosos rasgos con el *codex factitium* y que la novela debe ser entendida como tal. En adelante, me detendré en su proceso de elaboración escrituraria, que entiendo como una operación de reciclaje. Para hablar de *poética del reciclaje* me sirvo de los conceptos de *bricoleur* y bricolaje que Claude Lévi-Strauss recoge en *El pensamiento salvaje*. El objetivo es aclarar cuál es la especificidad del proceso escriturario de Puig para mostrar fenómenos recurrentes en su desarrollo y proponer cómo es su poética creativa en relación a la génesis textual de sus primeras novelas.

Puig recicla distintos elementos para escribir *La traición de Rita Hayworth*, *The Buenos Aires Affair* y *Boquitas pintadas*; usa un mismo proceso creativo en las tres, lo que establece un *continuum* en la elaboración de estas novelas. Al hablar de *poética del reciclaje* me refiero a cómo, con materiales desechados de distinta procedencia y supuestamente inservibles, se puede elaborar un nuevo producto. Así, analizo de qué manera productos provenientes de la cultura popular desechados por la "alta cultura" se reciclan mediante un proceso de bricolaje que desemboca en una narrativa fragmentaria con singular diversidad. Esta fragmentariedad ofrece al lector los textos disociados que constituyen un *codex factitium* en el caso de *Boquitas pintadas*, opuestos a la homogeneidad que el formato de libro impone. El proceso creativo que sigue Puig se resume en tres puntos: primero, recopilación de productos culturales desechados por la alta cultura; segundo, decisión de reciclar esos productos en los que Puig ve posibilidades potenciales para su obra literaria; por último, elaboración de productos literarios para esa "alta cultura" que, a su vez, revaloriza aquellos desechos provenientes de la cultura popular.

El trabajo con materiales heteróclitos tiene repercusiones de primer orden en el análisis del nuevo producto. En *Boquitas pintadas* llevará, en primer lugar, a la merma de la autoría por parte de Puig que pasará a ser compilador de esos materiales; en segundo lugar, la autonomía material de las partes constitutivas cuestionan el libro como objeto compacto. Una idea lleva a otra y, para mostrar que *Boquitas pintadas* es un *codex factitium*, cuyos rasgos principales son pluralidad autorial y diversidad textual, hemos de conocer cómo los personajes adquieren autonomía a la hora de escribir, relegando a Puig al papel de compilador.

La inclusión de la cultura de masas en la obra de Puig ha sido destacada como rasgo singular de sus textos. Tanto Jo Labanyi (18) como Walter Benjamin (2008) distinguen entre cultura folklórica y cultura popular o de masas. Puig se interesa por la segunda, por productos culturales cuya reproductibilidad se debe al desarrollo y generalización de tecnologías como prensa, radio, cine o televisión. A través de los *mass media* determinados productos culturales, en principio de dudosa calidad artística, se popularizan.[30] En relación a las ideas de Benjamin, Russel B. Nye afirma que la cultura popular es "hija de la tecnología moderna, completamente dependiente, por extensión, de las técnicas modernas de duplicación y multiplicación materiales junto con métodos mucho más efectivos y menos costosos de producción y distribución" (20). Medios de comunicación de masas y cultura popular son cara y cruz de la misma moneda, el cine, la prensa, la radio son tecnologías sin las que

---

[30] El cine es para Puig, como para Ignácio Loyola Brandão, un recurso inestimable dentro de su literatura, ambos son escritores cinéfilos y sus videotecas son prueba fehaciente de ello. Los dos pasaron por el filtro de Cinecittà y fueron amantes del cine neorrealista italiano (Speranza 134) aunque Puig pronto mostró su decepción con el dogmatismo de Cesare Zavattini. Sobre los gustos y la cinefilia de Puig remito a su *Los ojos de Greta Garbo*, algunos de cuyos relatos son casi un tratado del cine neorrealista.

difícilmente se podría entender la novelística de Puig, donde la cultura pop tiene especial relevancia. Los títulos de las tres primeras novelas de Puig son significativos en ese sentido: *La traición de Rita Hayworth* remite al cine hollywoodiense de los años 30 y 40; *Boquitas pintadas. Folletín* alude a la literatura popular de carácter sentimental y rosado y *The Buenos Aires Affair. Novela policial* se vincula con la literatura y el cine detectivesco, de modo que los tres hacen referencia directa a la cultura de masas: cine, folletín –transmitido mediante prensa escrita– y novela policial, géneros populares considerados subliterarios y de baja calidad, un material despreciado por la alta cultura con el que Puig decide trabajar. Varios críticos (Santiago 1119) consideran a Puig como precursor en la incorporación a la literatura de ese tipo de materiales. Puig recicla géneros históricamente infravalorados e intenta una Literatura Popular con mayúsculas:

> Me interesa mucho el intento de novela popular y creo que se puede hacer un tipo de literatura seria en el sentido de que haya un pulido formal y una clasificación social. Creo que se puede hacer una literatura formal con una temática realista, cuyo producto sea popular, accesible a las grandes masas de lectores. (Romero, *Puig por Puig* 79)

Con sus dos primeras novelas alcanza gran éxito de ventas y el reconocimiento de la crítica, consiguiendo difuminar la frontera entre alta/buena y baja/mala literatura. Sin embargo, la crítica fue dura con *The Buenos Aires Affair* y esto desanimó a Puig (Romero, *Puig por Puig* 103). Los narradores del *post-boom* –Puig, Severo Sarduy, Cabrera Infante– buscan lectores distintos de aquéllos acostumbrados a la novela realista y del *Boom*.[31] Estos escritores requieren un receptor menos pasivo y más

---

[31] Guillermo Cabrera Infante (317), Manuel Puig y Severo Sarduy marcaron en diversas entrevistas una clara línea de ruptura con los escritores del *Boom* con quienes no querían ser identificados. Estos aspectos junto con las características de la narrativa del post-boom han sido analizados por Donald L. Shaw. En la entrevista de Joaquín Soler Serrano a Severo Sarduy queda claro esta división. En cuanto a Puig, se puede leer el trabajo de Julia Romero (*Puig por Puig* 84) donde habla de su lejanía con respecto al *Boom*. Interesa también que Sarduy escribiera sobre Puig y viceversa, textos que sugieren pertenencia grupal y ruptura consciente con los escritores que los preceden. Es conocido el texto de Sarduy analizando *Boquitas*: "Note to the Notes to

atento (Santos 28), capaz de moverse por los vericuetos estructurales de las configuraciones textuales. En este proceso de lectura se hace pertinente el concepto de red ya aludido: "Una red [...] constituye una trama que enlaza diferentes puntos dispersos [...] es una estructura de interconexión inestable, compuesta de elementos en interacción, y cuya variabilidad obedece a alguna regla de funcionamiento" (Gubern 97). En las dos primeras novelas de Puig el lector se verá obligado a estar muy atento al texto para establecer redes y no perderse en la urdimbre de papeles expuestos, el libro es sólo un trampantojo con una unidad aparente, la narración y la ficción siguen otros derroteros.

El tipo de lector que buscan los integrantes del *post-boom* viene de clases medias urbanas que, ante la democratización paulatina de la cultura desde los años sesenta, había empezado a consumir con regularidad literatura y otros productos culturales como música y cine. Aparecen por primera vez personajes jóvenes que hablan la jerga de su barrio o región con toda naturalidad, aportando nuevos registros que se apartan de las normas lingüísticas canónicas. Ángel Rama afirma que estas clases:

> Son los nuevos grupos sociales afines, marcados por un fenómeno clave que en tales términos no vivieron los mayores: la transculturación producida en las grandes ciudades latinoamericanas por la influencia de la cultura masiva de los Estados Unidos generando modos específicos, de innegable vulgaridad y vigor. Fuentes, García Márquez o Donoso leyeron la mejor narrativa norteamericana dentro del vasto conjunto de la literatura vanguardista mundial; los jóvenes posteriores vivieron el cine, la televisión, el rock, los jeans, las revistas ilustradas, los supermercados, la droga, la liberación sexual, los *drugstores*, que inundaron la vida latinoamericana con profunda incidencia en las capas más populares, menos intelectualizadas y dispuestas a resistir la avalancha de los sectores cultos impregnados todavía de tradiciones europeas. (469-70)

Rama analiza el proceso de transculturación sufrido en Latinoamérica con la entrada de las tendencias norteamericanas. Para él, el cine es uno de los factores transculturizadores más potentes y cita (Rama 471) *La traición de Rita Hayworth* y *Boquitas pintadas* como claros ejemplos donde

---

the Notes... A Propos of Manuel Puig". Menos conocido es el breve texto de Puig "Escritores latinoamericanos al abordaje" (*Estertores* 144-45), donde alaba *De donde son los cantantes*.

se refleja este proceso. Está claro que el cine es material sobre el que Puig trabaja como *bricoleur* para integrarlo en su narrativa. En los años sesenta el cine seguía siendo considerado como un sucedáneo de la literatura, Puig invierte esa idea en *La traición de Rita Hayworth* al convertir su ficción en un producto cultural que toma como punto de referencia el cine, algo inaceptable para el *establishment* literario del momento.[32] La selección de materiales con los que trabajar es cuidadoso y requiere tiempo, el escritor argentino describe su proceso de elaboración textual de la siguiente forma:

> Una novela me lleva de dos a cuatro años y hay momentos en que te resulta muy cansado, sobre todo cuando estás en fase de correcciones y de pasar en limpio. Por ejemplo, si es una página muy sucia, de una primera versión de un capítulo (yo tengo dos, tres, cuatro, cinco, hasta siete versiones de algunos capítulos) tengo que pasarlas en limpio, y en esa página ya pasada en limpio veo otras impurezas... y vuelta a pasarla en limpio y otra vez a corregir. (Romero 2006 119)

La obsesión por corregir y pasar a limpio presenta a Puig como *anagnosta* en el sentido etimológico del término, como corrector. La elaboración textual de la novela aparece como un trabajo a largo plazo en el que se tiene la oportunidad de mejorar el texto, de repasarlo una y otra vez e incluir productos desechados por la alta cultura. El manuscrito de la novela deja ver esas sucesivas lecturas y revisiones operadas por Puig.

Ricardo Gutiérrez Mouat afirma que el "post-boom representa la 'desliteraturización' de la novela" ("Narrativa latinoamericana" 7) y que "responde a la masificación del público lector" (7). Cuando Gutiérrez

---

[32] Dentro de ese *establishment* literario había figuras con peso fundamental en las letras latinoamericanas como Jorge Luis Borges que atacó duramente la novelística de Puig y llegó a afirmar que: "I've never read Puig –when I heard he's written a book called *Boquitas pintadas* (Little Painted Lips) I said what a rubbish" (Romero, *Mapa del imperio* 106). Es interesante que Borges descalifique la obra de Puig usando la palabra *rubbish*: "basura". Parece que a Borges, escritor enciclopédico, no le agradaba la idea de que se recurriese a la cultura popular para la creación literaria. Entre 1936 y 1939, Borges fue el encargado de la sección de libros extranjeros para el semanario *El Hogar*, una publicación bonaerense dirigida principalmente a amas de casa. Como analiza Mario Vargas Llosa, incluso en ese contexto, a sabiendas de que el público lector de sus artículos carecía de un bagaje cultural apropiado, Borges publicó artículos de índole estrictamente académico.

Mouat habla de "desliteraturización" se refiere a la excesiva referencialidad de la narrativa del *post-boom*, que va más allá de lo estrictamente literario incorporando otras manifestaciones artísticas y los *mass media*. En la novelística de Puig confluyen el cine, el bolero, el tango, el radioteatro, etc. con los que se elabora un producto final. Me aproximo a la idea de *interdiscursividad* propuesta por Cesare Segre en *Principios de análisis del texto literario* y a la noción de *intermedialidad* de Heinrich Plett. Considero *La traición, Boquitas* y *The Buenos Aires Affair* como textos bajo la órbita de una hibridez cultural (García Canclini; Tomlinson 167) por la coexistencia e inclusión de discursos de diversa índole que producen desarraigo. Puig es pionero en el uso de materiales intermediales como materia prima de composición literaria. Su primera narrativa choca y se aparta del canon posicionándose artísticamente en contra de quienes detentan la autoridad –tema fundamental en su obra– literaria, cultural o política.

El escritor argentino establece un continuo diálogo entre materiales desechados por el canon que él considera potencialmente provechosos. Carlos Riobó ha analizado cómo varios textos de Puig y Sarduy se sirven de géneros canónicos precisamente para incorporar lo no canónico e incluso lo no literario. Riobó detalla cómo estos autores aprovechan cierto "vacío legal" del canon para subvertirlo desde dentro, algo que en los setenta sólo escritores aguerridos como ellos planteaban como una nueva vía de creación literaria. Para Riobó:

> El uso que Puig hace de los registros de los medios de comunicación de masas y de la cultura popular dentro de un género altamente literario (publicado por entregas o como novela policial) establece estos registros como "declaraciones/sentencias" de archivo que rescriben "la ley de lo que se puede decir en literatura". (69)

En varias entrevistas recogidas en el libro de Julia Romero (*Puig por Puig*), Puig sostiene con firmeza que él no procede de ninguna tradición literaria, afirmando proceder del cine, de oír la radio, de ver folletines y melodramas de la *Metro*. Tanto Puig como Sarduy exageraban al considerarse malos lectores, pues las bibliotecas de ambos atestiguan lo contrario. Las entrevistas los muestran como escritores cultivados y leídos, si bien ambos querían abrir una brecha y marcar distancias con la literatura del *Boom* conscientes de que su posición a la hora de incorporar elementos extraliterarios en sus creaciones era mucho más abierta que la de sus predecesores. En 1976 Pere Gimferrer señalaba la "insularidad" de Puig respecto de la literatura que se estaba haciendo en la época y sostiene que, entre los escritores del momento, "Puig es sin duda el que menos parece deber, no ya a la tradición literaria inmediata, sino pura y simplemente a cualquier tipo de tradición literaria" (22). En parecidos términos se expresa Riobó al afirmar que, debido a esos elementos de la cultura popular, tanto Puig como Sarduy "subvierten la ideología (logocéntrica) dominante de la cultura occidental contemporánea, pues los aleja de la lengua literaria" (71). Puig combina la cultura popular argentina con la extranjera como fórmula para enfatizar el hecho de la pérdida de identidad de la sociedad latinoamericana mediante el filtrado en sus textos de productos culturales extranjeros, principalmente el cine estadounidense. Él mismo sostiene que el título de su tercera novela, *The Buenos Aires Affair*, "es una alusión a nuestra condición de pueblo colonizado. Las culturas que nos han regido son ante todo de lengua inglesa. Hollywood, para mi generación [...], los Beatles para los más jóvenes. Pero siempre habrá de ser así" (Romero 85). Ante esta idea Puig opta por apropiarse de los elementos de esa cultura colonizadora y crear un nuevo producto con características propias.

Importantes estudiosos (García Canclini, Tomlinson, Jean Franco 122-23) han señalado el fuerte influjo de la cultura popular en la narrativa hispanoamericana de la segunda mitad del siglo XX, dentro de esa órbita Puig sería precursor. Él había señalado que *Boquitas pintadas* era un "Folletín, porque es un intento de literatura popular, [y es] novela social porque testimonia los móviles morales de la clase media argentina en determinada época" (Romero 33), esa tentativa de literatura popular le reportó el favor de público y crítica, pero también hubo escritores que rechazaron su obra por considerarla precisamente popular y menor. Hay ciertos elementos paródicos dentro de la novela, aunque la intención de *Boquitas pintadas* no es en ningún caso parodiar el folletín. Puig crea un nuevo tipo de literatura popular respetando sus figuras de ficción al extremo:

Te aseguro que cuando escribo nunca mi intención es burlarme de mis personajes. Cuando escribo una carta de Nené, me identifico con ella hasta el punto de sentir lo mismo que ella. En ese momento soy Nené. Y la densidad del resultado depende del grado de identificación que alcanzo. (Rodríguez Monegal 31)

Puig se identifica con sus personajes, intenta hacer retratos y no caricaturas (Levine 195). No todos los críticos vieron tan claro este aspecto, quizá porque Puig estaba haciendo algo inconcebible en ese momento: llevar el folletín al terreno de la literatura con mayúsculas.

Reciclaje y bricolaje en *La traición de Rita Hayworth* y *The Buenos Aires Affair*

> *La práctica literaria no es una práctica de expresión, de expresividad, de reflejo, sino una práctica de imitación, de copia infinita*
> Roland Barthes, *Variaciones sobre la literatura*

Para acompañar el proceso de elaboración narrativa de Puig en *La traición de Rita Hayworth* y *The Buenos Aires Affair* traigo a colación el concepto de *bricoleur* de Claude Lévi-Strauss que éste define como "el que trabaja con sus manos, utilizando medios desviados por comparación con los del hombre de arte" (35), añadiendo que:

> su universo instrumental está cerrado y la regla de su juego es siempre la de arreglárselas con "lo que uno tenga", es decir, un conjunto, a cada instante finito, de instrumentos y de materiales, heteróclitos además, porque la composición del conjunto no está en relación con el proyecto del momento, ni, por lo demás, con ningún proyecto particular, sino que es el resultado contingente de todas las ocasiones que se le han ofrecido de renovar o de enriquecer sus existencias, o de conservarlas con los residuos de construcciones y de destrucciones anteriores. (36-37)

Los medios materiales que utiliza el *bricoleur* "se recogen o conservan en razón del principio de que 'de algo habrán de servir' [...] Cada elemento representa un conjunto de relaciones, a la vez concretas y virtuales" (Lévi-Strauss 37). Estas citas son relevantes si se piensan en relación al proceso escriturario de Puig. Mencioné que el escritor argentino rehúsa pertenecer a cualquier tradición literaria y prefiere situarse entre productos de baja consideración cultural tales como la literatura popular, el folletín, la música, el radioteatro y el cine, con los que elabora su ficción. Pues bien, tres personajes de sendas novelas de Puig se presentan como *bricoleurs* experimentados: me refiero a Toto en *La traición de Rita Hayworth*, Pancho en *Boquitas pintadas*, y Gladys en *The Buenos Aires Affair*. En el caso de Toto y Gladys la crítica ha reconocido en estos personajes a posibles *alter egos* del escritor. No creo que Pancho sea *alter ego* de Puig, pero sí representa el eslabón necesario en la cadena de figuras ficcionales de su primera narrativa para poder hablar de *poética del reciclaje* y establecer un *continuum* en sus tres primeras novelas. Como muestro a continuación, los tres personajes 'bricolan' o reutilizan materiales existentes en la creación de productos novedosos y no crean *ex nihilo*. Se establece así un paralelismo con la labor literaria de Puig que ficcionaliza su propio proceso creativo a través de las actividades que esos personajes llevan a cabo en la ficción. Analizo estos aspectos primero en *La traición de Rita Hayworth*, después en *The Buenos Aires Affair* y, por último, en *Boquitas pintadas*.

En *La traición* el trabajo de bricolaje con el cine hollywoodiense es prioritario. Graciela Speranza sintetiza el trabajo de Toto en la novela de la siguiente manera:

> Toto recorta fotografías de actrices, pinta escenas de películas que dibuja su madre, las pega en cartoncitos y luego las alinea hasta recomponer la historia original. Se trata de una tarea precisa que reemplaza a las actividades escolares –la formación propiamente institucional– [...] con sus herramientas propias ('la tijera de recortar artistas', 'el lápiz negro para dibujar primero y después los otros de todos colores para pintar las cintas que mamá dibujó'), sus materiales (fotos de actrices, afiches, fotogramas reproducidos en revistas, diarios, programas de cine) y sus procedimientos: una combinación de *collage* y montaje que intenta fijar la seducción de las imágenes cinematográficas en una sintética reproducción artesanal [...]. No hay en Toto un deseo de recrear el recuerdo de lo que ha visto en el cine en una versión propia –no hay invención ni expresión personal– sino de calcarlo y recuperar la historia en imágenes precisas –re-producirla–, como si la fila de cartoncitos alineados pudiese recomponer la sucesión de fotogramas del celuloide original. Toto no

dibuja, sino que recorta, pinta y monta fragmentos de reproducciones ajenas: fotos, dibujos de su madre, secuencias organizadas por la disponibilidad de los materiales. (81-82)

La descripción de Speranza, analizada en términos parecidos por Alan Pauls (38), presenta un taller de bricolaje de ficciones hechas con aquello que se tiene a mano. Destaco la importancia de la actividad de Toto no sólo como elaboración manual –la escritura también lo es– sino como coleccionista, pues Puig tuvo tendencia al coleccionismo desde una edad temprana (Bortnik 7) y a lo largo de su vida (Rodas, "Tres modos"). Walter Benjamin sostiene que "Entre niños, las colecciones son sólo uno de tantos procesos de renovación; otros son pintar objetos, recortar figuras, pegar calcomanías –todo el rango de modalidades de adquisición infantiles, desde tocar las cosas hasta ponerles nombres" (*Desempacando* 15). Al entrar en el taller creativo de Toto –primer *alter ego* del escritor, pues 'Coco' es el nombre familiar de Manuel Puig que simplemente sustituye una consonante de su nombre de infancia para hallar el de su personaje–, se accede también a la *praxis* creativa de Puig.[33] Por el artículo de Patricia Kolesnicov se conoce que Puig lleva al terreno literario su niñez, reciclando el recuerdo. Una amiga de la infancia de Coco, en quien se pudo basar Puig para "Alicita" o "la de González" de *La traición de Rita Hayworth*, declara que:

> jugábamos con la chica que cuidaba a Coco. Íbamos a la siesta y jugábamos a la chapita, a la payana. Él se metía. Recortábamos figuritas de artistas porque nos encantaban. Yo juntaba las de Clark Gable y él también. Una amiga dice que recuerda a Malena tejiendo y él a sus pies cortando figuritas. (Kolesnicov)

---

[33] La recopilación de correspondencia personal que presenta Graciela Goldchluk (Puig, *Querida familia*), muestra a un Puig desconocido y familiar que se dirige a sus parientes desde Europa para contarles su cotidianeidad, viajes, proyectos y éxitos literarios. Las cartas las firma 'Coco', nombre familiar de Manuel Puig con el que firmaba su correspondencia (Puig, *Querida familia*). Se descubre a un Puig personal, a veces sorprendente y apático, a veces político, con intereses variados que lo alejan de la acostumbrada figura literaria. Se pone de manifiesto que la escritura y lectura de cartas era una práctica cotidiana para él, hecho con resonancias en *Boquitas pintadas*. Sobre prácticas epistolares de trabajadores migrantes remito a Miguel A. Vargas García (247-263).

Clark Gable y Rita Hayworth parecen actores de la preferencia de Puig (Rodas, "Tres modos"), ambos son re-construcciones imaginarias de Coco/Toto. Tierna imagen la del Puig niño recortando junto a su madre, Malena, que cose: recorte y costura, actos para arreglar y remendar, para elaborar y componer. En última instancia, la actividad de Puig en *La traición de Rita Hayworth* es paralela a la de Toto con sus recortes. Puig compone con imágenes del cine, mediante un proceso ecfrástico –*écfrasis* es la descripción en poesía o prosa de un objeto artístico o visual–, un *collage* textual heteróclito. Se entiende por *collage* textual:

> un texto que recoge elementos de textos u obras anteriores con el fin de elaborar un nuevo texto en el que se trasluce, en forma de disonancia o ruptura, el origen combinatorio de la nueva creación con una cierta intención [...] Los textos que conforman el *collage* coexisten o cohabitan sin que uno de ellos integre al otro, es decir, aparecen simultáneamente ante el lector, proponiéndole una visión realmente fragmentaria y heterogénea de la textualidad; no hay por tanto relación intertextual de absorción, sino de disociación, valga la paradoja. (Camarero, *Intertextualidad* 41)

Esta descripción se aproxima al pastiche. La coexistencia textual a la que se refiere Camarero se lleva a cabo dentro la geografía material del libro, unos textos comparten espacio con otros y sólo están unidos materialmente por la imposición del formato libresco. Éste no es el más apropiado para transmitir los textos independientes que componen esa narrativa pues texto y formato no sólo no se corresponden sino que prácticamente se oponen, estamos ante un problema irresoluto de "intencionalismo textual" (Greetham, *Theories* 181), ya que hay una importante distancia entre el acto de percepción y el objeto real, el texto.

Silviano Santiago se ha referido a estos textos de Puig como "collagem (no sentido cubista do termo)" (1125). También Alan Pauls habla de montaje y *collage* (38-44) al referirse a la actividad realizada por Toto. Para Pauls "Puig conserva estos desechos del régimen narrativo sólo para socavarlos mejor" (21). *La traición de Rita Hayworth* es un libro (des)compuesto por una cantidad importante de residuos culturales. El análisis de Pauls (20) considera *La traición de Rita Hayworth* como un *collage* textual elaborado con la importante cantidad de materiales reciclados que se encuentran en la novela. Toto se presenta como *scriptor* en el sentido clásico del término, como autor, escritor, copista y redactor, características también atribuibles a Puig. Toto hace un bricolaje de materiales, su juego manual de compilación de imágenes forma una narrativa visual, elaborando una copia de las películas que le gustan. Unos materiales, en principio inconexos e inservibles, son reutilizados para formar una secuencia de imágenes que les da una nueva utilidad, se reciclan para construir un mundo paralelo que le agrada, una vía de escape de la realidad que lo rodea.

El reciclaje del discurso fílmico es una constante en la novela. Toto encuentra su registro en el cine, habla a través de películas que son su mundo de referencia, interioriza esos discursos para formar el suyo propio. Es el mismo proceso que sigue Puig al apropiarse de géneros desprestigiados y reciclarlos en un nuevo producto innovador y original, que incorpora desechos de la alta cultura.

THE BUENOS AIRES AFFAIR

The Buenos Aires Affair (1973) es la tercera novela de Manuel Puig. Este texto fue censurado por pornográfico (Romero, *Mapa del imperio* 114) y secuestrado de las librerías por el grupo conocido como Triple A (Alianza Anticomunista Argentina), proceso parecido al ocurrido con *Zero* (1974) de Ignácio Loyola Brandão en Brasil, novela censurada por pornográfica e inmoral. Al interpretar estas narrativas, no hay que olvidar el contexto opresivo en el que escriben sus autores. La prohibición de la novela llevó a Puig a abandonar definitivamente Argentina. Años después relató las repercusiones negativas que tuvo en su vida la publicación de *The Buenos Aires Affair*:

> **Manuel Puig**: Antes del 20 de junio [de 1973] todo había sido tolerado perfectamente. Pero las cosas cambiaron mucho a partir del 20. El libro salió en mayo, y tuvo un primer momento bueno, no se tomaban medidas... Todavía no había montado un "organismo". Y yo sentí esa hostilidad y pensé que no estaría mal salir unos meses, alejarme, evitar choques inútiles, creyendo que era algo muy pasajero.
> **Periodista**: ¿La idea fue por unos meses y nada más?

Manuel Puig: Sí, porque yo confiaba que Perón no iba a aprobar una cacería de brujas. En enero del 74 el libro fue secuestrado, y de ahí en adelante todo fue empeorando. Ya después de la muerte de Perón, sí, la cacería de brujas se desató. Había pasado más de un año de mi salida del país, en septiembre del 73, cuando llamaron a mi casa de la Triple A pidiéndome que saliera del país dentro de las 24 horas. (Puig, "Moriré en Río")

La protagonista de la novela, Gladys Hebe D'Onofrio, artista plástica depresiva con tendencias suicidas, decide abandonar Argentina para instalarse en EE.UU. Gladys comparte rasgos con el Toto de *La traición* pues recorta y copia dibujos de revistas (*The Buenos Aires* 23, 32) detallando además las características de los instrumentos que usa para ello, de modo que hay un *continuum* entre estos personajes. En *The Buenos Aires Affair* el tema del reciclaje, el *collage* y el bricolaje aparece de forma explícita y también se encuentran alusiones a cómo la alta cultura rechaza todo aquello que no esté en su órbita. Clara Evelia, madre de Gladys y poeta, es despreciada por autoras canónicas que aparecen mencionadas por su nombre real cuando el narrador informa de que Clara Evelia "Se volvió a acostar y no pudo evitar la irrupción de nombres consagrados que la humillaban: Juana de Ibarbourou y Alfonsina Storni" (*The Buenos Aires* 27). La madre de Gladys representa una vivencia que Puig sufrió al ser rechazado por escritores coetáneos, entre ellos por una figura de peso como Jorge Luis Borges. Borges y Puig entendían la literatura de formas casi opuestas: la obra de éste otorga importancia al cine, a la imagen y a la cultura popular, mientras que la de aquél tiene un fuerte carácter libresco.[34] Hubo tensiones entre ambos escritores, Borges afirmaba que el título de *Boquitas pintadas* era ridículo y que nunca leería una novela con semejante título. Puig responde lanzando sus dardos al omitir a Borges como la gran figura literaria que era: "¿Quién escribe en francés después de Proust, de Flaubert? Nosotros en cambio no tenemos esos gigantes, esas sombras tremendas" (Corbatta, "Encuentros" 609). Las propuestas literarias de Puig y Borges difieren sustancialmente: frente a la literatura enciclopédica de Borges, Puig propone un modelo literario compuesto

---

[34] Sobre los procesos escriturarios en Borges se han llevado a cabo varios estudios. Destacan los de Daniel Balderston que se ha ocupado de la escritura y los manuscritos de sus textos.

precisamente por materiales despreciados por esa alta cultura que Borges representa. Ambos están en las antípodas en cuanto a su concepción de la literatura como afirmó Puig (Romero 2006 103). El crítico de arte que aparece en *The Buenos Aires Affair*, Leopoldo Druscovich, reconoce que "sí, tengo que admitirlo, es poco democrático pero detesto que algo que a mí me guste mucho se haga popular" (142). Es decir, lo que detesta este crítico es tener un gusto por lo popular, que aparece con connotaciones peyorativas, minusvalorado por quienes se erigen en jueces de la calidad artística y a quienes Puig ataca en la figura de Leo Druscovich: impotente y acomplejado.

Como Toto, Gladys Hebe D'Onofrio ha sido considerada *alter ego* de Puig (Corbatta, *Mito personal* 10; Alberto Giordano 36; Amícola 33) por su reutilización artística de materiales desechados. La siguiente cita es fundamental para entender la poética literaria de Manuel Puig y para hablar de *poética del reciclaje*. En entrevista imaginada para la revista de modas neoyorquina *Harper's Bazaar*, Gladys cuenta que:

> Esa noche me sentí más sola que nunca, presa de la desesperación volvía al chalet y tuve, entre desvaríos, la inspiración. No pude dormir, a las cinco el amanecer me sorprendió en la playa, recogiendo por primera vez los desechos que había dejado la marejada sobre la arena. La resaca, me atrevía solamente a amar la resaca, otra cosa es demasiado pretender. Volví a casa y empecé a hablar —en voz muy baja para no despertar a mamá— con una zapatilla olvidada, con una gorra de baño hecha jirones, con una hoja rota del diario, y me puse a tocarlas y a escuchar sus voces. La obra era esa, reunir objetos despreciados para compartir con ellos un momento de la vida, o la vida misma. Esa era la obra. Entre mi último cuadro y esta nueva producción habían pasado más de diez años. Ahora sé por qué no había pintado o esculpido en todo ese tiempo: porque los óleos, las témperas, las acuarelas, los lápices pastel, las arcillas, los bastidores, todo ello era un material precioso, de lujo, que a mí no me estaba permitido tocar, a un ser inferior no le está permitido gastar, desperdiciar, jugar con objetos valiosos. Por eso durante años no hice nada, hasta que descubrí las pobres criaturas hermanas que rechaza cada mañana la marejada. (122-23)

Lévi-Strauss señala que los medios que utiliza el *bricoleur* "se recogen o conservan en razón del principio de que 'de algo habrán de servir' [...] Cada elemento representa un conjunto de relaciones, a la vez, concretas y virtuales" (37). Esta definición es de enorme importancia pues es precisamente lo que hace Gladys, recoger materiales en los que ve una utilidad potencial aunque no se especifique exactamente cuál. Gladys crea productos que son frontalmente rechazados por Leo Druscovich quien los considera "basura". El nombre propio del crítico puede ser apócope de Leopoldo y coincide, no por casualidad, con la primera persona del singular del verbo leer.

Para crear, Gladys recoge despojos inservibles de la marejada: una zapatilla olvidada, una gorra de baño hecha jirones o una hoja rota. El crítico de arte desprecia esa práctica de creación pictórica que propone Gladys. Leo Druscovich señala que: "Me encargó que quemase sus cosas porque no las quiere ver más, sus basuras rejuntadas" (*The Buenos Aires* 166), su desprecio por la obra de Gladys es patente. En las descripciones de acciones imaginarias de Leo durante su insomnio en el capítulo XI, se describen "Otros despojos: una pelota de goma rajada, piedras pulidas, un cuerpo flácido de mujer tirado en el suelo" (183), el cuerpo de la mujer –quizá el de Gladys tras el intento de violación– se equipara con sobras y residuos, pues ese reciclaje supone una revitalización personal del personaje. La elaboración a través del reciclaje y del bricolaje es tan explícita como el rechazo de la crítica a que se componga con esos materiales inservibles. Ricardo Piglia (24) y Alberto Giordano (228) han señalado la importancia de construir con formas desprestigiadas en esta novela. Lo que se pone de manifiesto es que esa praxis de la construcción con productos desechados se encuentra en las tres primeras publicaciones de Puig y que la estética del bricolaje señalada por varios críticos en *The Buenos Aires Affair* aparece también en *La traición de Rita Hayworth* y *Boquitas pintadas*. Silviano Santiago sostiene que Puig es el primer autor latinoamericano que trabaja con el escombro de la industria cultural, "ou seja, com o quase lixo" (1121). Para el escritor argentino esos desechos no son basura cultural sino productos legítimos para la elaboración artística.

Puig subtitula *The Buenos Aires Affair* como *Novela policial*; el texto tiene innegables tintes de novela negra y novela gótica –géneros populares– por la violencia de las escenas sexuales y por la rareza psicológica de los personajes, casi todos depresivos y traumatizados.[35] El proceso de elaboración que sigue Gladys al reciclar materiales considerados inútiles, tiene claras similitudes con el de Toto en *La traición de Rita Hayworth* y con el propio proceso escriturario de Manuel Puig. Ese proceso de reciclaje vincula a Toto y Gladys con dos personajes secundarios de *Boquitas pintadas*: Raba y Pancho, éste último también construye con materiales usados. Reciclando objetos despreciados, Toto, Pancho, Raba y Gladys dan una nueva utilidad al despojo. Al hacerlo, estos personajes reflejan el proceso creador de Manuel Puig.

El caso de *Boquitas pintadas*

Si en *La traición de Rita Hayworth* el principal elemento reciclado era el cine y en *The Buenos Aires Affair* eran despojos del mar, en *Boquitas pintadas* los materiales despreciados se van a diversificar sobremanera. Jorgelina Corbatta sostiene que "el cine, el radioteatro, el folletín y la novela policial, el cancionero popular y la novela rosa constituyen no sólo vehículos formales interesantes *per se*, sino también un riquísimo venero de contenidos colectivos inconscientes –los mitos colectivos–" (*Mito personal* 5-6), mitos que son tales debido al auge de los medios de comunicación de masas. En *Boquitas pintadas* los personajes recurren constantemente a héroes cinematográficos y de la canción popular.[36] No hay en esta novela un *bricoleur* tan explícito como el Toto de *La traición de Rita Hayworth* o la Gladys de *The Buenos Aires Affair* pero sí varias citas que sugieren el reciclaje y la reutilización de distintos materiales desechados.

---

[35] Se puede leer Álvarez Barrientos sobre la novela policíaca (220-22) y la novela gótica (216) con amplia bibliografía sobre ambos géneros.
[36] El cine ha sido motivo de estudios monográficos como tema transversal en la narrativa de Manuel Puig. Sin embargo, no hay trabajos solventes sobre el papel de la música y la canción popular en su narrativa: tango, bolero, habaneras, rancheras, etc. *Boquitas pintadas* tiene una interesante banda sonora todavía no suficientemente explorada. Retomo las palabras de José Miguel Oviedo cuando afirma que *Boquitas pintadas* es un libro que "En el fondo no está escrito, sino hablado, hay que escucharlo, como si fuera una cinta magnetofónica" (24). Sobre el papel del radioteatro en la novela remito a Climent Espino (2011a).

Un producto cultural que Puig reconvierte en citas introductorias son las letras de tango, cada entrega se introduce con versos de estas canciones, música popular que Puig incorpora al texto y que difícilmente se hubiese generalizado a no ser por la difusión de la radio. La radio, con fuerte presencia en la novela, mantenía su hegemonía como medio preferido de entretenimiento popular en los años treinta y cuarenta, período en el que transcurre la acción. Ahora bien, ¿hemos de entender las letras de tango y bolero como literatura por el hecho de estar publicadas en la novela? Considerar si un texto es una cosa u otra depende en gran medida del material que lo vehicula. La relación de un lector con la letra de una canción si ésta se encuentra en un CD –pieza editorial particular con elementos visuales y auditivos cuyo objetivo es difundir una música– es muy distinta a la que tendrá si lee esa letra como parte de un libro.

La narración está estructurada por entregas, de manera folletinesca. *Boquitas pintadas* puede considerarse descendiente de la primera literatura sentimental hispánica. Por tema y estructura creo que *Cárcel de amor* (1492) de Diego de San Pedro es un digno antepasado con el que hay múltiples vínculos, es un texto que Alfonso Reyes (1955) consideró como "novela perfecta" por la forma de guiar al lector. La temática sentimental y amorosa, la fragmentariedad y la relevancia de lo epistolar establecen filiaciones entre ambos textos. En *Boquitas pintadas*, Juan Carlos está recluido en el sanatorio de Cosquín, originándose, a causa de esa distancia, un epistolario con la amada. Si en *Cárcel de amor* Leriano escribe a Laureola desde prisión, Juan Carlos escribe a Nélida desde el sanatorio que se presenta casi como una cárcel.

La novela por entregas es considerada un género popular cuya temática se acerca a la novela sentimental o rosa, literatura todavía hoy tenida como paraliteratura por los sectores literarios más puristas. En *Boquitas pintadas*, Puig utiliza esta filiación explícita con la literatura sentimental folletinesca para subvertir el modelo y realizar una crítica, desde dentro de esa narrativa, del imaginario sentimental recibido por las mujeres. Ese imaginario proyectado por los productos de corte sentimental condena a la mujer a la búsqueda de ideales amorosos propagados por los filmes románticos de Hollywood, los radioteatros y por las letras de boleros y tangos.[37] *Boquitas pintadas* es un tango subversivo en cuanto que desvela, con crueldad, que las mentiras del amor encubren las verdades del sexo.

A. Pérdida de autoría

Pierre Marc de Biasi afirma que "A abordagem genética caracteriza-se por uma valorização dos modos de elaboração do texto em detrimento, e mesmo estabelecendo um questionamento, da autoridade do texto" (221). En las siguientes páginas se muestra que ese cuestionamiento de la autoridad y la autoría es recurrente en *Boquitas pintadas*. He señalado cómo Juan Carlos Onetti afirmó que "Yo sé cómo hablan y cómo escriben los personajes de Puig, pero no sé cómo escribe él" (Romero, *Puig por Puig* 152). En la novela la autoría es múltiple o anónima pues los textos que la componen están escritos a mano por los personajes o, a veces, se desconoce su autor: *Boquitas pintadas* es un ensamblaje de textos de variada autoría, no un libro de autor único. La cita de Onetti pone de manifiesto que la novela está escrita por los personajes que habitan su ficción y que Puig se aleja de la autoría huyendo del narrador omnisciente, sentando a sus personajes a escribir. La diversidad autorial y textual cuestiona que todos los documentos compositivos se puedan presentar bajo el formato de libro firmado por un solo autor a no ser que haya un compilador de documentos, Puig, a quien los textos han llegado por motivos desconocidos. La compilación es característica fundamental de los *codices factitia*.

Onetti no es el único en afirmar que las novelas de Puig no están escritas por él sino por sus personajes y que, debido a ello, es imposible conocer su estilo; Graciela Speranza se pregunta si el autor "confundió su propia voz con la de sus personajes" (14). Puig quiso siempre máxima

---

[37] Son innumerables los trabajos que se han hecho sobre la música popular en América Latina. Un estudio general es el de Gerard Béhage. Sobre el bolero interesan los artículos de René Campos y Vanessa Knights y el análisis de Gracia Morales Ortiz que relaciona lo melodramático con las letras de bolero y tango. Martín Kohan enlaza aspectos tecnológicos de la cultura de masas con la propagación del bolero. El estudio de Mercedes Garraleta se centra en el tango como elemento fundamental en *Boquitas pintadas*.

autonomía para sus figuras literarias y, por ello, en sus dos primeras novelas, hace gala de una insólita ventriloquia literaria, hecho desconocido en la literatura latinoamericana hasta ese momento. El escritor aparece como un titiritero cuyas marionetas repentinamente adquieren ánimo y autonomía. Al dar independencia, voz, lápiz y papel a esas figuras, no quiere inmiscuirse en sus vidas sino hacer que la construyan por sí mismas. En ese sentido, José Miguel Oviedo sostiene que: "La novela de Puig no está escrita en realidad por Puig, sino directamente por sus personajes sin represiones del lenguaje" (24). Para este crítico, el libro "En el fondo no está escrito, sino hablado, hay que escucharlo, como si fuera una cinta magnetofónica" (24). Este comentario, hecho el mismo año de la publicación de la novela, es un primer cuestionamiento de que el libro sea el formato idóneo para vehicular esa ficción.

Una gran cantidad de relatos de sus tres primeras novelas están firmados o son atribuidos a personajes que usurpan la autoría del texto a Puig. Esas figuras relegan al autor a un plano secundario convirtiéndose en personajes-autor al escribir los textos que componen la novela. A este respecto, Jorgelina Corbatta apunta que "la forma es el resultado de un juego de máscaras tras las que Puig se esconde, de un travestismo literario tan sofisticado que paradójicamente parece natural, hasta banal" (*Mito personal* 17). Lucille Kerr (80-130) entiende esta novela como juego, la literatura es un juego imaginativo a través de la lectura de objetos escritos. Tanto el concepto de *homo ludens* (Huizinga 1972) como la idea de Kerr ayudan a desvelar, como se muestra más adelante, el carácter lúdico de *Boquitas pintadas*: la novela como 'juego de cartas'.

De la misma manera que Toto lleva a cabo una actividad lúdica recortando, pintando y aunando cartoncitos de sus estrellas preferidas, Puig escribe, corrige, tacha, borra, pasa a limpio y copia textos firmados por sus personajes a quienes atribuye la autoría, presentándose como compilador y no como autor de los relatos que componen sus dos primeras novelas. En varias entrevistas habló de sus personajes como entidades independientes y autónomas de su labor creativa: "Tanto en *Sangre de amor correspondido* como en *Maldición eterna a quien lea estas páginas* no puse nada que los personajes no hubieran dicho. Por supuesto hice mi propia urdimbre, pero los hilos me los dieron mis personajes y trabajé con ellos" (Speranza 113), cita que indica un respeto máximo por sus figuras de ficción que siente como entes vivos. Los críticos que afirman no saber cómo escribe Puig lo hacen debido a los complejos juegos autoriales que propone; los personajes puigianos, sobre todo en sus dos primeras novelas, dialogan con el escritor para pactar las líneas del relato. Puig cede la pluma a los personajes otorgándoles autonomía para la creación textual y, debido a ello, sus novelas se componen de una abundante diversidad de papeles que él sólo compila. De esa autonomía creativa y pluralidad autorial surge *Boquitas pintadas*, un intento de total objetividad donde Puig desaparece como autor y se erige en compilador de esos textos.

La inserción de lo epistolar está muy ligada a la transmisión textual y a la materialidad de la escritura, las cartas son textos que van y vienen y que permiten jugar con el concepto de autor. Los juegos de autoría no se desarrollan sólo entre Puig y sus figuras, sino también entre los personajes del texto e incluso con el lector de los documentos. Como tecnología textual, el *codex factitium* no pretende hilvanar una historia, sino presentar unos papeles que cuentan unos *factos* o hechos y mantener la autonomía de esos textos. El lector activo que buscan los narradores del *post-boom* tendrá que atar cabos, construir la historia con esos elementos. Lucille Kerr analiza la estructura de *Boquitas pintadas* para hablar de ella como "un tipo de aparataje técnico o maquinaria estructural que vehicula una significativa ficción de seducción. El texto que está orquestado para seducir y traicionar a sus lectores, quizá incluso para controlarlos y complacerlos, presenta una historia de intriga romántica" (92). En ese aparataje técnico subyace la *infraestructura material* que hace de *Boquitas pintadas* un texto en movimiento, generador constante de ficción. Se muestran a continuación algunos ejemplos de la pérdida de autoría en *Boquitas pintadas*, aspecto clave para apoyar la idea de que la novela tiene la forma de *codex factitium* y de que, en este caso, el libro es un trampantojo.

Desde el principio de la novela Nélida mantiene correspondencia con la madre de Juan Carlos, doña Leonor. Sólo al final se desvela que el autor que firma las cartas como doña Leonor no es ella sino su hija Celina, que odia a Nélida y quiere acabar con su matrimonio. Trabajar dentro del campo complica la autoría: Puig, al establecer juegos autoriales con la correspondencia epistolar, travesea con el narratario y con el lector real. Celina envía una carta al marido de Nélida "para que se entere de quién es su esposa. Ella me hizo a mí un gran mal y no voy a dejar que se lo haga a usted o a quien sea, sin recibir el castigo que merece" (*Boquitas* 235). La escritura se ha convertido en un engaño, el lector de *Boquitas pintadas* se da cuenta casi al final de que las cartas de Nélida nunca llegaron a su destinataria –doña Leonor– y el remitente que decía ser doña Leonor era en realidad Celina. Es ésta es una maniobra de heteronimia, pues la autora real de las cartas, Celina, firma adoptando una personalidad fingida, la de su madre, engañando no sólo a la receptora de las cartas, Nélida, sino también al lector de *Boquitas pintadas*. La complejidad y el juego de autorías que Puig lleva a cabo son magistrales. El lector, como Nélida, es constantemente engañado.

La problematización de la autoría es un tema recurrente del que los personajes hablan indirectamente. La mayoría de las cartas que escribe Juan Carlos desde el hospital de Cosquín están corregidas por un viejo profesor de latín y griego, internado como Juan Carlos por problemas de salud. Establezco aquí un nuevo paralelismo con la génesis textual pues Juan Carlos y el profesor que corrige sus cartas trabajan sobre manuscritos, se establece un paralelismo con la actividad creadora de Puig. Estos personajes realizan la tarea escrituraria en colaboración problematizando la autoría de las cartas firmadas por Juan Carlos:

> Como de costumbre entrega el borrador pero interpone una variante: más que corrección de ortografía solicita ayuda para redactar la carta en cuestión. Su propósito es enviar una carta de amor muy bien escrita, y tal pedido es acogido con entusiasmo. El escritor le propone de inmediato componer una carta parangonando la muchacha al Leteo. (*Boquitas* 121)

Se evidencia que las cartas firmadas por Juan Carlos son de la autoría del viejo profesor. *Borrador, corrección, ortografía, escritor* o *composición*, campo semántico conectado a la génesis textual y a la escritura. La intertextualidad es aquí laberíntica, en la cita observamos que Juan Carlos no escribe el texto del que es autor a ojos del destinatario –Nélida–, sino que la pretensión del verdadero autor –el viejo profesor– es comparar y parafrasear algo que ya ha sido escrito. Todo se complica más si se piensa que las cartas corregidas por el profesor presentan faltas de ortografías que, como se desprende del análisis del manuscrito, Puig añade *a posteriori* con bolígrafo azul sobre el texto mecanografiado. Hay aquí una cuestión problemática pues, si la carta ya había sido corregida por el profesor, las faltas de ortografía de Juan Carlos no deberían aparecer: ¿es el profesor un mal profesional, lapsus de Puig o nuevo guiño al lector? Cabe la posibilidad de que Puig se perdiera en su propio laberinto autorial o que sólo sea un error de copista. Sea como fuere las faltas de ortografía de Juan Carlos son problemáticas pues, atendiendo a lo que ocurre en la ficción, no deberían aparecer. En cuanto al contenido, los textos de Juan Carlos son un pastiche que complica la autoría, son copias aunque en la narración aparezcan como textos originales. El escritor argentino juega con el lector para que éste maniobre con los textos, sometiéndolo a complejos vericuetos de autoría a través de copias y plagios y de textos escritos por unas manos y firmados por otras. Puig fue claro al señalar que "Tengo pavor a aburrir. Me parece una inmoralidad" (Romero, *Puig por Puig* 114), de ahí estas sutilezas lúdico-literarias relacionadas con la autoría que desconciertan al lector y crean suspenso en la narración obligando a releer el texto, a reorganizar el orden de lectura de los documentos que componen la ficción. El contenido de la novela obliga a una lectura alterna, fragmentaria, opuesta a la linealidad del libro.

Pero el escritor argentino va todavía más allá en el cuestionamiento de la autoría al conceder al lector de *Boquitas pintadas* el privilegio de ser coautor de la sexta y la decimocuarta entregas. Puig usa espacios en blanco, o silencios, como materia compositiva y técnica narrativa para obligar al lector a completarlos si quiere acompañar la lectura, haciéndolo partícipe de la escritura de este *codex*, una mano más que se añade a las ya existentes. Esta técnica ya había sido utilizada en todo el cuarto capítulo de *La traición de Rita Hayworth* y recurrirá de nuevo a ella en todo el noveno capítulo de *The Buenos Aires Affair*, es una técnica muy del gusto de Puig apenas usada por otros narradores. En *Boquitas pintadas* se utiliza al principio de las entregas sexta y decimocuarta. En ésta última se presenta la transcripción de una confesión católica en la que el lector siente la necesidad de completar los espacios en blanco. El papel del lector está predeterminado, debe escribir o imaginar la parte del diálogo del confesor, rellenar los silencios de lo que éste diría y decidir si finalmente absuelve o no al personaje que se confiesa: Mabel. Si el lector ha tenido acceso a todos los documentos del universo ficcional de *Boquitas pintadas*, sabe mejor que nadie lo que pasó. Nada más justo, pues, que sea él quien, dependiendo de las conclusiones a las que llegue, absuelva o no los pecados de Mabel. El cuestionamiento de la autoría llega al extremo ya que el lector interviene en el proceso escriturario de forma activa, participando como coautor incluso una vez que la novela ha sido publicada. Los juegos autoriales se han llevado al límite: el lector se convierte en confesor dentro de la ficción, su papel no puede ser más activo. La coautoría del lector, junto con la abdicación de la autoría del propio Puig, dirige la novela hacia una creación postextual. El lector tiene la posibilidad, tras la publicación del texto, de aportar una nueva caligrafía a la diversidad del *scriptorium*, ser un nuevo amanuense partícipe en la creación del *codex*.

B. Materialidad del texto: bricolaje y reciclaje en *Boquitas pintadas*

En *Boquitas pintadas* se sabe desde la primera página que el personaje principal, Juan Carlos, muere; no es a esto pues a lo que el lector debe estar atento. La novela contiene documentos de escritura públicos y privados, todos ellos se convierten, al ser publicados como novela, en documentos de acceso público. Al tener acceso a papeles privados –cartas, diarios, agendas– el lector se entromete en una serie de asuntos íntimos entre personajes y tiene amplio conocimiento de todo lo que acontece en el universo ficcional. Lo epistolar es de suma importancia, pues la novela se presenta como un epistolario variado con cartas de amor, apócrifas, ficticias, públicas y privadas. *Boquitas pintadas* es un 'juego de cartas' donde lector es un *voyeur*, su acto de lectura es premiado al tener acceso a una información privilegiada desconocida para los personajes de la ficción. Estos manejan sólo una pequeña parte de los documentos que componen la novela y, por ello, su visión de la realidad es más sesgada que la del lector. Entre los documentos usados por Puig en sus tres primeras novelas se encuentran cartas, diarios íntimos, transcripción de diálogos, versos de tangos y boleros, informes médicos, policiales y judiciales, redacciones escolares, partes de guiones de películas, listas de hechos, *curricula*, entrevistas, informes de autopsias, etc., que potencian la desaparición del narrador. El escritor bonaerense opera como *bricoleur* reutilizándolos, sus novelas se elaboran mediante la selección y armazón de materiales despreciados y de desechos de otras obras. Al considerar el trabajo del *bricoleur* en acción Lévi-Strauss explica que:

> excitado por su proyecto, su primera acción práctica es, sin embargo, retrospectiva: debe volverse hacia un conjunto ya constituido, compuesto de herramientas y de materiales; hacer, o rehacer, el inventario; por último, y sobre todo, establecer con él una suerte de diálogo, para hacer un repertorio, antes de elegir entre ellas, de las respuestas posibles que el conjunto puede ofrecer al problema que él plantea. Todos estos objetos heteróclitos que constituyen su tesoro, son interrogados por él para comprender lo que cada uno podría significar, contribuyendo de tal manera a definir un conjunto por realizar, pero que, finalmente, no diferirá del conjunto instrumental más que por la disposición interna de las partes. (38)

Para reutilizar, la mirada del creador tiene forzosamente que ser retrospectiva pues va a trabajar con despojos. En este sentido, se puede establecer un paralelismo entre la labor compiladora de Puig con la del lector que maneja los textos, ambos están obligados a manipular un buen número de géneros textuales, buscar un hilo narrativo y formar una historia. Esa reutilización de papeles conecta con el tema del reciclaje, muy presente en *Boquitas pintadas*. Una cita importante al respecto se produce en un monólogo interior de Juan Carlos cuando, describiendo su sueño, señala que:

> [Juan Carlos] Se volvió a dormir, soñó con ladrillos rojizos, el pozo donde se mezclan los materiales para ladrillos, el pozo ardiente de la cal, los ladrillos crudos blandos, los ladrillos en cocción, los ladrillos endurecidos indestructibles, los ladrillos a la intemperie en la obra en construcción de la Comisaría nueva, Pancho le mostraba una pila de ladrillos rotos inservibles que se devuelven al horno para ser triturados y vueltos a cocer, Pancho le explicaba que en una construcción no se desperdiciaba nada. (62)

La génesis textual aporta pistas para el análisis. Esa última frase, "Pancho le explicaba que en una construcción no se desperdiciaba nada", se encuentra manuscrita en tinta azul sobre el dactiloescrito de la novela, lo que supone, sin duda, una reflexión posterior de Puig al releer el texto. De nuevo hay una revalorización de materiales desechados: Pancho recicla materiales viejos para realizar una construcción nueva. Así pues, Puig, Toto, Pancho y Gladys construyen de la misma manera, Manuel Puig ficcionaliza su praxis creativa a través de la acción de sus personajes. El escritor argentino toma consciencia de este proceso paulatinamente hasta llegar a *The Buenos Aires Affair* donde, como se ha explicado, el reciclaje y la reutilización son temas fundamentales en la producción creativa de Gladys. Puig trabaja con productos despreciados por el *establishment* cultural para crear un nuevo producto con desechos culturales, en principio inservibles, y lanzar una propuesta literaria renovada que conlleva un proceso singular de gestación.

No es ésta la única cita al respecto relacionada con el reciclaje y los materiales en la novela. Al describir la casa que Pancho está construyendo, éste especifica que: "La cocina estaba en construcción. Pancho la había empezado con materiales para edificación moderna, de segunda mano" (*Boquitas* 77). La "edificación moderna" del texto se hace también con materiales previamente usados: el reciclaje y la reutilización son patentes en el texto. Lévi-Strauss señala que "el *bricoleur* se dirige a una colección de residuos de obras humanas, es decir, a un subconjunto de la cultura" (39), es precisamente lo que hacen Puig y Pancho, rescatar residuos y trabajar siguiendo un mismo proceso de bricolaje.

Pancho es de condición social humilde, él y Raba representan a los conocidos como "cabecitas negras", término con connotaciones racistas que abarca a personas de piel y pelo oscuros de procedencia indígena que pertenecen a la clase trabajadora. Pancho y Raba viven en condiciones precarias, pero ambos consiguen medrar. Si Pancho mejora aprovechando productos desechados, Raba prospera trabajando como mucama o sirvienta. En la novela se explicita que "A las 13:45 Raba se sentó a la mesa y comió las abundantes sobras del almuerzo" (85) y páginas después que "A las 21:20 se sentó a comer las sobras de la cena" (88), nueva reutilización de productos desechados, esta vez relacionado con algo tan básico como la comida: Raba come lo que otros desperdician o desprecian. En última instancia Toto, Gladys, Pancho, Raba y Puig (se) construyen aprovechando sobras y desechos. Lo inservible para quienes están en una posición de privilegio social o cultural es reciclado por quienes no están en esa posición: el tema de la autoridad subyace en estas propuestas. *Boquitas pintadas* es un reciclaje de sobras culturales, un mosaico de escritos, una amalgama de textos, un *codex factitium*. Desde esta perspectiva, interesa pensar en Valentín y Molina de *El beso de la mujer araña*.[38] En la sociedad opresora que dibuja la novela tanto el homosexual como el activista político *sobran* para una dictadura de carácter sexista y homófoba donde la muerte es inherente a la disidencia ideológica, donde el pensamiento discordante no tiene cabida ante la imposición de normas. Julia Romero retrata ese contexto:

> Las funciones homogeneizantes que se destinaron a la literatura [...] fijaron una forma de escritura y un imaginario deseable y enseñable de identidades nacionales, relacionado siempre con valores ascendentes de la clase burguesa: la patria, la virilidad, la feminidad, la familia, la heterosexualidad, el orden, la salud, la higiene, y la consecuente exclusión de todo aquello que no se aviniera a la construcción de esa 'metafísica' política. (*Puig por Puig* 51)

Al hablar de homogenización no se puede obviar que ésta es una literatura producida en época dictatorial y que en esos años operaban los llamados "vuelos de la muerte". Mediante estos vuelos, las autoridades 'desechaban' o 'se deshacían de' los opositores al régimen, inservibles para el sistema. *El beso de la mujer araña* constata que Puig no fue ajeno a la situación política que vivía su país.

---

[38] La técnica narrativa empleada en *Boquitas pintadas* y en *El beso de la mujer araña* son casi opuestas, mientras en aquélla se privilegia la escritura, en ésta se hace énfasis en la oralidad. Carmen Martín Gaite había leído con atención la obra de Manuel Puig y escribió la reseña *Un tango bien cantado*. *El beso de la mujer araña*, donde alaba la técnica utilizada por Puig: "Un hombre es, esencialmente, un narrador y un receptor de historias. Vive amparándose en las suyas y transformándose al calor de las que le cuentan: y en ese deseo de contar y esa añoranza de escuchar [...] se le van consumiendo los días" (*Tirando del hilo* 73). Esa técnica de *El beso* recuerda a la utilizada por Gaite en *Retahílas* (1974) donde Eulalia y su sobrino, Germán, conversan durante una noche de agosto. En *El beso* y en *Retahílas* se prioriza lo oral.

Se ha mencionado cómo Puig cede la autoría a sus personajes pasando a un segundo plano del proceso escriturario y adoptando el papel de compilador, operación relacionada con la materialidad del texto pues quien compila tiene que manipular textos. Puig traslada a sus personajes actividades relacionadas con su labor como escritor, ficcionalizando su proceso creativo. En *Boquitas pintadas*, Celina tiene el papel de compiladora de documentos:

> Vuelve a doblar las dos cartas y junto con la escrita por ella misma las coloca en el sobre de tamaño oficio ya preparado. Toma otro sobre del mismo tamaño y escribe la dirección, [...] Toma seis cartas con dedicatoria 'Querida mía', etc. y firmadas 'Juan Carlos'. Las coloca en el segundo sobre y considera terminada su tarea. (238)

Celina compila manuscritos reuniendo las cartas de Nélida, por una parte, y las de Juan Carlos por otra, e introduciéndolas en sendos sobres que otorgan unidad material a ambos grupos. Para Carlos Riobó, también Nélida puede considerarse como archivista (84) y coleccionista (85) pues busca, archiva y guarda su correspondencia personal. En *Boquitas pintadas*, cada vez que un personaje acaba de escribir una carta, se describe la acción que se desarrolla justo después:

> Iluminada por la nueva barra fluorescente de la cocina, después de tapar el frasco de tinta mira sus manos y al notar manchados los dedos que sostenían la lapicera, se dirige a la pileta de lavar los platos. Con una piedra quita la tinta y se seca con un repasador. Toma el sobre, humedece el borde engomado con saliva y mira durante algunos segundos los rombos multicolores que cubren la mesa. (11)

El campo semántico de la escritura es explícito, se narra qué, con qué, cómo y dónde se ha escrito el texto informando además del resultado inmediato de escribir: los dedos manchados de tinta. Estas manchas son significativas pues la tinta no sólo está en el papel sino también en el cuerpo de quien ha escrito, el acto escriturario marca como si de un tatuaje se tratara, el cuerpo es soporte incidental de la escritura (Marcuschi 20, Cardona 186-89). Los personajes tienen contacto físico constante con el texto cuya materialidad es básica para la construcción de la novela. El marido de Nené, Donato José Massa, se dispone a cumplir la voluntad de la ya difunta Nélida que le había pedido quemar todas las cartas:

> El señor Massa tenía en la mano un sobre. Lo abrió, adentro había dos grupos de cartas: uno atado con cinta celeste y otro atado con cinta rosa. Notó en seguida que el de cinta rosa tenía la letra de Nené... Desató la cinta celeste y desplegó una de las cartas pero sólo leyó unas pocas líneas. Pensó que Nené sin duda desaprobaría esa intromisión [...] Las cartas atadas con cinta rosa cayeron al fuego y se quemaron sin desparramarse. En cambio el otro grupo de cartas, sin la cinta celeste que lo uniera, se encrespaba al quemarse y se desparramaba por el horno incineratorio. (*Boquitas* 257)

Rosa: lo femenino, cartas de Nélida; azul: lo masculino, cartas de Juan Carlos. En el pasaje final de *Boquitas pintadas* se leen, entre llamas y al azar, algunas líneas de la correspondencia que hubo entre Juan Carlos y Nené. Si los autores de las cartas han fallecido, parece que no tiene sentido que sus textos sigan circulando. Las cartas, como quizá el cuerpo de Juan Carlos, son incineradas. *Boquitas pintadas* acaba como empezó, con una reacción a una muerte: la quema de las cartas tras el fallecimiento de Nélida. El óbito de Juan Carlos había propiciado la génesis de la escritura.[39] Una pregunta ineludible aparece ante el lector: ¿desencadenará la muerte de Nélida que alguien sienta la necesidad de escribir cartas como hizo ella al conocer la muerte de Juan Carlos? ¿Será necesario abrir cajones para buscar papeles, ojear álbumes de fotos, leer diarios ajenos,

---

[39] En relación con la génesis de la escritura, Giselle Rodas ha elaborado un estudio paralelo en el que coteja las distintas ediciones de la novela en el ámbito hispánico, teniendo como marco la crítica textual. Rodas habla de las variantes entre la edición argentina de Sudamericana y la edición española de Seix Barral que compara con las pruebas de imprenta del *Archivo Manuel Puig*. Este artículo interesa desde la perspectiva de la crítica genética al trabajar con un material que va a ser dado a la imprenta de forma inminente, presenta a un Puig que realiza las últimas correcciones. Son interesantes las aportaciones de Rodas sobre los cambios operados en las citas introductorias con los versos de tangos.
Interesa también al estudio de Alejandro Herrero Olaizola, *The Censorship Files: Latin American Writers and Franco's Spain*, donde explica cómo muchos textos publicados en España bajo el régimen de Franco fueron reescritos a causa de la censura, entre ellos habla de *La traición de Rita Hayworth*. Se muestra cómo la censura puede imponer cambios llevando su influencia hasta el proceso escriturario del texto literario. Sólo a través de la crítica textual y la crítica genética se detectan estas intromisiones del censor.

abrir cartas privadas de amor? Quizá sí, habrá que *Volver* –los versos de este tango de Gardel dan comienzo a la última entrega (Bacarisse 37-38)– a desempolvar papeles, a recordar historias de amores imposibles, a sentir nostalgia del pasado, en definitiva, a reciclar el recuerdo.

Los autores han muerto y sus textos con ellos. El texto acaba con una nueva vuelta de tuerca de Puig, pues si el marido de Nélida quema la correspondencia que ésta y Juan Carlos se habían escrito, no hemos podido tener acceso a las cartas que hemos leído: ¿quién es, pues, el narrador de esas cartas? ¿Quién es el autor de *Boquitas pintadas*? Dar respuestas a estas preguntas es algo que cada lector deberá resolver a la luz de su lectura como parte de la experiencia literaria.

C. *Boquitas pintadas*: ¿un juego de cartas?

> *Que las cartas no estén echadas sino que haya juego todavía*
> Roland Barthes, *El placer del texto*

Las cartas son una de las variedades textuales que componen la novela, me refiero aquí a carta en su doble acepción, como epístola y naipe. En este apartado analizo las tiradas de cartas que la gitana hace a Juan Carlos en el "Campamento provisional del Circo Gitano, Coronel Vallejos, sábado 25 de abril de 1937" (*Boquitas* 90). Los naipes son un sistema peculiar de signos y una forma popular de adivinación, cada carta tiene un significado simbólico y se refiere a un saber cosmológico donde cada naipe tiene autonomía.

Esos signos corresponden a una práctica escrituraria singular que resulta en una peculiar práctica lectora. La lectura de cartas ocupa sólo algunas páginas (*Boquitas* 90-98). Las tiradas de cartas son muy reveladoras si se leen entre líneas. A pesar de que la crítica apenas ha prestado atención al pasaje, mi impresión es que tienen una fuerte transcendencia dentro del texto y funcionan como un *mise en abyme*, ya que la gitana relata de forma velada el pasado, presente y futuro de la historia. El procedimiento de *mise en abyme* designa cuando en una obra literaria: "se observa la propia narrativa o uno de sus aspectos significativos, como si en el discurso se proyectase 'en profundidad' una representación reducida, ligeramente alterada o figurada de la historia en curso o de su conclusión" (Reis 143). La escena de la lectura de cartas, en la que desaparece la voz de Juan Carlos, preanuncia el desarrollo de la intriga de la novela y el desenlace. Las sutilezas literarias de Puig se intensifican, pues hay un *mise en abyme* material en cuanto que el lector maneja cartas, lo cual se relaciona con la movilidad y la dinámica interna de los papeles de la novela, hecho que tendrá consecuencias en el plano semántico como complemento de la acción y profecía. Si la gitana interpreta las cartas de la baraja, el lector interpreta las epístolas, ambos realizan una misma función lectora, interpretativa y de ordenación, aquélla de imágenes de naipes, el lector de textos. En todo caso, al "leer la lectura" de cartas de la gitana se lleva a cabo una lectura de una lectura, una interpretación de una interpretación.

Hurgando en la etimología de la palabra 'carta', se observa que está estrechamente relacionada con la materialidad del texto. Joan Corominas informa: "Carta. h. 1140. Del lat. CHARTA, f., 'papel', y éste del gr. *Khártēs*, m., 'papiro', 'papel'" (132). Esta relación directa entre carta y papel parece lógica, pues el texto necesita un soporte material para ser tal. Por otra parte, en el *Diccionario de la Real Academia de la Lengua Española* (*DRAE*), la palabra "carta" comprende entre sus numerosas acepciones dos de las que me sirvo: "Papel escrito, y ordinariamente cerrado, que una persona envía a otra para comunicarse con ella" y "Cada una de las cartulinas que componen la baraja". Esta segunda acepción se refiere, claro está, al naipe. La etimología de esta palabra es incierta:

> NAIPE, h. 1400. Voz común con el portugués (donde significa 'palo del juego de cartas'), del mismo origen incierto que el cat. Naíp, 1371, y el it. ant. naìbo, 1376, donde es el nombre del juego, y cuya acentuación en la i parece ser la primitiva. Las etimologías arábigas que se han propuesto carecen de fundamento y ni siquiera está probado que el juego (por lo menos en forma análoga a la actual) proceda de Oriente; en Asia no hay testimonios seguros del juego hasta el s. XVII (aunque ya antes se emplearon cartas para adivinar), en África hasta el s. XV, mientras que en el sur de Francia y en Cataluña abundan desde principios del siglo XIV, y como la etimología asiática y africana de este juego es de origen europea, es probable que acá se creara el nombre y aun el juego en su forma moderna, éste quizá con algún antecedente oriental. (Corominas 402)

Estos étimos revelan la importancia de la materialidad del texto en el caso de "carta" y los orígenes inciertos de la palabra "naipe". Creo que la novela está diseñada, en efecto, como un juego de cartas que el formato libresco impide barajar al lector. Carlos Puig, hermano de Manuel Puig, me informó que Manuel tenía una baraja española y se echaba las cartas a sí mismo con la intención de interpretarlas y conocer el futuro, estamos aquí ante una práctica lectora singular del autor. Así pues, este capítulo parece partir de una costumbre de Manuel Puig, pero no hay que olvidar que también de una tradición popular muy extendida y ligada al esoterismo como la lectura del futuro a través de los naipes: otro aspecto de la cultura popular que Puig recicla. Este Manuel Puig conocedor de la cartomancia no debe extrañar; en varias entrevistas el escritor se muestra interesado en lo esotérico y hace referencia al horóscopo, otra forma de adivinación del futuro basada en la posición relativa de los astros. Puig responde algunas preguntas refiriéndose a este método adivinatorio al indagar sobre la suerte de sus libros en EE.UU.: "el horóscopo de Horangel decía que a partir de septiembre, que es cuando salió en USA *La traición...* las cosas iban a cambiar" (Romero, *Puig por Puig* 49). De igual modo, al ser preguntado sobre si se identifica con sus personajes dice que: "Un astrólogo me dijo que es propio de mi signo: capricornio, porque logramos desdoblarnos y vivir el pensamiento del otro, y que por eso puedo ser novelista, porque puedo meterme en la cabeza de otros, de los personajes" (*Puig por Puig* 110), citas que muestran a un Puig interesado en lo esotérico.

Recurriendo de nuevo a la génesis del texto, al estudiar el manuscrito de *Boquitas pintadas*, hallé un documento del *Archivo Manuel Puig* –N.B.8.0135_(7_G)– no incluido en el texto publicado donde hay un personaje que juega solitarios, juego de naipes ejecutado por una única persona. Estos juegos y prácticas esotéricas cuentan con el favor del gran público: Puig se mantuvo siempre ligado a lo popular, también a la cartomancia. No es raro que esto ocurra, hay ejemplos en las letras hispánicas y luso brasileñas de escritores que se han guiado por movimientos esotéricos y han producido parte de su obra literaria bajo su órbita.⁴⁰ La mayoría de los textos relacionados con el esoterismo están denostados por el *establishment* cultural. Puig encuentra que estas prácticas despreciadas por la alta cultura son materiales originales que reciclar, un nuevo filón con el que trabajar.

En el dactiloescrito original de *Boquitas pintadas* se hallan, sobre mecanografiado, descripciones manuscritas en todo el pasaje de la lectura de cartas, lo que muestra un intenso trabajo en la elaboración de esta parte. Ese pasaje propone un nuevo juego al lector que ha de "interpretar la interpretación" de cartas que la gitana hace al personaje principal, Juan Carlos. El lector debe averiguar a qué personajes o hechos de la novela se refiere la gitana con su explicación de los naipes, pues sus lecturas encajan en la ficción de *Boquitas*. Además, tiene que rellenar espacios dejados en blanco que corresponden a Juan Carlos. Poniéndolo en el lugar de este personaje, Puig obliga al lector a entrar de lleno en la ficción y a construirla activamente.

El estudio del manuscrito ayuda a entender mejor estos planteamientos, dos documentos del dactiloescrito de *Boquitas pintadas* –*Archivo digital Manuel Puig* N.B.8.0134_R_(6G) y N.B.8.0135_(7_G)– muestran cómo Puig había trabajado el texto con las cartas y los arcanos del tarot, pero decidió finalmente que la gitana usase los naipes de la baraja española. En esos documentos Juan Carlos, ya en el sanatorio de Cosquín, escribe a Nélida diciendo lo siguiente. Copio textualmente el documento del manuscrito:

> Acabo de recibir tus líneas tan esperadas [tu blanca misiva] Estoy muy contento [feliz], no así mi buen amigo, porque te has olvidado de mandarme el número que te pidió [requerido]. Él es experto en cábalas y un juego extraño llamado Tarot. En xxxxxxxxx xx xxxxxxxxx xxxxxxxxxx [ese apasionante juego de la vida] cada número tiene una significación y pertenece a [corresponde a] un

---

⁴⁰ Cito entre las letras hispánicas al español Fernando Arrabal y al chileno Alejandro Jodorowsky, éste último creador de la psicomagia y ampliamente conocido en el mundo hispánico por sus teorías esotéricas, su relación con las ciencias ocultas y el chamanismo. En la literatura brasileña destaca el cuento "A Cartomante" de Machado de Assis (2008), la famosa escena de *A Hora da Estrela* de Clarice Lispector o el más reciente cuento "A Cartomante" de la escritora carioca Lúcia Bettencourt. Sobre la influencia del tarot en las artes occidentales remito al estudio de Jessa Crispin.

dibujo, o Arcano. Yo tengo que [habré de] ordenar mi juego hasta que logre componer el Arcano Dieciséis, que según mi amigo [mentor] es lo que me ayudará [ha de salvará]. Dicho Arcano Hasta ahora he logrado componer dos números solamente, el ARcano Veinte, o sea la REsurrección (…) y el Arcano Veintidós, o sea el Viaje que significa la inescrutibilidad de las leyes divinas y la declinación [decadencia] necesario [obligatoria] de todo lo que [aquello que] ha llegado a su culminación.

Según mi amigo [mentor] es el Arcano Dieciséis x el que me [ha] de favorecer, o sea la Fragilidad Humana, símbolo del despertar del entendimiento por medio de las calamidades repentinas que derrumban la soberbia, mientras que mi número fatal es el Arcano Quince (…)

¿No te resulta apasionante todo esto? [¡Apasionante! Decime si no]. Nuestro destino puede estar prefigurado por una combinación matemática. (*Archivo Digital Manuel Puig* N.B.8.0134_R_(6G))

He transcrito las tachaduras que Puig hacía con equis (x) sobre el texto, entre corchetes está el añadido con letra de Puig sobre el dactiloescrito. En efecto, la literatura puede ser entendida como *ars combinatoria*. *Boquitas pintadas* es un mecanismo de textos que el lector debe des-ordenar y componer, pero el formato de libro imposibilita ese juego impidiendo la opción de barajar el hojaldre textual que compone esta ficción.

Presento en la cita anterior la versión más cercana del documento original que tiene tachones y añadidos en tinta azul, de estas correcciones se infiere un texto muy pensado aunque Puig decide excluirlo del proyecto final. Desde los primeros borradores es notorio que Puig estaba decidido a introducir elementos esotéricos. Que el arcano del tarot clave en la vida de Juan Carlos sea el Dieciséis tiene dos repercusiones importantes en el texto: una es que *Boquitas pintadas* está compuesta por dieciséis capítulos; la otra es que, no por casualidad, la mayoría de las novelas de Manuel Puig están divididas en ese mismo número de partes: dieciséis. Por ello, se puede afirmar que el número dieciséis tenía implicaciones positivas para el propio Puig y decidió estructurar sus novelas con ese número. Atendiendo a la lectura del tarot, los arcanos se corresponden en muchos casos con las historias atribuidas a distintos personajes: ¿subyace una interpretación del tarot en *Boquitas pintadas*? ¿Se pueden atribuir arcanos a cada uno de los personajes? No son preguntas descabelladas atendiendo a lo expuesto. En relación con este aspecto, es curioso que un escritor de la talla de Italo Calvino –amigo de Puig que pasó un tiempo en Roma trabajando en Cinecittà– estuviera ya elaborando a principios de los setenta textos literarios que tenían el tarot como base de su argumento narrativo. Entre las novelas de Calvino donde la influencia del tarot es más evidente destaca *El castillo de los destinos cruzados*, publicada en 1969 el mismo año que *Boquitas pintadas* y que no se puede entender sin las connotaciones de los arcanos del tarot.

La cita del manuscrito antes mencionada se atribuye a Juan Carlos, está redactada por el profesor que corrige y escribe textos en el sanatorio de Cosquín. Se da la circunstancia –creo esto debido al documento N.B.8.0135_(7_G) del *Archivo Digital Manuel Puig*– de que a través de la cábala el profesor se inmiscuye en la relación sentimental entre Juan Carlos y Nené con el fin de arreglar los problemas de la pareja. Reproduzco parte de este documento:

> Lamentó no estar en posesión del cuadernillo de instrucciones que acompañaba al juego de naipes. De dicha publicación se conservaba solamente la última hoja –páginas dieciocho y xxxxxx diecinueve– en la biblioteca del Hostal, sección Juegos de Sociedad. A las diecisiete hojas preliminares nunca había tenido oportunidad de consultarlas porque estaban extraviadas, pero había pasado momentos amenos tratando de dar sentido a esas figuras y números, y finalmente había creado un sistema –en base a operaciones matemáticas– todavía imperfecto, que le permitía xxxx realizar algo así como un juego de solitarios, con xxxxxxxxxx derivaciones metafísicas, utilizando algunos conceptos enunciados en la hoja única del cuadernillo. Dada la indisposición del joven de la habitación ventiseiSS, decidió mostrarle más tarde, durante la cena las carillas escritas destinadas a Nené a quien quería iniciar en los misterios de su juego, para así ayudarla a encontrar la línea cabalística compatible con la línea con la línea de su futuro esposo. (*Archivo Digital Manuel Puig* N.B.8.0135_(7_G))

De nuevo un paralelismo con la materialidad de *Boquitas pintadas*: al igual que los personajes de la ficción, el profesor no puede leer todas las hojas para completar el juego. ¿Cuántos documentos no se insertaron en este *codex factitium*, cuántos vacíos textuales hay en esta ficción? Se dejan muchas preguntas sin resolver en este complejo folletín: ¿quién envía la nota al doctor (*Boquitas* 104) dando a conocer la enfermedad de Juan Carlos?, ¿qué ocurre con Celina y doña Leonor?, ¿qué fue de la familia del asesinado Pancho?, ¿sabría el hijo de Pancho que su madre es la asesina de su padre?, ¿contaría Raba a alguien por qué mató realmente a Pancho? Otros textos de diversa autoría podrían dar respuesta a estas preguntas, ser incluidos en el *codex*.

En la lectura de naipes de la Sexta Entrega (*Boquitas* 90-98) hay un paralelismo con los elementos con los que trabaja el *bricoleur*, ya que cambiar la posición de un naipe en la secuencia de la tirada tiene un efecto dominó en cuanto a significados e interpretaciones. Lévi-Strauss sostiene en *El pensamiento salvaje* que es importante "la decisión de permutar otro elemento en la función vacante, hasta tal punto que cada elección acarreará una reorganización completa de la estructura, que nunca será aquella que fue vagamente soñada, ni aquella otra que se pudiera haber preferido en vez de ella" (39). La lectura de naipes de la gitana es aleatoria, todo depende de la posición de las cartas, de la correlación de elementos. Esta sección es un *mise en abyme* de toda la novela ¿llegaría el lector a las mismas conclusiones si los textos que componen *Boquitas* estuviesen dispuestos en un orden diferente?, ¿Cuántas lecturas posibles hay de los hechos narrados?, ¿Se puede jugar con esas "cartas-naipes", barajarlas y repartirlas aleatoriamente, releer la novela de tantas formas como combinaciones hay entre sus elementos? Kerr ha discutido la cuestión de las posibles lecturas del texto para hablar de *Boquitas pintadas* como "un conjunto de textos anecdóticamente relacionados pero formal y discursivamente disímiles" (83). El formato tradicional de libro restringe las posibilidades de lectura y la forma en la que el lector se relaciona con los textos. Para Lévi-Strauss "Todo juego se define por el conjunto de sus reglas, que hacen posible un número prácticamente ilimitado de partidas" (55), en el caso de *Boquitas pintadas* el formato libresco impide que las partidas sin límite puedan producirse debido a la inmovilidad impuesta a los textos insertados en la novela.

Para explicar visualmente lo que expongo, me sirvo de un fotopoema del fotógrafo español Chema Madoz que puede ser representativo de lo que ocurre con esta ficción. En él aparece una baraja de cartas anillada, esta forma de presentar las cartas proscribe el juego y hace inservibles los naipes al impedir su movilidad. Propongo extrapolar la situación material de los naipes anillados de esta baraja, encerrados en un bloc que limita su movimiento, con la de los documentos de *Boquitas pintadas* que, cosidos y encorsetados en formato libresco, privan al lector de la posibilidad de manejarlos a su antojo y aventurar nuevos órdenes y lecturas: Merece la pena detenerse a analizar esta imagen de Chema Madoz por lo que connota. Se ve el as de tréboles de la baraja inglesa al lado del *joker*, cuya traducción literal al español sería "bromista o burlón". La etimología de "as" es la siguiente: "AS 'punto único en una de las caras del dado', 2ª mitad del s. XIII, 'carta que lleva el número uno en cada uno de los palos de la baraja' 1570. Del lat. AS, ASSIS, 'unidad monetaria fundamental de los romanos'" (Corominas 64). La baraja de la foto es una burla dirigida a jugadores potenciales, la unidad material está representada por el anillado y por el as –el 1– que simboliza la unidad e impide el juego, las dos cartas del fotopoema no son elegidas al azar. El *joker*, risueño, invita a una partida imposible de jugar debido a la unidad material impuesta por las anillas. Para llevar a cabo la partida la solución sería rasgar los naipes, liberarlos del anillado. La misma imposición es la que representa el libro para el juego de textos y lecturas propuesto en *Boquitas pintadas*: se ofrecen documentos dispares en un orden establecido, pero es sólo un orden entre muchos posibles. El formato tradicional del libro impide la movilidad de los textos autónomos que lo componen.

Imagen 9: Chema Madoz, *Joker*, 1999

La unidad material en *Boquitas pintadas* está representada por el libro unificador de textos que impide al lector alterar el orden y barajarlos. En la novela hay tres tiradas de cartas, es común en la cartomancia que haya varias tiradas para preguntar sobre diversos aspectos de la vida: salud, amor, dinero, etc. En el pasaje anteriormente transcrito Juan Carlos no interviene en el diálogo dejando en blanco los espacios en los que hablaría y obligando al lector a rellenarlos, a adivinar qué pregunta Juan Carlos a la gitana. De nuevo, el lector se erige en coautor del pasaje al sentir la necesidad de completar el diálogo para dar sentido a los hechos. En primer lugar, Juan Carlos parece preguntar por el dinero: su gran obsesión. La suerte de la primera tirada es la siguiente:

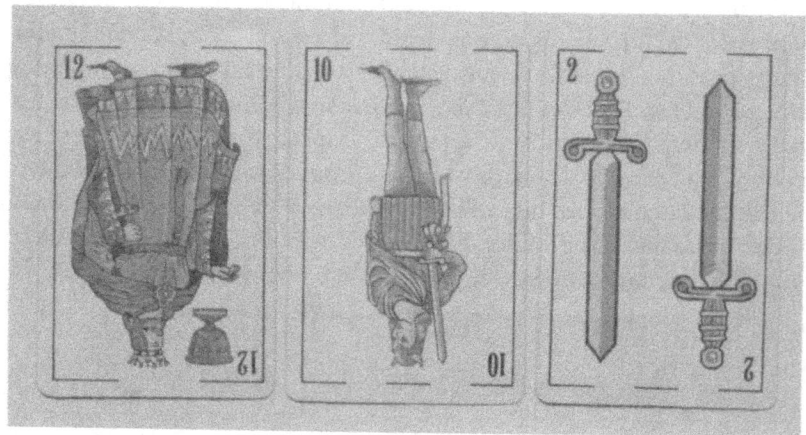

Imagen 10: Primera tirada de cartas Juan Carlos (*Boquitas* 91)

"Rey de Copas, patas para arriba"; "Sota de Espadas, patas arriba"; "Dos de Espadas" (*Boquitas* 91). Si se lee el texto con atención el lector sabrá por la interpretación de la gitana y la lectura de la novela, que el Rey de Copas representa al tío de Juan Carlos que se fue con la fortuna del padre sin repartirla (*Boquitas* 114). En el rey, la gitana ve "un hombre morocho ya medio viejo, que no te quiere, te está haciendo mal, lo que vos más querés en la vida, que si no me equivoco es [...] los billetes, eso es lo que él no te va a dar" (*Boquitas* 91). La interpretación de la cartomante sobre la Sota de Espadas hace identificar a ésta con la viuda Di Carlo por el diálogo que hay entre ella y Celina (*Boquitas* 192). Además, en la descripción del Dos de Espadas se dice que "te anuncia un viaje por tierra" (91): es el viaje al sanatorio de Cosquín que paga la viuda Di Carlo. Toda la lectura de cartas –subrayo el verbo *leer*– que hace la gitana encaja con la ficción, pero sólo se podrán atar cabos *a posteriori* prestando mucha atención a lo que ocurre en el texto. Puig, prestidigitador de textos, se guarda cartas en la manga para impresionar al lector.

La posición de los naipes –vertical o 'patas arriba'– es pertinente para la cartomante. Dependiendo de esa posición la lectura difiere e incluso puede ser contraria a la que se haría si apareciese de forma invertida, la movilidad de los naipes es fundamental para hacer una lectura acertada de los mismos. En una segunda tirada de cartas, Juan Carlos se interesa por cuestiones amorosas (*Boquitas* 92-93). Cada carta tiene un significado propio, pero es cuando se pone en relación con las otras que se puede configurar un contexto, contar una historia. Estas tiradas obligan a releer el texto teniendo en mente la lectura que la cartomante hace de la vida de Juan Carlos. La movilidad de elementos es vital para hacer una lectura u otra: ¿cambiará la historia de *Boquitas pintadas* si se altera la estructura de la novela, si se varía el orden establecido? El formato del *codex factitium* sí permite permutar elementos, por ello propongo ese formato como el más apropiado para transmitir la narración de *Boquitas pintadas*.

Siempre que hay lectura hay texto, por ello se han de considerar los naipes de la baraja española como una escritura pictográfica *sui géneris* cuya lectura sólo está al alcance de los avezados en cartomancia, es ésta una práctica lectora particular.[41] Los naipes aparecen en la novela como juego, Juan Carlos intenta "proponer una partida de naipes como pasatiempo hasta que llegue la hora del té" (*Boquitas* 125). Él y su amigo, el profesor, juegan con y a las cartas.

La disposición de los naipes aporta un significado contextual y posibilita una narración oral. Las tres tiradas de Juan Carlos se pueden leer en clave conforme a lo que ocurre en la novela. Al establecer puentes

---

[41] Sobre cartomancia sugiero dos libros de carácter orientativo que he usado para entender el significado y la simbología de los naipes de la baraja española. Las explicaciones difieren bastante de unos textos a otros. Sus autoras, Margarita Arnal y Olga Roig, proponen formas diversas de adivinación usando la baraja española.

entre la lectura de naipes de la gitana y la nuestra de los documentos que forman la ficción, se amplían las posibles interpretaciones del texto. Cada naipe tiene autonomía propia y su movilidad es un requisito *sine qua non* para realizar juegos o lecturas esotéricas como las que lleva a cabo la cartomante. También los textos descritos que forman parte de la *infraestructura material* de la novela poseen autonomía material, pero el lector no puede mover esos papeles debido al formato libresco. En la última tirada, Juan Carlos parece querer saber sobre la salud y el amor. La tirada de 13 naipes que le sale en suerte es la siguiente:

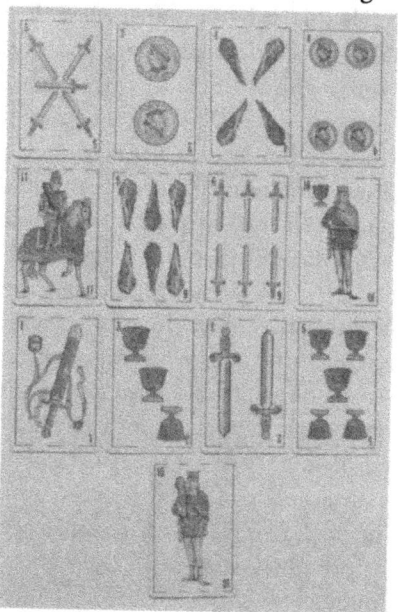

Imagen 11: Tercera y última tirada de cartas de Juan Carlos (*Boquitas* 94-98)

Hay trece elementos con posibilidades combinatorias múltiples. Las opciones de lectura varían, no queda clara la forma en la que la adivinadora coloca los naipes sobre el tapete, puede ser en el orden aquí presentado si leído de arriba hacia abajo, de izquierda a derecha y teniendo en cuenta si el naipe sale en posición vertical o invertida. Retomo de nuevo la idea de *mise en abyme* material, el lector ha de manejar, como si de naipes se tratara, los diferentes documentos que forman la novela. Así, la estructura de *Boquitas pintadas* es sólo aparentemente sencilla, la novela se divide en dos partes y cada una de ellas consta de ocho entregas. Éstas están a su vez compuestas por un número irregular de esquelas, cartas, informes, letras de tangos, trascripciones, naipes, radioteatros, monólogos interiores y otros textos de muy diversa índole. Esta *infraestructura material* compuesta de textos autónomos forma una ficción, como los naipes, al poner unos textos en contacto con otros.

Recurro de nuevo al proceso escriturario de la novela, a su manuscrito original, donde hallé el documento que reproduzco a continuación. La forma de este texto hológrafo es sugerente pues es similar al de una tirada de cartas. Se halla en este documento a un Puig barajando documentos, especulando una posible estructura para la novela, lo cual hace pensar que estas piezas son intercambiables y podrían adoptar otras posiciones, ofrecer nuevas lecturas. Los recuadros que aparecen en este documento son permutables aunque parte del mismo conjunto:

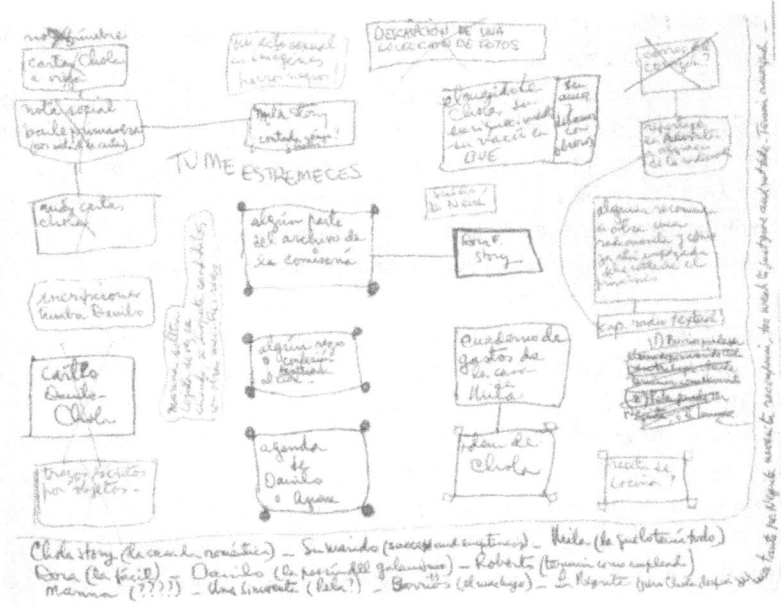

Imagen 12: *Archivo digital Manuel Puig* doc. N.B.1.0025

Julia Romero ha descrito este documento desde una perspectiva geneticista de la siguiente manera:

> El relato oral que inspiró estos esquemas es distribuido luego en núcleos narrativos que Puig ordenó y desordenó, en lugares sin sucesión temporal, recuadrados, sin una relación de causa-efecto. Luego de ensayar varios esquemas narrativos que obedecen a las articulaciones de la novela, armó otro para corroborar si cumplía con las tensiones que debía establecer para sostener la atención del lector de folletín. (*Mapa del imperio* 94)

La estructura que diseña Puig para la novela parece una tirada de cartas donde cada recuadro podría ser un naipe, un texto autónomo que forma parte de la narrativa. Este documento es fundamental para entender cómo Puig ideó el funcionamiento interno de la narración y para cuestionar que el formato tradicional de libro sea el adecuado para transmitirla. La estructura de *Boquitas pintadas* es móvil y, por ello, el material transmisor idóneo para esta narración es el *codex factitium*. En él, el lector podrá jugar su propia partida de cartas, manejar a su antojo los textos que componen la novela. En suma, generar con los mismos elementos distintas ficciones.

Concluyo este apartado señalando que el estudio del manuscrito enriquece la interpretación de la obra. La relación que he establecido entre manuscrito, texto édito y sus posibles lecturas son un claro ejemplo de cómo, al trabajar con génesis textual y procesos escriturarios, las posibilidades interpretativas se amplían notablemente. Julia Romero (*Mapa del imperio* 18), al leer el texto en su contexto, conecta el estudio geneticista de los manuscritos con el panorama sociopolítico en el que se produjeron y señala que "la crítica genética da prioridad al proceso de escritura […] Sin lugar a dudas el mapa de significaciones se agranda con los manuscritos y la crítica geneticista amplía el horizonte de la literatura misma y, por consecuencia, el horizonte de los lectores y el de la crítica" (*Mapa del imperio* 11). No hubiese sido posible cuestionar el formato de libro como transmisor apropiado de esta ficción y plantear que *Boquitas pintadas* es 'un juego de cartas' sin tener acceso al manuscrito donde hay documentos de importancia para desarrollar esas ideas. Tampoco hubiese podido plantear que *Boquitas pintadas* cuestiona el formato tradicional de libro sin rastrear y acompañar su proceso de creación escrituraria: tachones, textos excluidos, apuntes, bocetos, correcciones, borrones, colores, cambio de nombres y ubicaciones, borradores, diseños estructurales, materiales textuales, prácticas y hábitos escriturarios del escritor, etc.

El estudio de todos estos aspectos lleva a considerar que la primera narrativa de Puig es producto del reciclaje de elementos desechados por la alta cultura. En *Boquitas pintadas* esas partes constitutivas han sido ensambladas mediante la técnica de bricolaje dando lugar a un *codex factitium* cuyas características –variedad caligráfica, *de re ligatoria*, autor y compilador, *marginalia*, variedad documental y textual, cantorales (tangos y boleros), calendarios, cuadernos y cartas, etc.– aparecen de forma singular en la novela. Al desatar el cordón que une esos documentos se tornan en juego de naipes donde el azar combinatorio desata también las posiblidades de la ficción.

Capítulo 2

Clarice Lispector y la narrativa informe: *Água viva* como antilibro

PROCESO DE ELABORACIÓN ESCRITURAL

Publicamos para no pasarnos la vida corrigiendo borradores
Alfonso Reyes

Analizo en esta sección la novela *Água viva. Ficção* (1973) de Clarice Lispector para mostrar, de nuevo, que el formato tradicional de libro es insuficiente para esta propuesta literaria. El libro, con sus características inherentes, es soporte válido para transmitir una importante variedad de narraciones, pero no se adapta por igual a todas ellas. Estableciendo una correlación entre forma y contenido, en las páginas anteriores demostré cómo los materiales textuales que componen la *infraestructura material* de *Boquitas pintadas* se ajustan mejor a las características del *codex factitium* que a las del libro tradicional. En este capítulo la hipótesis manejada parte de las conclusiones alcanzadas tras el análisis del manuscrito de *Água viva* para proponer una nueva lectura en relación a la materialidad del texto. Esa hipótesis me lleva a afirmar que *Água viva* es una narrativa informe y que el formato que busca Clarice para ella es el de antilibro.

Al subtitularse *Ficção*, la novela presenta el deseo paradójico de permanecer en la abstracción: hay una relación antonímica entre materialidad del texto y la inmaterialidad de la ficción. Para apoyar esa hipótesis, se hace alusión a declaraciones de la autora en relación con la creatividad literaria, Lispector fue una escritora interesada en la creación artística que para ella era un misterio irresoluble.

El libro que transmite la ficción de *Água viva* engaña al lector, es un trampantojo textual cuyo espejismo revelo y desmonto para entender la *novela* desde una perspectiva abarcadora: *Água viva* rechaza el libro como material transmisor de su narrativa. Para cuestionar la idoneidad del formato de libro se parte del análisis del manuscrito y del proceso escriturario del texto arguyendo que su concepción, elaboración y estructura ponen en tela de juicio ese formato. El lector enfrenta, de nuevo, la paradoja de estar ante un libro que no lo es, *Água viva* descompone el libro a través de su narrativa. Lispector elabora una estructura particular para proponer una lectura no lineal. Esta no linealidad narrativa –la fragmentariedad es notable desde el manuscrito– se corresponde con la falta de un argumento claro y requiere trabajar con el concepto de red que, según Cecilia de Almeida Salles, se deriva de las relaciones establecidas entre partes: "Todo documento, de modo geral, está inevitavelmente relacionado a outro e tem significado somente quando nexos são estabelecidos" (*Redes* 117). En el artefacto narrativo ideado por Clarice el contenido determina la forma que, a su vez, delimita las variadas lecturas del texto. *Água viva* es una narrativa reticular cuyo aparataje textual está pensado para romper la lectura tradicional de párrafo tras párrafo en hojas numeradas, escritura y lectura son extremadamente fragmentadas.

    Hélène Cixous (24) sostiene que es fundamental distanciarse de *Água viva* para poder ver con claridad los hilos que tejen el texto. Tomar distancia es esclarecedor para tener un plano general de este mosaico textual, texto que sólo con perspectiva se podrá contemplar en su totalidad: únicamente releyendo una y otra vez el texto se alcanzará la distancia necesaria para observarlo de forma abarcadora. Cixous (21) considera el párrafo como unidad formal de la novela hablando de cierta continuidad, es necesario aclarar que fragmentariedad y continuidad no son siempre posturas antagónicas. Salles argumenta que: "A continuidade defronta-se também com quebras, rupturas ou discontinuidades" (*Redes* 63). Desde la perspectiva material el libro, al paginar se impone –subrayo el verbo– una continuidad al menos material. Tanto en el manuscrito de *Água viva* como en el libro editado hay evidencias suficientes de las dudas creadas por ese formato e incluso de desprecio hacia él. Acompañar el camino que lleva *del manuscrito al libro* hace aflorar inconsistencias y oposiciones entre las ideas que germinan el texto y el producto final –el libro– dado al mercado: Lispector escribe una narrativa altamente fragmentaria, pero en ningún caso escribe un libro. Se asume con frecuencia que el libro es formato natural por el que ha de pasar la prosa para llegar al lector, no es éste el caso de Clarice que, con una narrativa experimental, desafía ese formato. Desde finales de los sesenta, la escritora brasileña produce una serie de novelas experimentales que rompen con la literatura de corte más tradicional que se venía produciendo.

Água viva reta al formato libresco, problematizando qué, dónde y cómo se lee. La estructura material del libro encorseta una narrativa que fluye y cala más allá de ese conjunto de papeles que, cosidos o encuadernados, forman un libro. Su costura limita la radical libertad ficcional que es esencia de la novela. La escritora brasileña señaló el poco placer que le ofrecía la novela tradicional:

> Bem sei o que é chamado de verdadeiro romance. No em tanto, ao lê-lo, com suas tramas de fatos e descrições, sinto-me apenas aborrecida. E quando escrevo não é o clássico romance. No entanto é romance mesmo. Só que o que me guia ao escrevê-lo é sempre um senso de pesquisa e de descoberta. [...] nunca escolhi linguagem. O que eu fiz, apenas, foi ir me obedecendo. (*A descoberta* 475)

Clarice no está interesada en continuar la línea de novela clásica, *obedecerse* es dejarse llevar, permanecer libre ante las tendencias narrativas imperantes. Señala además que nunca escoge el lenguaje: ¿sugiere Clarice que el lenguaje la escoge a ella, que es mero instrumento transmisor de ficciones a través de la escritura? Las prácticas escriturarias son fundamentales en toda la obra de Lispector. Clarice fue dactilógrafa como el personaje principal de *A hora da estrela* (1977), Macabéa. Pero ésta es una mala dactilógrafa que copia textos, trabajo mecánico, carente de creatividad a pesar de ser un trabajo de escritura. Truman Capote distinguía entre escritores y mecanógrafos, consideraba que estos últimos "no son escritores; son mecanógrafos. Sudorosos mecanógrafos que oscurecen libras de papel con mensajes sin forma, sin ojos, sin orejas" (Hill 27). Clarice va más allá con su personaje y distingue entre buenos y malos dactilógrafos: Macabéa pertenecería a este último grupo. Llama la atención que, en su descripción, Capote utilice "sin forma" (*formless*), carente de forma, informe. ¿Puede una escritura ser informe? Parece que Capote asentiría ante esta pregunta.

En el caso de la novela objeto de análisis, considero el acto de encuadernar, coser o pegar páginas como un acto represor que limita las posibilidades de lectura de *Água viva*, cuya estructura, si se puede hablar de tal cosa, es la del documento suelto, notas escritas a vuelapluma, crónicas de revistas que se adhieren, fragmentos escritos libres de numeración, párrafos sin orden en la hoja. La ficción muestra una desestructuración narrativa extrema que el formato del libro pretende, en vano, ordenar. Otorgar al lector la posibilidad de organizar es posibilitar nuevos sentidos para el texto. El libro implica orden, numeración, sucesión, paginación y linealidad, aspectos de los cuales *Água viva* se aparta para ofrecer más libertad de lectura. En la novela, el orden numérico de las páginas se hace irrelevante, si bien podría ser una comodidad para la orientación del lector, también limita las posibilidades de juego azaroso, paginar se opone al desorden de la hoja suelta. Como se verá, los textos de *Água viva* no necesitan ser numerados. El orden y la estructura en esta novela deben ser percibidos como disfuncionales.

En *Água viva* el concepto de libro y de ficción se oponen como hechos incompatibles, convirtiéndose en términos antitéticos y antagónicos. Para Edgar Cézar Nolasco (*Clarice Lispector* 76) tanto *Uma aprendizagem ou o livro dos prazeres* como *Água viva* eran textos que estaban siendo escritos sin que la propia autora fuera consciente de ello. Clarice recicla antiguos escritos, muchos de ellos publicados como crónicas, y les da nueva validez dentro de la narración. Llamo la atención sobre cómo el simple cambio de género textual, de periódico a libro, en este caso muda la relación del lector con el texto pasando de ser crónica periodística a ficción, simplemente por el cambio del formato que lo vehicula. La reutilización de viejos textos por parte de Lispector los convierte en constituyentes paralelos de un texto final. La escritora afirma, hablando de su proceso de escritura que: "Minha situação é outra: eu acrescento ou corto, mas não reescrevo" (Lispector, *De corpo inteiro* 37; Salles, *Redes* 165). Parte de la técnica en la construcción de *Água viva* consiste en cortar y pegar, sobre todo crónicas que ya había publicado y que, finalmente, desaparecerán del texto aunque estaban incorporadas al manuscrito de *Objeto gritante*. Hay aquí un vínculo ineludible con Puig y sus personajes, todos recortan y pegan realizando un bricolaje escriturario, un *collage* de textos.

La crítica genética estudia el proceso de construcción artística analizando los documentos dejados por los artistas ya sean esbozos, anotaciones, notas, diarios o guiones. *Grosso modo*, los geneticistas estudian la prehistoria del texto, sus cambios y evoluciones, en suma, el proceso de escritura previo a la entrega del texto a la imprenta. La crítica genética surgió para estudiar manuscritos literarios, en los últimos años está divergiendo hacia el análisis del proceso de creación artística de otros productos culturales como danza, teatro o cine (Salles, *Redes*; *Gesto inacabado*): a esta desviación hacia el estudio de la génesis en otras artes se ha denominado *crítica del proceso*. Desde una perspectiva heurística, mi estudio se limita al texto aunque haré algunas incursiones en el campo de la pintura por la relevancia que tiene en la novela. Clarice, consciente de que la literatura está limitada por la lengua, se acerca al lenguaje universal de la pintura, arte que la atrajo intensamente y al que se hará referencia en las siguientes páginas.

Sônia Roncador propone que: "O desejo de Clarice de escrever uma narrativa que tornasse explícito o seu próprio processo de composição [...] foi compartilhado por outros escritores da sua geração" (34). Roncador pone como ejemplo *Rayuela* de Julio Cortázar que califica de "fotomontagem" (35). *Rayuela* cuestiona la validez del formato libro al introducir un "Tablero de direcciones" para orientar al lector, el juego textual propuesto por el escritor argentino se ve limitado por las posibilidades materiales del libro. *Rayuela* se construye de ciento cincuenta y cinco fragmentos, una narrativa para la que Cortázar busca alternativas posibles sin desafiar el formato, dentro de las restricciones impuestas, jugando con las mínimas posibilidades que ofrece el libro.[42]

---

[42] *Rayuela* puede leerse linealmente o siguiendo las indicaciones que rompen esa linealidad: ¿hubiese sido capaz el lector de encontrar ese otro camino alternativo de lectura sin las indicaciones del escritor? ¿hay otros órdenes de lectura posibles en *Rayuela*? Cortázar veía en el libro más un aparato lúdico que una simple sucesión de páginas con textos; esta idea está implícita en *62/ Modelo para armar*, título que es una propuesta para que el lector construya o arme una ficción con las piezas del libro.

El manuscrito de *Água viva*: análisis y repercusión estructural

> *¿Acaso toda obra, ya sea literal o literaria, tiene como sino o destino esencial una incorporación estrictamente libresca?*
>
> Jacques Derrida, *Papel máquina*

En *Génesis de escritura y estudios culturales*, Élida Lois afirma que: "producción, texto y lectura son tres componentes interdependientes –se presuponen mutuamente– y, en consecuencia, ningún emprendimiento interpretativo puede eludir esa permanente interacción" (1). Esa interdependencia a la que hace referencia Lois es central en el caso de *Água viva*, pues su producción escritural es fragmentaria desde la concepción de la obra, una fragmentación que dificulta la lectura lineal del texto. En ese sentido: "Escribir es un primer acto cuya finalidad sólo se revela por el segundo que implica generalmente, leer, y hay muchos tipos de lectura" (Dupont 15). Escritura y lectura son actividades interdependientes.

La importancia de la producción textual en Lispector ha sido subrayada por especialistas de su obra como Maria Andrade (2007), Sônia Roncador (2002) o Edgar Nolasco (2001; 2007) que sostiene que: "não devemos nos ater somente a questões sobre o autor, leitor e texto, deixando à margem o que se apresenta como fundamental: o processo de produção" (*Clarice Lispector* 27), ese proceso aparece como tema recurrente en crónicas, novelas y cuentos de la autora. La dinámica de la creación artística fascinaba a Lispector porque la creía incomprensible: "Entender é sempre limitado, mas não entender pode não ter fronteiras. Sinto que sou muito mais completa quando não entendo" (Lispector, *A descoberta* 253-54). Veamos, pues, cómo fue el proceso creativo de la novela.

El manuscrito de *Água viva* está albergado en la Fundação Casa de Rui Barbosa de Río de Janeiro, aunque parte del archivo de Lispector se encuentra en el Instituto Moreira Salles, ambas instituciones son fundamentales cuando se trata de archivos literarios brasileños. En la Casa de Rui Barbosa tuve acceso al manuscrito de *Água viva* bajo un primer título de *Objeto gritante*. Varios trabajos se han ocupado de este manuscrito (Severino, Manzo 136-63; Roncador 47-100; María

Andrade). Desde la perspectiva geneticista, *Objeto gritante* es un prototexto de *Água viva*, un texto mecanografiado con abundantes notas hólografas que sugieren un trabajo meticuloso en el proceso de escritura y ponen en tela de juicio que Lispector no rescriba sus textos como ella misma afirmó (Lispector, *De corpo inteiro* 37). Elaine Vasconcellos (11-12) aporta detallada información sobre los manuscritos de *Água viva* y su proceso de creación escrituraria.[43] La novela tuvo el título primigenio de *Atrás do pensamento: monólogo com a vida*, después pasó a titularse *Objeto gritante* y, finalmente, *Água viva*. Así pues, se distinguen tres prototextos o etapas escriturarias en el proceso de creación de la novela. Estos tres momentos de elaboración suponen cambios sustanciales pues presentan cortes y añadidos, tachones, correcciones, eliminaciones y sustituciones.

El estudio del manuscrito aporta información relevante para el análisis del texto dado a la imprenta. Los títulos de los originales son muy sugerentes: *Atrás do pensamento: monólogo com a vida*, *Objeto gritante* y *Água viva*. En el primero se explicita lo irracional, el *atrás* equivale a anterior, a una visión prelógica y prediscursiva del mundo: ¿es posible un monólogo con la vida anterior al pensamiento? Clarice tiene en mente desde este primigenio prototexto –del que sólo se conoce el título– una literatura experimental desligada de lo racional. En *Objeto gritante* y *Água viva* una constante es el monólogo interior donde la voz de la narradora discurre reflexionando sobre temas inconexos que el lector debe ligar a través de redes mentales. El título *Objeto gritante* no es menos sugerente, se personifica la materia, se da voz al objeto, a lo que no puede tener voz. *Atrás do pensamento* y *Objeto gritante* son una escritura latente, germen de un futuro texto, una literatura incubada que emerge tras pasar cribas selectivas. *Objeto gritante* y *Água viva* comparten el mismo manuscrito, de la reducción de *Objeto* aparecerá *Água viva*.

---

[43] Vasconcellos detalla cada uno de los documentos de Clarice albergados en la Casa de Rui Barbosa. Este archivo comprende correspondencia personal de Clarice, parte de su producción intelectual y documentos de carácter personal. Vasconcellos anota que: "No que se diz respeito à sua produção ficcional, temos acceso somente ao datiloescrito de *Água viva*. Alexandrino E. Severino no seu artigo 'As duas versões de *Água viva*' informa que nos meses de julho e agosto de 1971 esteve em contato com Clarice Lispector, que lhe entregou os originais de *Água viva*, que na ocasião se chamava 'Atrás do Pensamento: Monólogo com a Vida', para ser traduzido. No arquivo há uma carta do tradutor de Nashville, de 2 de junho de 1972" (11).

Si hay dos textos previos que dan lugar a *Água viva*, se puede afirmar que la novela se construye/constituye como una versión de versiones o una reescritura de reescrituras. En cuanto al análisis del prototexto, Maria Zilda Ferreira Cury argumenta que: "o estudo do prototexto, ou seja, dos rascunhos, das primeiras versões, dos projetos de livros nunca concluídos, é material importante para o estudo genético e histórico dos textos" (97). El estudio de *Objeto gritante* facilita el camino para comprender el texto editado y las pretensiones estéticas de Clarice. Varios aspectos del dactiloescrito de *Água viva* merecen especial atención para la hipótesis que se plantea: la de considerar *Água viva* como una *narrativa informe*. En primer lugar, hay dos manuscritos previos, "acabados", que dan lugar al texto publicado, hecho que presenta a *Água viva* como *rara avis* dentro de los estudios geneticistas. Lispector construye su ficción poco a poco, dejando que el texto madure en el cajón para, posteriormente, añadir o estirpar fragmentos operando en ellos como una cirujana de la escritura. La escritora habló sobre el proceso escriturario de *Água viva*:

> Vou tomando notas. Às vezes acordo no meio da noite, anoto uma frase e volto para a cama. Sou capaz de escrever no escuro, num cinema, meu caderninho sempre na bolsa. Depois eu mesma tenho dificuldade de decifrar minha letra. Mas é assim [...] Eu tinha uma porção de notas e não sabia direto o que fazer com elas. Lúcio Cardoso me disse, então: se todas as notas são sobre um mesmo tema você tem o livro pronto. E assim foi. (Coutinho 169)

Sorprende que no sea la propia autora sino su amigo Lúcio Cardoso, quien decida cuándo el "libro" está listo para la imprenta. Se informa de que la novela se formará de "uma porção de notas" escritas sobre un mismo tema, hecho significativo para entender la fragmentación estructural de *Água viva*. Discrepo de esta afirmación sobre una supuesta unidad temática, mi opinión es que no se puede hablar de tal cosa en *Água viva* y es complicado sostener que hay un tema predominante.

Consultando el archivo se constata que Lispector escribe en los lugares más inesperados, en cualquier pedazo de papel que tenga a mano: hay anotaciones en servilletas, papeles rasgados, cheques de banco o papel timbrado de hoteles, los materiales usados son diversos, el proceso de escritura es fragmentario desde su germen. Sobre este proceso

Olga Borelli relata que: "Eu pegava os fragmentos todos e ia juntando, guardava tudo num envelope. Era um pedaço de cheque, era um papel, um guardanapo... Ela limpava o lábio e depois punha na bolsa... de repente ela escrevia uma anotação" (8). Al ojear otros papeles de Clarice, se comprueba que era su costumbre anotar sobre materiales "residuales" que tiene a mano y le sirven de soporte para plasmar una idea, son unos primeros esbozos que luego serán incorporados a proyectos mayores.

Clarice escribe *para não esquecer*, para que la idea no huya la materializa al instante escribiendo sobre aquello que tiene a mano, el desarrollo de esas anécdotas, en principio de poca trascendencia, da lugar a cuentos y novelas. Esa forma de anotación espontánea es germen de la fragmentariedad de algunas de sus obras, entre ellas *Água viva*. Para Maria Andrade "Este caráter fragmentário da escrita de Clarice atinge sua potencialidade poética em *Água viva*, evidenciando-se e tornando-se um recurso próprio ao livro" (64). Estoy de acuerdo con esta cita, pero matizo que el formato libresco, al presentarse como unidad, diluye la fragmentariedad propuesta en la narración. En la novela los fragmentos se separan por un doble espacio, se aúnan en la misma página textos ideados por separado con autonomía material y semántica. La fragmentariedad original del manuscrito pierde sutilezas, se desvanece. Sin embargo, se sabe por el manuscrito que *Água viva* es un *perpetuum mobile*, un texto en constante movilidad atrapado en sí mismo cuyos fragmentos siempre pueden tener otro (des)orden. Un ejemplo distinto dentro de su prosa es *Para não esquecer* (1980) que respeta la autonomía de cada fragmento, no hay pretensión de unificar la ficción que emerge de cada texto, sino de presentar un conglomerado de ideas. *Para não esquecer* es un compendio de crónicas, sí, pero también de párrafos y frases, de ideas escritas a vuelapluma que no forman parte de un todo. Considero los "pedazos" que componen *Para não esquecer* como narrativas mínimas, donde la autonomía textual es respetada. No es ése el caso de *Água viva* a pesar de que su fragmentación es un rasgo muy destacable: "el mejor modo de enfrentar una estructura es la digresión o el fragmento. La digresión, el desvío, asegura que el objetivo no sea alcanzado nunca; lo fragmentario, lo inacabado es la promesa o la entrevisión de una totalidad, por anhelada, siempre diferida" (Hernández 7). La extrema fragmentariedad de *Água viva* hace que principio y fin se difuminen, que cualquier tipo de parámetro estructural desaparezca. Clarice revisa la novela copiando escritos anteriores como crónicas y artículos, estas copias forman parte de su proceso escriturario. Se puede considerar a Lispector y a Olga Borelli como copistas según se observa en esta nota que Lispector deja a Borelli:

> Olga, meu bem, não pude te esperar: estava morrendo de cansaço porque estou trabalhando ininterrumpidamente desde as cinco e pouco da manhã. Infelizmente eu é que tenho que fazer a cópia de 'Atrás do pensamento' – sempre fiz a cópia dos meus livros anteriores porque cada vez que copio vou modificando, acrescentando, mexendo nele enfim. Mas você me poderia fazer um favor, se puder e quiser. É tirar uma cópia de 'Objeto' (vê se dá para pegar a página número 13, que é número de sorte. Vá dando espaço maior para cima, para baixo, e para o lado... assim talvez pegue o comezinho do treze... Copie nesta máquina que está nova, com fita nova. (Gotlib, *Clarice: uma vida* 399)

El proceso de creación escrituraria descrito presenta una elaboración a dos manos e incluye la copia y la reescritura como técnicas de creación literaria. Además del facsímil, hay en *Água viva* cuestiones de mímesis sobre las que reflexionar: no carece de importancia que Clarice sea copista de su propia obra, que trasvase sus crónicas a la ficción. En el proceso escritural de la novela cada copia se erige en nuevo original rechazando la validez del original por encima de la copia, por ello no tiene sentido buscar una "versión verdadera" torturando al texto con cortes y restituciones. Clarice quiere que cada lector interprete *Água viva* como le parezca conveniente, conceder una radical libertad de lectura a pesar del orden que impone el libro. Pasar a limpio el texto supone una reescritura que hace aparecer un nuevo producto, pues tras la revisión, el texto nunca queda como estaba, siempre hay algo que corregir, quitar o añadir.

Publicar una novela fuera del formato tradicional de libro es ciertamente complicado hoy y lo era más a principios de los setenta. Ante la imposibilidad de publicar en otro formato, Lispector aclara en *Água viva* que: "Escrevo-te este fac-símile de livro, o livro de quem não sabe escrever" (65). Este facsímil de libro –quizá de *Atrás do pensamento* o de *Objeto gritante*– remite a la reproducción perfecta, lo que hace pensar que la copia pueda tener tanta validez como el original, aspecto relacionado con la estética pop de los años sesenta y setenta donde la copia –pienso en las famosas *Campbell's Soup Cans* de Andy Warhol– es tan valiosa artísticamente como el original. Esa cita apuntala otra idea anterior en la que la protagonista y narradora, que se irá diluyendo en la escritura, afirma que: "Este não é um livro porque não é assim que se escreve" (*Água* 13), se entra de lleno en la materialidad del texto y en la preocupación por su formato. La negación del libro es explícita, Clarice es consciente del desafío que *Água viva* presenta al formato material que pretenda vehicular su propuesta estética. La narradora, pintora que escribe, afirma que "não é assim que se escreve" (*Água* 13) problematizando el acto de escritura, pues en la novela hay una pretensión de unificar escritura y pintura.

Esa problematización del acto de escritura repercute en el concepto de autoría que se pone en tela de juicio cuando se afirma que: "O verdadeiro pensamento parece sem autor" (*Água* 108). La pérdida del sujeto enunciador tendrá consecuencias de primer orden en la interpretación del enunciado. Para Maurice Blanchot: "si el sujeto desaparece como substancia [...] su caída arrastra toda la constelación del dominio logocéntrico" (*Espacio literario* 18). Si la palabra no es válida, sí lo es la imagen y por ello la narradora es, antes que escritora, pintora: "Comecei estas páginas também com o fim de preparar-me para pintar" (*Água* 21). El sujeto, diluido en la palabra, la arrastra junto con él al abismo. Jacques Derrida confirma esta caída libre del sujeto enunciador cuando sostiene que: "Un sujeto que fuera el origen absoluto de su discurso y lo construyera en todas sus piezas sería el creador del verbo, el verbo mismo" (Blanchot, *Espacio literario* 18), ante la imposibilidad de llevar a cabo este proceso, Clarice se conforma con la angustia de quedar al margen de la palabra.

Para Edgar Nolasco esta novela: "é o texto mais fragmentário e descontínuo de uma galeria de 'textos' que, além de desconcertar ao leitor, é desconcertante qualquer que seja o tipo de leitura realizada" (*Clarice Lispector* 96). El desconcierto al que *Água viva* somete al lector legitima un grado extremo de lecturas heterogéneas y variopintas, imposibles en otras novelas. Clarice ofrece no un texto, sino textos con los que formar ficciones, dando al lector la posibilidad de jugar con su estructura:

imponer un concepto de estructura estática e invariable, inamovible e intransformable, resulta como mínimo inadecuado [...] en un campo como el literario en el que la subjetividad, la imaginación, el desvío y la transformabilidad son en general las pautas que sustentan el acto creativo, así como el funcionamiento del texto artístico. (Camarero, *Metaliteratura* 30)

Clarice busca un lector activo que manipule los fragmentos ofrecidos, juegue con ellos y determine nuevos órdenes. *Água viva* propone la movilidad de esas gotas de agua que la conforman, el adjetivo del título indica esa vitalidad textual. La interacción del lector con los fragmentos lo hacen partícipe activo de la creación ficcional, devolviéndolo así a rencontrarse con su *homo ludens* interior. El aspecto lúdico interesa a Clarice que quiere mantener al lector en ese estado *atrás do pensamento* pues el juego es considerado como una actividad precultural (Huizinga) compartida con los animales. La fragmentariedad invita a especular sobre si el formato del libro restringe las posibilidades del juego.

No es arriesgado entender el arte como juego, como divertimento de la realidad. Es por ello que el proceso de creación artística interesa a investigadores en crítica genética y a artistas con curiosidad por conocer qué caminos siguen otros profesionales para componer sus obras. En *De corpo inteiro* (1992) hay varias entrevistas de Clarice a destacados artistas brasileños como Jorge Amado o Erico Veríssimo donde indaga sobre sus técnicas creativas y procesos de producción. Andrade afirma que las referencias a los procesos de creación artística que hay en las entrevistas de/a Lispector: "são importantes para apreender um *modus operandi* dos textos da autora, ou seja, o da migração de fragmentos de um texto a outro, o do autoplágio, por assim dizer" (36). En relación con la obra de Lispector, varios estudios (Andrade; Nádia Gotlib, *Clarice: uma vida*; Lícia Manzo) señalan la recurrencia con que la escritora incluía en su narrativa crónicas publicadas en *Jornal do Brasil*. Se da el caso de que, al insertarlos en las novelas, convierte en ficción un texto cuyo propósito primero era comentar algún tema de actualidad. Andrade contabiliza nada menos que noventa y cuatro crónicas incluidas en *Objeto gritante* que desaparecerán en *Água viva*, un porcentaje de crónica muy considerable. Se puede afirmar que el *modus nascendi* de *Água viva* fueron precisamente los juegos textuales que Clarice hizo sobre sus propias crónicas. Teresinha do Prado analiza, desde una perspectiva geneticista, cómo se insertan crónicas en *Água viva* poniendo de manifiesto que una misma crónica es usada en *Água viva* y *Para não esquecer* (216-17). *Água viva* surge al eliminar o añadir una narración previa como afirmó la escritora (*De corpo* 37), idea que implica que por el simple cambio de soporte textual, de periódico a libro, el texto pasa de ser crónica periodística en un lugar a ficción en otro, es decir, un mismo texto leído en un diario, en una antología o en un libro de crónicas puede ser visto de forma distinta. Lispector, para eliminar cualquier referencia a cuestiones biográficas en el texto final, pasa la tijera a *Objeto gritante*, podando cerca de cien páginas para hacer emerger *Água viva*, texto sin vestigio de crónica alguna.

La importante reducción textual operada antes de entregar el texto al editor es un hecho de importancia. Clarice afirma sobre *Água viva* que: "Esse livrinho tinha 280 páginas; eu fui cortando –cortando e me torturando– durante três anos. Eu não sabia o que fazer mais. Eu estava desesperada. Tinha outro nome. Era tudo diferente" (Gotlib, *Clarice: uma vida* 410). El proceso creativo que guía a Clarice en su periplo hasta *Água viva* está anotado en el manuscrito de *Objeto gritante*. La autora establece siete puntos a seguir para depurar la narrativa de *Objeto*; estos puntos ayudan a conocer su método de escritura y su pretensión con el texto. Son notas manuscritas sobre el original mecanografiado:

> - Rever (e copiar o que fôr necessário) e trocando 1974 ou 1975) até o fim do ano, dezembro inclusive.
> - Copiar as páginas soltas de anotações.
> - Ler cortando o que nao serve e crônicas.
> - Ler anotando
> - Esperar o enredo.
> - Escrever sem premio.
> - Abolir a crítica que seca tudo. (Arquivo CL02pi)

Los verbos que aparecen (copiar, trocar, leer, cortar, escribir, abolir) remiten al campo semántico de la elaboración textual y muestran a Clarice en un proceso de escritura en constante dinámica. No es ésta la única guía de escritura en sus manuscritos, reflexiones sobre el proceso de creación escritural eran comunes en la elaboración de sus obras.[44] La impresión que queda tras estudiar el manuscrito es que la elaboración y reducción del texto fue cuidadosa, aunque en el dactiloescrito de *Objeto* hay grandes tachaduras en forma de gran equis (X) sobre párrafos y hojas hechas con tinta azul que, arrebatadamente, eliminan páginas enteras: Clarice reduce *Objeto gritante* extirpando gran parte del texto. Las correcciones y tachaduras en tinta roja sugieren una primera lectura, los tachones y anotaciones en tinta azul sugieren una lectura posterior. Al mermar el texto de *Objeto gritante* emerge *Água viva*. Como las cenizas del fénix, si el fin de *Atrás do pensamento* supone la aparición de *Objeto*, el final de éste supone el nacimiento de *Água viva*: textos que esconden textos, escrituras que se metamorfosean en sí mismas. Destrucción y construcción se equiparan en el proceso, pues al destruir se construye y viceversa.

Debido a que el dactiloescrito de *Atrás do pensamento* se perdió, no se pueden conocer los cambios operados con respecto a *Objeto gritante*, pero sí observar las diferencias entre éste y *Água viva*. Clarice explicó en varias entrevistas que el texto consistía en una reelaboración constante. Así, cuando Lúcia Castello Branco pregunta a Clarice en qué consiste el trabajo que estaba realizando, ella, refiriéndose a *Água viva*, responde que: "Consiste numa reescrita que, básicamente, traduz-se em curtar, em suprimir do texto mais de cem páginas, numa tentativa de eliminar seu caráter pessoal" (321). Esta opinión contradice otra que aparece en *De corpo inteiro* donde afirma no reescribir nunca (37). Parece que su proceso de elaboración escrituraria consiste en cortar y añadir: ¿es esto (re)escribir para Clarice? La cita identifica reescritura con cortes y supresiones, aspecto que deberá tenerse en cuenta pues cortar el texto es, materialmente, fragmentarlo.

El texto dado a la imprenta tiene poco más de cien páginas, su género es difícil de determinar y ha despertado el interés de la crítica: ¿cuento, novela corta, diario, carta larga, novela epistolar, monólogo,

---

[44] Teresa Ferreira incorpora una copia original sobre los pasos que sigue Clarice en el proceso creativo de otra de sus novelas. Estas listas son frecuentes en su técnica escritural: son 19 puntos a tener en cuenta para hacer una relectura de *O lustre* (128).

carta monólogo? Es difícil etiquetar *Água viva*: el agua siempre encuentra caminos para escabullirse de lo que la contiene. Me sumo a la opinión de Cixous de que "it is impossible to enclose a text like *Água viva*" (28). Varios estudios clasifican el texto como diario, pero creo errado considerarlo diario *stricto sensu*, pues: "un diario no se escribe ni se puede escribir, ni siquiera los literarios [...] fuera de la gravitación que impone el fluir temporal" (Alberca 15). En la novela, lo atemporal se presenta como característica central de la narrativa, debido en gran medida a que *Água viva* materializa un monólogo interior. No obstante, el texto comparte rasgos con el diario como el derecho a escribir y a omitir libremente.

Partiendo del manuscrito, mi tesis de inicio, la de cuestionar que el libro sea el formato transmisor idóneo de *Água viva*, se ve apoyada por varias citas del manuscrito de *Objeto gritante*, en cuya página inicial se encuentran, del puño y letra de Lispector, dos frases que apuntan al cuestionamiento del libro y remiten al título de este capítulo: "Se você considerar isto aqui mais do que carta, fique ciente de que se trata de um anti-livro" (Archivo CL02 pi) y, prácticamente, sobre estas líneas se encuentra, tachada, una segunda referencia a esa idea: "Este é um anti-livro" (Archivo CL02 pi). Además, la expresión "objeto-livro" (44) –que remite al título del borrador, *Objeto gritante*, de forma clara– está tachada con tinta azul y se sustituye por "esta coisa-livro" (44), pero aparecerá en *Água viva* como "coisa-palavra" (78): definir el libro como "cosa" es mantenerlo en la indeterminación. En varias páginas del manuscrito de *Objeto gritante* se habla de "carta-livro" (98, 117), la palabra "livro" está tachada y sustituida por "flash de instantes" (187). Otra cita relevante de este prototexto es: "Este é um livro e você pode ler abrindo-o em qualquer página" (83), estableciendo así una propuesta de libro de infinitas lecturas y cuestionando su formato: qué sentido tiene, pues, que los fragmentos de esta ficción estén paginados y cosidos, por qué a Clarice le preocupaban tanto estas denominaciones sobre lo que escribe. La temática escrituraria es central, Lispector reflexiona sobre qué es materialmente lo que está escribiendo y tiene problemas para definirlo: ¿antilibro, cosa-libro, cosa-palabra, cosa, carta libro, flash de instantes? Tras las tentativas de definición la respuesta queda en el aire: "Vamos falar a verdade: isto aqui não é livro coisa nenhuma. Isto é apenas" (*Água* 86).

125

Clarice es consciente de que el aparato narrativo que elabora cuestiona, desde su gestación, el formato del libro.

De acuerdo con Salles (*Redes* 117), el lector precisa crear "redes" para la lectura, las redes son todas aquellas conexiones mentales establecidas por cualquier receptor para dar sentido a lo que observa o lee. La ficción de *Água viva* es reticular y ofrece múltiples posibilidades de lectura. De las citas antes señaladas que intentan definir *Água viva* emerge la posibilidad de considerar la novela como género mixto, la idea de antilibro llama la atención de forma especial. A qué se refiere con esto Lispector, qué y cómo es un antilibro: ¿un cúmulo de papeles que se pueden leer en cualquier orden? Para Seymour Chatman una "antinarrativa" es aquello que cuestiona la lógica narrativa (57). Desde esa perspectiva, un antilibro es el formato textual que pone en tela de juicio la lógica intrínseca del formato tradicional de libro: *Água viva* es una paradoja, un trampantojo textual, una narrativa sin forma.

Todos estos planteamientos se relacionan estrechamente con la materialidad del texto. El prefijo *anti-* es un prefijo derivado del griego y de uso común en gran número de lenguas, su significado es el de 'opuesto a' o 'con propiedades contrarias a'. Roncador (91-99) subraya una cita de *Objeto* que importa para el análisis: "as intenções de anti-literatura serão captadas por poucos" (185); Nolasco (*Caldo de cultura* 15-18, 33-58) ha aportado explicaciones coherentes sobre estos términos partiendo del rechazo de Lispector a ser considerada escritora professional, y para Sônia Roncador, Clarice no considera la crónica como literatura. Hay aquí pistas para suponer de qué habla Lispector cuando se refiere a anti-literatura, descartando todo lo que no sea creado como ficción, idea que desarrolla en su crónica titulada *Escrever* (1984 191). La novela tiene un componente metaescriturario importante, Earl Fitz es rotundo al señalar que: "Aunque *Água viva* se refiere a la lucha psicológica de una mujer que crece liberándose de una historia de amor limitada, la creación del texto mismo es de lo que realmente trata la novela" (84). Según Fitz, la metaescritura y el proceso creativo son temas con cierto predominio en el texto.

Sobre el proceso de producción, interesa diferenciar entre la producción textual propia del escritor y la producción del libro del impresor, editor y diseñador. Texto –privado y personal– y libro –público y social– aparecen como términos opuestos pero complementarios, necesarios para la comunicación literaria. Nolasco considera que "a escritura do livro como um todo simboliza a preocupação da própria Clarice" (*Clarice Lispector* 61), este crítico se refiere constantemente en su estudio a "escritura inacabada", "anotações", "fragmentos", "traços" y "grafias". No hay duda de que la preocupación de Clarice está relacionada con la materialidad del texto en cuanto que reflexiona sobre la ficción que está creando y no sabe cómo definirla. Salles subraya como característica de la obra artística su "inacabamento", así como el valor dinámico de esta característica en contraposición con lo acabado (*Gesto inacabado* 81). *Água viva* incorpora este atributo, la novela desafía el formato de libro y la creatividad de los editores pues no tiene ni primera ni última página, sólo textos para los que el lector deberá proponer (des)órdenes posibles. No es éste un tema menor, los editores eran conscientes del desafío que presentaba el texto, así lo atestigua la portada y contraportada de la primera edición de *Água viva* que son idénticas, dando idea de circularidad y proponiendo que el texto se puede empezar por cualquier lugar.

Se ha hecho referencia a la antiliteratura y al antilibro, Lispector va más allá al sostener que: "Não sei bem o que é um conto. No entanto, apesar de nebulosamente, sei o que é um anticonto porque sou antiescritora" (Borelli 71). Qué quiere decir Lispector con estos términos: antiliteratura, antilibro, anticuento, antiescritora. No hay que tomar estas afirmaciones *ad pedem litterae*, pero no se puede omitir que Clarice elige un camino experimental, distinto al de la narrativa tradicional.

Al hablar de antilibro, Lispector se opone a las propiedades intrínsecas del libro tal y como apunta en el manuscrito de *Objeto*. Su idea de antilibro se incorpora a *Água viva* donde hay evidencias textuales de ello. En la novela hay una tensión constante debido a la imposibilidad de alcanzar la abstracción a través de la ficción, lo que supone un dilema de primer orden para Clarice pues ese deseo se ve siempre neutralizado al materializar la ficción a través del texto. Todo arte necesita materiales transmisores para que el receptor pueda acceder a la abstracción artística, hecho paradójico pero necesario. Escribir es materializar la palabra, la escritura representa ideas con palabras o signos plasmados sobre una superficie: no puede haber texto fuera de una materialidad, cualquiera que ésta sea. El étimo de la palabra literatura procede del latín *littĕra* (letra) que a su vez viene del griego λιθος: piedra. En los orígenes de la escritura y de la literatura está la materia, me refiero a aquellos materiales duros utilizados como primeros soportes de la escritura. Blanchot afirma que "el yo [es] puro espíritu condenado a errar por la materia" (*Espacio literario* 15), idea que no carece de sentido pues el arte ha de materializarse para ser tal. *Água viva* es un vano intento de liberarse de esa condena que apunta Blanchot.

Que un texto literario se lleve a imprenta no quiere decir que esté acabado, la falta de fin es una técnica narrativa del gusto de Lispector. Presentar una obra de arte como no acabada tiene implicaciones relevantes en su análisis, y así ocurre en *Água viva* donde se concluye afirmando que: "O que te escrevo continua" (115), el texto permanece abierto, inacabado. También *Uma aprendizagem ou o livro dos prazeres* (1969) empieza y acaba *in media res* al dar inicio al texto con una coma (,) y "concluir" con dos puntos (:) cuando Ulisses, personaje principal, va a dar su opinión. Es un aspecto característico de muchos relatos de la autora brasileña que afirma que: "Minha vida começa pelo meio como eu sempre começo pelo meio, aí vai o meio. Depois o princípio aparecerá ou não" (Borelli 15). Hay varios testimonios del rechazo de Lispector a empezar sus escritos cronológicamente, de su preferencia por comenzar las cosas "como se fosse pelo meio. Deus me livre de começar a escrever um livro pela primeira linha. Eu vou juntando as notas. E depois vejo que uma tem conexão com as outras e aí descubro que o livro já está pelo meio" (Gotlib, *Clarice: uma vida* 435). La literatura se presenta, para ella, como una amalgama de notas.

Clarice habló del proceso de escritura de la novela: "Água viva, eu passei três anos sem coragem de publicar achando que era ruim, porque não tinha história, porque não tinha trama. Aí o Álvaro Pacheco leu as primeiras páginas e disse assim: 'Esse livro eu vou publicar'. Ele publicou e saiu tudo muito bem" (Manzo 147). No es Clarice quien decide que el libro esté "acabado", su editor toma la decisión de darlo a la imprenta. *Água viva* es una ficción inconclusa y abierta que la escritora no había dado por terminada. Por eso la publicó, Clarice ofrece un texto abierto, fragmentado, para que el lector juegue con sus partes, las conecte y establezca las redes necesarias para crear su propia ficción.

LA RADICAL LIBERTAD FICCIONAL DE *ÁGUA VIVA*: HACIA UNA DESMATERIALIZACIÓN DE LA ESCRITURA

> *Este libro es sin tapas porque es abierto y libre, se puede escribir antes y después de él*
> Felisberto Hernández

Descrito el proceso de escritura de *Água viva*, se analiza a continuación la repercusión que esta estructura fragmentaria, móvil, tiene en la lectura. En contra del hermetismo con el que se ha calificado a la novela, considero que es una propuesta de radical libertad ficcional que, al no proponer una historia concreta, invita al lector a apropiarse del texto y darle sentido. Lispector crea un texto carente de trama, de estructura incierta pero estéticamente atractivo, cuya innovación más notable es su estructura móvil, resultado de su fragmentariedad. El libro es un material transmisor insuficiente para la movilidad de los textos que componen la novela, su formato rígido impide ver el mosaico en su totalidad obligando a contemplar sólo sus piezas. En la novela hay una constante tensión y lucha entre una ficción mutante y el inamovible formato de libro.

Como se ha explicado, el germen del texto es fragmentario, rasgo que supone una estructura preestablecida que ha de reflejarse en el formato: el libro tradicional contradice esa propuesta. Para Nolasco (*Clarice Lispector* 105) la práctica fragmentaria es característica de Lispector pero también de otros textos de la época de la dictadura de finales de los sesenta y principios de los setenta. En el ámbito brasileño destaca el fuerte grado de fragmentación de *Zero* (1974) de Ignácio Loyola Brandão, que se analiza en el próximo capítulo, o *A festa* (1976) de Iván Ângelo. La fragmentariedad es característica de la narrativa de esas décadas como muestran las dos primeras novelas de Manuel Puig, *La vuelta al día en ochenta mundos* (1967) y *62 modelo para armar* (1968) de Julio

Cortázar o *Yo, el Supremo* (1974) de Augusto Roa Bastos. La estructura fragmentaria de estos textos puede ser indicativa de la fragmentación social en los países de estos escritores pues ellos no son ajenos a la realidad sociopolítica. Clarice conoce la realidad que la circundaba, novelas como *A hora da estrela* así lo astetiguan y, de hecho, la escritora encabezó una manifestación contra el régimen militar en 1968 (Maura, "El discurso" 267; Moser, *Why This World* 240). En efecto, "si se despojara a un texto de su historia, también se le privaría de significado" (Valdés 36), *Água viva* supone una revolución al crear una sintaxis particular, una política de la forma narrativa opuesta a la tradicional. Es posible entender la fragmentariedad narrativa como eco y reflejo de la fragmentación social creada en esas sociedades por la muerte, el exilio, la tortura o la clandestinidad.

En *Água viva* cada párrafo es una pieza de rompecabezas a encajar. Cabe la posibilidad de que el rompecabezas sea diferente dependiendo de cómo se agrupen las piezas. El lector ha de realizar una tarea de encaje, su bagaje e identidad tendrán un papel determinante para establecer las conexiones necesarias y dar sentido al texto. Clarice ofrece las piezas con las que jugar para establecer redes. Respecto de la fragmentariedad, Blanchot opina que:

> los fragmentos no deben aparecer como momentos de un discurso todavía incompleto, sino como ese lenguaje, escritura de fractura, por la cual el azar, al nivel de la afirmación, sigue siendo aleatorio y el enigma se libera de la intimidad de su propio secreto para, al escribirse, exponerse como el enigma mismo que mantiene la escritura, dado que ésta lo vuelve a abrigar siempre en la neutralidad de su propio enigma. (*Ausencia del libro* 63)

Las palabras de Blanchot son pertinentes para el análisis de *Água viva*, texto enigmático donde el fragmento participa de una narrativa tan versátil que impide la aprehensión del texto en su totalidad (Cixous 14). La escritura fluye escapando de cualquier posible etiqueta. Ese lenguaje fracturado, roto, es parte intrínseca del estilo que Lispector imprime al texto.

Estudiosos como Cixous, Michel Peterson, Maria da C. Filha, Antonio Maura (1997a) o Renata Wasserman se han referido a la escritura como búsqueda, y a lo judaico, lo enigmático y lo filosófico como aspectos inherentes en la obra de Clarice. En efecto, *Água viva* propone al lector resolver enigmas, no los de la ficción sino los del lector, ofrece formar su ficción mediante redes que establezcan vínculos entre fragmentos. Salles señala el dinamismo y lo inacabado (*Redes* 19-20) como parte intrínseca de la creación artística afirmando que todo puede devenir en otra cosa: "O objeto dito acabado pertence, por tanto, a um processo inacabado. Não se trata de uma desvalorização da obra entregue ao público, mas da dessacralização dessa como final e única forma possível" (*Redes* 21). *Água viva* es un texto dinámico que requiere un lector activo. Para Lispector: "a compreensão do leitor depende muito da sua atitude na abordagem do texto, de sua predisposição, de sua isenção de idéias preconcebidas" (*A descoberta* 668). El lector ha de ir sin prejuicios al texto, es tan creador como el propio artista ya que, al realizar la lectura, opera con una característica básica del concepto de red: el de interacción (Musso 31; Salles, *Redes* 24), de ella surgirá la ficción. La fragmentariedad potencia la variedad interpretativa, los fragmentos textuales son materialmente autónomos y "la autonomía semántica del texto significa que la intención del autor y el significado del texto ya no coinciden. Lo que el texto significa para sus lectores importa más que la intención del autor cuando lo escribió" (Valdés 36). Al interactuar con esos pedazos, el lector establece redes creando su historia: "Deixo o cavalo livre correr fogoso" (*Água* 21).

Por lo hasta aquí argumentado no debe sorprender que las lecturas de *Água viva* sean de lo más heterogéneas pues la interacción del lector con sus fragmentos la hace dinámica. Para Salles, estas interacciones "supõem condições de encontro, agitação, turbulência e tornam-se, em certas condições, inter-relações, associações, combinações, comunicações, ou seja, dão origem a fenômenos de organização" (*Redes* 24). El lector opera sobre el texto y viceversa, cada lectura de *Água viva* es un intento de atar cabos, de desenredar el hilo narrativo en esta complicada madeja literaria para hilvanar una cantidad importante de *flashes* textuales. Al buscar cohesión temática, Benedito Nunes apunta temas recurrentes en el texto: "Autoconhecimento e expressão, existência e liberdade, contemplação e ação, linguagem e realidade, conhecimento das coisas e relações intersubjetivas, humanidade e animalidade" (99), temas abstractos que se encuentran en mayor o menor grado en la novela. El cambio constante y la imposibilidad de explicación racional produce inquietud y desasosiego en el lector, *Água viva* es una narrativa plural en sentidos y lecturas cuyo germen está en su proceso de creación fragmentaria. Al referirse a este rasgo, Nádia Batella Gotlib señala que debido a la autonomía del fragmento la dirección de la narrativa es múltiple y polifacética (*Clarice: uma vida* 355). El lector se erige como sujeto enunciador externo de la narrativa al dar al texto una cohesión distinta a la propuesta en el libro. Desorientado, el lector tendrá que releer constantemente, comprobar si ha perdido algún detalle y retomar la lectura: "La desorientación es la orientación de este texto" (Cixous 17). Al leer *Água viva* se está ante un espacio literario resbaladizo, complejo: "Un espacio sin centro, [con] ausencia de sentido, juego, no-remisión, no-representación. La desposesión del sentido en definitiva, lo que se pierde es el hombre [...], lo que gana sobre su muerte es la ausencia, el afuera. El afuera quiere decir lo desconocido" (Blanchot 1969 12). *Água viva* es una escritura centrífuga que participa de esas características al carecer de una estructura mínimamente clara. Debido a la fragmentariedad, su sentido no es unívoco sino multidireccional y poliédrico. A este respecto, Roncador argumenta que:

> nos anos 70 o modelo de composição é [...] o da montagem [...] em muitos casos, fragmentos incompatíveis cujas diferenças Clarice não parece interessada em homogeneizar. Em "Objeto gritante", provavelmente o precursor experimental dessa família de textos, Clarice enfatiza o efeito de montagem introduzindo no manuscrito vários fragmentos já publicados: crônicas jornalísticas, contos, trechos de romances. (14-15)

Ninguno de los escritores tratados en este estudio es ajeno a la técnica de montaje. Lispector realiza un montaje con fragmentos para presentar una narrativa donde se suceden incidentes sin relación aparente y donde la vivencia personal, de narrador y lector, será la que ligue unos *flashes* a otros. Refiriéndose a *A paixão segundo G.H.* (1968), Roncador sostiene que Clarice da testimonio de una experiencia que no puede explicar (28). Y es que, en efecto, lo inefable forma parte de la idiosincrasia literaria de varias obras de Lispector, entre ellas *Água viva*, que prefiere sugerir a describir. Lo hasta aquí señalado gira en torno al concepto de red pues "A estructura de rede inclui sua dinâmica" (Musso 32). Si tanto la red como el texto son dinámicos, el sentido será, obligatoriamente, múltiple. Esta ficción reticular hace del texto una incógnita irresoluble, una narrativa informe. Se convierte en un objeto incómodo para el lector que habrá de comenzar siempre una nueva lectura con la intención de resolver este puzle. El libro intenta reorganizar una realidad caótica, poner límites al mundo de lo no escrito que Clarice plasma sin orden en su escritura. He aquí una nueva paradoja porque la palabra, la escritura, se convierte en una forma de asir lo mutable, de reificar ideas. El hecho de nombrar y nominar implica conocimiento, la palabra escrita crea un orden del que Clarice quiere escapar constantemente. Ante la imposibilidad de hacerlo, Lispector huye de las restricciones organizativas del texto para socavar el formato que lo vehicula. La novela es una multiplicidad textual fracasada ante la unidad del libro que la transmite.

 La mente racional humana acepta con dificultad la indefinición, lo ambiguo, lo informe. Es incapaz de captar el '*it*' al que Lispector alude con frecuencia en *Água viva*, ese estado de indeterminación que sienten los animales en la novela. Clarice sugiere la incapacidad humana de llegar a sentir como un animal y viceversa. El texto perturba la comodidad del lector al estar lleno de cortes. El orden implica unidad y el libro la otorga, *Água viva* es un intento de dinamitarlos. La racionalidad exige clasificación y definición, que nada quede fuera de los parámetros establecidos, priorizar el orden, rechazar la incertidumbre y lo indefinido: el *it*. La narradora aclara: "Preciso sentir de novo o it dos animais. Há muito tempo que não entro em contato com a vida primitiva animálica [...] Quero captar o it para poder pintar não uma águia e um cavalo, mas um cavalo com asas abertas de grande águia" (*Água* 57). *It* es lo informe, lo teriomorfo (Durand 73), lo indeterminado, fusión y metamorfosis entre animal y humano, sensación y sentimiento irracional, lo indefinido e inefable que está en los animales y del que el humano carece. La racionalidad huye de lo instintivo, del dejarse fluir propuesto en la novela. La narradora habla sobre ese estado de indeterminación:

> O estado de graça de que falo não é usado para nada. É como se viesse apenas para que se soubesse que realmente se existe e existe o mundo. Nesse estado, além da tranqüila felicidade que se irradia de pessoas e coisas, há uma lucidez que só chamo de leve porque na graça tudo é tão leve. É uma lucidez de quem não precisa mais adivinhar: sem esforço, sabe. Não me pergunte o quê, porque só posso responder do mesmo modo: sabe-se. (*Água* 105)

Barthes sostiene que "todo texto sobre el placer será siempre dilatorio: será siempre una introducción a aquello que no se escribirá jamás" (*Placer del texto* 27). La narradora habla de un estado de gracia, de simple felicidad, de la imposibilidad humana de sentir lo que sienten los animales: "Não humanizo bicho porque é ofensa –há de respeitar-lhe a natureza– eu é que me animalizo" (*Água* 58-59). En efecto, la narradora "lamenta no haber nacido animal" (Cixous 12). Esta propuesta de Clarice recuerda el cuento *Axolotl* de Cortázar, donde la empatía y otredad entre humano y animal se lleva a cabo de forma magistral. Lispector pone a prueba la capacidad de otredad del lector en *Água viva* proponiéndole ser otro, dejarse ser fuera de la racionalidad.

La novedosa y minuciosa introspección que presenta la novela verbaliza una posibilidad de saber cómo sienten los animales, Clarice muestra una sensibilidad muy especial al mirar con otros ojos lo animal, al intentar llegar a aquello que está *atrás do pensamento*.[45] Al transmutar un mundo en otro e intentar descifrar una lengua incomprensible surge *Água viva* con la intención de hacer ver al lector con otros ojos, mirar con otras lentes. La lectura es siempre una experiencia de otredad y la narradora, pintora que escribe, invita desde un espacio no humano a sentir de otra manera. El tema de la otredad es recurrente en Lispector (Diniz, Climent-Espino, "Jogos de alteridade"), ponerse en el lugar del otro es una metamorfosis, una forma de ser desde otra perspectiva. La novela introduce al lector en una fusión de elementos dispares, en principio inconexos, que aparecen constantemente: "o cavalo com asas de águia" (*Água* 57), la narradora que se animaliza, la pintora que escribe, o

---

[45] La importancia de los animales en la obra de Clarice Lispector ha sido minuciosamente estudiada por André Leão Moreira (2011). Queda aún por hacer una aproximación crítica a *Água viva* tomando como aparato teórico las pautas ofrecidas por Gilbert Durand en *Las estructuras antropológicas del imaginario* (2004).

"a música belíssima [...] feita de traços geométricos se entrecruzando no ar" (*Água* 56), mundos que se funden mediante la escritura. Nada queda claro en el texto que se erige como metamorfosis dinámica de géneros y figuras: agua viva en constante movimiento.

En *Água viva* el sistema logocéntrico se desmorona, a pesar de la insuficiencia de la palabra para explicar la complejidad humana se aceptan conceptos consabidos para definir el yo: "cuando queremos fundar al hombre en el 'yo' instauramos una substancia cuyos nombres (yo-sujeto-espíritu-alma) cualesquiera sean, siempre reiniciarán el dominio sangriento de la metafísica occidental" (Blanchot, *Espacio literario* 13). El hombre es mostrado como un conjunto de conceptos predeterminados de los que Lispector huye pues son ideas excluyentes. Para Clarice, el ser humano es racional e irracional, animal y humano, una suma de fragmentos contradictorios sólo aparentemente irreconciliables: *Água viva* es producto del diálogo establecido entre esas partes. Lo inexplicable forma parte de la cotidianeidad aunque no sea válido racionalmente. Cixous (29-30), en su análisis de *Água viva*, se refiere a que la fragmentación del sujeto en la novela presenta un desafío a la narrativa tradicional, a la escritura lineal y al sistema racional. En su ficción, Clarice incorpora, en efecto, lo irracional como parte del yo.

El libro es un material transmisor muy limitado para transportar esta dinámica narrativa de la novela. La materialidad del libro ofrece una posibilidad de lectura paginada indicando un orden de lectura que se puede oponer a la voluntad del lector. La lectura que propone *Água viva* se aproxima a la reflexión de Jesús Camarero cuando afirma que:

> El libro no se acaba en la última página leída o numerada como última: muy al contrario, cada punto de inserción de la mirada del lector resulta ser un comienzo inesperado de la lectura que, además no tiene por qué acabar en un punto determinado, porque ese punto no existe y puede no existir tampoco la voluntad del lector de terminar su lectura en ese lugar preciso. (*Metaliteratura* 38)

La lectura ya era problemática en *Objeto gritante* al mostrar los vestigios de una ficción previa –*Atrás do pensamento*–, ruinas textuales que cimentan un nuevo texto. Se analiza a continuación un fragmento tachado del manuscrito (*Objeto* 180) de *Água viva* que, finalmente, Clarice decidió que permaneciera escribiendo un "FICA" en mayúsculas. Este vestigio aporta valiosa información sobre el propósito de Clarice con *Objeto gritante*:

> O que sou neste instante? Sou uma máquina de escrever fazendo ecoar as teclas secas na úmida e escura madrugada. Há muito já não sou gente. Quiseram que eu fosse um objeto. Sou um objeto. Objeto sujo de sangue. Sou um objeto que cria outros objetos e a máquina cria a nós todos. Ela exige. O mecanismo exige e exige a minha vida. Mas eu não obedeço totalmente: se tenho que ser um objeto que seja um objeto que grita. Há uma coisa dentro de mim que dói. Ah como dói e como grita pedindo socorro. Mas faltam lágrimas na máquina que sou. Sou um objeto sem destino. Sou um objeto nas mãos de quem? tal é o meu destino humano. O que me salva é grito. Eu protesto em nome do que está dentro do objeto atrás do atrás do pensamento-sentimento. Sou um objeto urgente. (*Água* 104)

La materialidad del texto se torna tema y problema de primer orden: escritura y grito se equiparan. Materia, objeto, cosa... remiten de nuevo a Blanchot: "el yo [...] puro espíritu condenado a errar por la materia" (*Espacio literario* 15). A través de la escritura Clarice representa un espíritu que vaga en busca de sentido por una materia de vital importancia para el creador. Salles sostiene que: "Olhando mais de perto a relação do propósito do artista com as matérias por ele escolhidas, compreendemos a interdependência desses elementos. A intenção criativa mantém íntima relação com a escolha da matéria" (*Gesto inacabado* 70). Lispector hace que el lector vague por una narrativa donde no hay lugar al que llegar, un espacio laberíntico en el que la escritura se ha convertido en *excritura*: ficción en estado puro que queda al margen de la palabra. Los rumbos serán marcados por el lector y no por la sucesión unidireccional de párrafos que tergiversa la pluralidad de lecturas de la novela. El agua, primer espejo para el humano, es una sustancia reflectora que desafía al lector a un cara a cara consigo mismo a través de los fragmentos de un espejo roto: "Um pedaço mínimo de espelho é sempre o espelho todo" (*Água* 94), dar sentido a este texto es componer un espejo donde el lector se refleja a sí mismo.

La cita anterior (*Água* 104) donde la narradora se fusiona con la máquina de escribir supone otra metamorfosis en la novela, esta vez relacionada con la materialidad del texto y la producción escrituraria. La fusión de narradora y máquina de escribir hasta ser el objeto mismo es clara, ambas son ahora un *objeto gritante*. Hay en esta metamorfosis un paso de humano a androide o a autómata –*Há muito já não sou gente* (*Água* 104)– con la peculiaridad de que éstos sienten, protestan y gritan. Estamos ante un nuevo proceso de deshumanización: la narradora se convierte en máquina de escribir. Clarice crea un objeto *it* a través del cual –ya desde ese mundo del objeto, de la cosa, del *it*– se verbaliza un discurso incomprensible, se trata de un lenguaje de otra especie, con otros códigos. Si se busca un nuevo lenguaje parece acertado que el emisor tenga unas características especiales. Ese objeto gritante simbolizado en la máquina de escribir verbaliza un discurso para que el humano sienta como sienten otras especies a nuestro alrededor, abriendo la posibilidad de vivir experiencias desde el otro. El *objeto urgente* (*Água* 104) del que habla Lispector no es otro que el de la creación literaria, el de la literatura.

En una crónica *Aprendendo a viver* Lispector afirma que: "A máquina [de escrever] corre antes que meus dedos corram. A máquina escreve em mim" (156), si esto es así la narradora que comenzó el discurso se ha diluido en su propia narración, pasando de sujeto enunciador a objeto enunciado, pues 'está siendo escrita'. La autoría desaparece mostrándose en caída libre y produciéndose una disolución radical del narrador, del protagonista y del propio texto. La máquina de escribir toma literalmente la palabra convirtiéndose en sujeto enunciador, la narradora no desaparece del proceso escriturario porque ahora los papeles se han invertido y es soporte material de la escritura: está siendo escrita. Si la máquina escribe sin que nadie presione las teclas, escritor y narrador son innecesarios en el proceso creativo, la autoría se cuestiona: la ficción ha de plasmarse pura, sin intermediario, sin restricciones. La creación literaria fue un tema que fascinó a Clarice y que aparece en su ficción y en varias de sus crónicas (*Aprendendo* 153-60).

La máquina escribe sola porque para Clarice escribir es un acto mágico, no humano. En entrevista con Júlio Lerner, Lispector afirma que: "Quando não escrevo estou morta" (Lerner 4:25), así pues la vida está en la posibilidad de escritura. Escribir la página en blanco (Lispector, *Aprendendo* 157) es una opción, esta página en blanco es también lienzo blanco: "Quero pintar uma tela branca. Como se faz? É a coisa mais difícil do mundo. A nudez. O número zero. Como atingí-los? Só chegando, suponho, ao núcleo da pessoa" (Borelli 14). Se llega al extremo del abstraccionismo, enfrentarse a un lienzo blanco es ya una representación que no representa, la no-representación es la nada, pero también el todo. Alexandre Rodrigues da Costa (9-10) señala la relación de estas ideas con algunas obras que Malevich produjo entre 1915 y 1920, entre ellas *Cuadrado negro suprematista* (1915) y *Cuadrado blanco sobre fondo blanco* (1917) que ponen cara a cara al espectador con el vacío. Ante ese vacío quizá sea útil reflexionar sobre la sugerencia de Georges Didi-Huberman al decir: "Cerremos los ojos para ver [...] abramos los ojos para experimentar lo que no vemos" (13). La pintura no es asunto baladí en la novela, donde hay una relación de interdiscursividad entre lo literario y lo pictórico.

Al subvertir los conceptos de sujeto enunciador / objeto enunciado, el proceso de escritura y de materialización del texto se expone como misterio. Esta interpretación se opone a la de Cixous cuando afirma, analizando este mismo pasaje de la máquina de escribir, que es un "intento [...] de reparar el corte terrible entre libro y cuerpo. Para Clarice, escribir es un acto humano" (13). Atendiendo a lo argumentado, esa afirmación de Cixous es matizable, la escritura no parece ser una actividad humana, más bien el humano 'es' a través de la escritura. Mi interpretación se aproxima a la idea de Michel de Certeau cuando, en *La economía escrituraria*, sostiene que:

> Del nacimiento a la muerte, el derecho se 'apropia' de los cuerpos para hacerlos su texto. Por medio de toda clase de iniciación (ritual, escolar, etcétera) los transforma en tablas de la ley, en cuadros vivos de reglas y costumbres [...] Estas escrituras efectúan dos operaciones complementarias: para estas escrituras, los seres vivos son, por un lado, 'puestos en texto', transformados en significantes de las reglas (se trata de una intextuación) y, por otro lado, la razón o el *Logos* de una sociedad 'se hace carne' (se trata de una encarnación). (*Invención de lo cotidiano* I 153)

De Certeau pone de manifiesto el poder de la escritura sobre el humano, su impronta sobre nosotros como seres racionales. Cuando Clarice reconoce que "A máquina escreve em mim" (*Aprendendo* 156) subraya, no obstante desde una perspectiva bien distinta, que la escritura opera en el ser humano transformándolo. Para la escritora brasileña, deshumanizarse es la única posibilidad de salir del sistema logocéntrico, del totalitarismo de la palabra. *Água viva* es consecuencia de una tentativa de huida y alejamiento de lo racional. Para De Certeau la "economía escrituraria" es una forma de poder, al alfabetizarnos entramos ingenuamente en un mundo donde el poder está estructurado y donde lo "oral [es] lo que no trabaja a favor del progreso; recíprocamente es 'escriturario' lo que se separa del mundo mágico de las voces y la tradición" (*Invención de lo cotidiano* I 148). Clarice, consciente de esta realidad, intenta lo imposible: desmaterializar la escritura. La novela es una tentativa vana de huida de lo textual, de la estructura de poder que representa la palabra. La escritura se erige como acto de magia que emana de dentro sin explicación. La narradora afirma que: "Escrevo-te em desordem, bem sei. Mas é como vivo. E só trabalho com achados e perdidos" (87). Clarice presenta un texto carente de orden, una narrativa desestructurada y sin forma, informe.

He mostrado que la novela es un aglomerado textual que cada lector ha de interpretar atendiendo a su propio albedrío. Maria José Somerlate Barbosa señala cómo *Água viva* subvierte también la semántica y la sintaxis, subrayando la preocupación con lo limitado del lenguaje y destacando que: "enfatiza aspectos da relação do texto consigo mesmo, com o leitor, com o narrador e com o autor" (175). Lispector no somete al lector a su voluntad, es sólo mediadora de la voz que emerge del papel, que grita desde el objeto, esa voz que está en nosotros mismos. Su intención no es "la de registrar las palabras de los hombres sino hacer hablar a las cosas mudas" (Dupont 14), Clarice no intenta dar voz a lo que no la tiene, sino a lo que no puede tenerla. La narradora sigue "o tortuoso caminho das raízes rebentando a terra, tenho por dom a paixão" (*Água* 22), la narrativa crece hacia dentro, hacia el interior: "Tem pessoas que cosem pra fora [...] eu coso pra dentro" (Gotlib, *Clarice: uma vida* 428).

La escritura es un acto mágico, un proceso de introspección: al escribir, el escritor se transforma. En opinión de Borelli: "Não seria exagerado dizer [...] que ela não escrevia seus livros; antes, era escrita por eles" (79) ¿Dónde queda entonces el autor de *Água viva*? Para Clarice la ficción es previa al hecho literario, y el escritor sólo una suerte de médium que la materializa.

Barbosa sostiene que *Água viva* es una metanarrativa que explora la relación consigo misma, la materialidad del texto es un tema de importancia en esa reflexión (175). La novela pierde el foco paulatinamente a través del proceso de creación escrituraria donde es difícil encontrar un hilo conductor: "Problematizada e esvaziada a forma narrativa, o romance narra seu próprio fracasso: o fracasso da história, a dissolução do romanesco" (Nunes, *O drama* 151). Si la forma narrativa ha quedado vacía y lo novelesco ha fracasado, lo más apropiado es hablar de abstraccionismo literario. Clarice se abstrae del texto paradójicamente a través de él, esa intención crea una tensión que aflora en la novela. Cómo materializar lo que carece de forma, qué forma dar a lo *informe*. Para Lispector –médium, máquina de escribir, producto de sus propios libros– la ficción es punto de partida y llegada en la creación literaria donde el escritor juega un papel secundario. El proceso creativo va de lo abstracto a lo material en una suerte de ficción circular en la que autor y lector quedan atrapados: Abstracción/ ficción → (escritor →) materialización de la ficción → lector/lectura → Abstracción/ficción.

Este esquema circular aventura la hipótesis de que la ficción sea previa al proceso creativo. El escritor la materializa a través de la escritura para compartir, para que el lector pueda ser partícipe de ese proceso de abstracción mediante la lectura. En *Água viva* Clarice plasma la ficción tal como llega haciendo gala de una extrema libertad creativa. El gesto de valentía que supone llevar *Água viva* a la imprenta no debe pasar desapercibido, una propuesta arriesgada que Sônia Roncador (51) califica como uno de los proyectos literarios más ambiciosos de la década. La extrema libertad en la creación de la obra hace que Borelli afirme que "Seu processo consistia em não se entrometer no que o texto lhe exigia" (86), cita que considera a Lispector casi como una máquina de escribir al dictado de la ficción.

Clarice afirmó que: "O que não sei dizer é mais importante do que eu digo" (Borelli 85), la búsqueda de lo inefable la obsesiona, esa intención de expresar lo inexpresable enrarece el texto dificultando su comprensión. La autora rechazó ser considerada escritora profesional (Lerner 1977), intelectual o literata (Lispector, *Aprendendo* 46-47) arguyendo que trabaja con la intuición, el instinto y no con la técnica. Defiende así su libertad creativa para "pôr em palavras um mundo ininteligível e um mundo impalpável" (Lispector, *Aprendendo* 47) donde la sensibilidad es más necesaria que la racionalidad.

Partiendo del prototexto de *Água viva* se ha argumentado que fragmentariedad, dinamismo, interacción y desorden son parte del resultado de la novela, principios explicativos del texto que, a pesar del formato de libro, rigen su lectura. *Água viva* es un espejo roto donde cada pedazo es a la vez un todo y parte de un todo. La narradora señala que "história não te prometo aquí" (*Água* 45): cuál es la propuesta de Lispector. La respuesta está en el texto, la narradora afirma que "Isto não é história porque não conheço história assim, mas só sei ir dizendo e fazendo: é história de instantes que fogem" (*Água* 88). Si no hay historia el orden no interesa, los fragmentos pueden volver a ser (des)ordenados. *Água viva* evidencia que el compromiso de Lispector es el de la libertad creativa que supone un desafío incluso para el lector habituado al experimentalismo literario.

El lector accede a una narrativa fluida y desorganizada, a menudo incoherente y, como sostiene Cixous (24), prelógica y prediscursiva, una ficción que viene de *Atrás do pensamento*. Es ahí donde el soporte del libro traiciona la ficción que contiene al imponer al lector el orden lógico de su formato. Para Blanchot: "A través del libro pasa la escritura que se realiza en él y al mismo tiempo desaparece en él; sin embargo, no se escribe para el libro. El libro: astucia mediante la cual la escritura va hacia la ausencia de libro" (*Espacio literario* 27). La astucia de Lispector va más allá al querer desmaterializar la escritura, ofrecer la ficción pura y sin intermediación. Por ello introduce un elemento –el agua– que es a la vez generador de vida pero que puede mostrar otra faceta y ser corrosivo y deformador, pues si un elemento tan voluble como el agua puede corroer la piedra, su presencia en la ficción indica la descomposición de la materia que la sustenta: el libro.[46] Para introducir el siguiente apartado, en el que se argumenta que *Água viva* es una narrativa informe, cedo la palabra a Clarice:

> Estou à procura de um livro para ler. É um livro todo especial. Eu o imagino como a um rosto sem traços. Não lhe sei o nome nem o autor. Quem sabe, às vezes penso que estou à procura de um livro que eu mesmo escreveria. Não sei. Mas faço tantas fantasias a respeito deste livro desconhecido e já tão profundamente amado. Uma das fantasias é assim: eu o estaria lendo e de súbito, a uma frase lida, com lágrimas nos olhos diria em êxtase de dor e de enfim libertação: 'Mas é que eu não sabia que pode ser tudo, meu Deus!'. (*Aprendendo* 72)

Libro especial, desconocido, sin trazos, sin nombre, sin autor, libro que no es libro: *Água viva*.

Tinta sobre papel: *Água viva* como narrativa informe

> *Entonces, todo se reduce a esta pregunta: ¿la mente humana puede dominar lo que ha creado?*
>
> Paul Valéry

Estableciendo una relación de interdiscursividad entre lo literario y lo pictórico, la pregunta que se plantea en este apartado es qué material es más apropiado para transmitir esta narración. Se argumenta en adelante que *Água viva* es una narrativa *informe* (Bataille 20).

La cita introductoria que abre *Água viva* (7) hace referencia a la pintura, en *Objeto gritante* eran dos citas las que aludían a ese tema, todas ellas dan idea de la relevancia de lo pictórico en el manuscrito y en la novela publicada. En el capítulo anterior se analizó cómo Puig usa la literatura popular y el cine como material narrativo e introduce todo un aparato interdiscursivo para incorporar esos productos culturales a la creación literaria. Clarice identifica escritura y pintura para ofrecer una

---

[46] Sobre el imaginario en relación al agua como elemento remito al trabajo de Gastón Bachelard (1975) donde discurrre sobre las diferentes atribuciones y facetas del agua en el imaginario colectivo.

nueva dimensión de la experiencia literaria. La escritura es una forma de pintura y viceversa, los jeroglíficos egipcios y mayas son ejemplos tempranos de la identificación entre ambas artes, convergencia útil pues pintar y escribir son actividades paralelas en cuanto a su realización técnica.[47]

Lispector ansía una escritura pictográfica donde lector y espectador se igualen como receptores en el texto: "O que te digo deve ser lido rapidamente como quando se olha" (*Água* 19), leer y mirar son acciones equiparables pues se mira al leer y se lee al mirar, idea vinculada a otra cita de la novela: "Este texto que te dou não é para ser visto de perto: ganha sua secreta redondez antes invisível quando é visto de um avião em alto vôo" (*Água* 32). Alusión que corrobora la necesidad de alejarse del texto y tener perspectiva suficiente para entenderlo como mosaico de fragmentos. Por otra parte, esa "secreta redondez antes invisível" (*Água* 32) del texto sugiere una forma opuesta a la tradicional forma cuadrada del libro. El estudio del manuscrito puso de manifiesto que Lispector estaba preocupada por saber qué estaba escribiendo y sugería que su escritura se inclinaba hacia el formato de antilibro. Algunos aspectos paratextuales (Genette 11) de la novela adquieren relevancia en este sentido. La portada y contraportada de la primera edición de *Água viva* (Artenova 1973) son exactamente iguales y reproducen esa "secreta redondez" de la que habla Clarice, se trata de una pintura abstracta: un círculo compuesto de círculos difuminados sobre fondo negro. Esta pintura es comienzo –portada– y fin –contraportada– del libro. Así, la portada funciona como contraportada y viceversa, dando idea de circularidad ya que la lectura puede ser inversa. Con una intención parecida, de "no acabamiento", Felisberto Hernández introdujo la siguiente aclaración en su *Libro sin tapas*: "Este libro es sin tapas porque es abierto y libre: se puede escribir antes y después de él" (45), frase que propone una reflexión sobre la adecuación del libro como material transmisor para narrativas.[48] Es difícil

---

[47] Remito a los dos estudios de Walter Mignolo anotados en la bibliografía.
[48] En la edición que manejo de *Los libros sin tapas* de Felisberto Hernández hay una breve descripción del manuscrito de cada cuento con datos sustanciales sobre aspectos materiales del manuscrito y de su estado. Se aporta información al lector sobre la suerte editorial de esos cuentos con descripciones del manuscrito dando a conocer que la mayoría de los cuentos están

encontrar un libro sin tapas y mucho menos abierto, el estado "natural" del libro es el de estar cerrado, apresando su contenido, de otra forma la nota de Felisberto no sería necesaria. Como indica Lucien Febvre en países como Francia la ley ordena que en la portada aparezca autor, título, lugar de edición, editor y fecha de publicación (82-86). La pintura se erige en tema de vital importancia. A principios de los setenta Clarice había comenzado a practicar su faceta pictórica. Fue una experiencia que le produjo una fascinación que compartió con otros escritores con una obra pictórica de interés como el cubano Severo Sarduy, para quien el acto de escribir es una tarea esencialmente pictórica (Soler 22:05). Clarice realiza una pintura cercana al abstraccionismo. Los estudios con referencias a las artes visuales en la obra de Lispector afloran en los últimos años desde diversas aproximaciones teóricas.[49] Tanto la narradora de *Água viva* como Ângela Pralini, personaje principal de *Um sopro de vida: pulsações* (1978), comparten con Clarice el gusto por lo pictórico. Se conocen veintidós pinturas de la autoría de Lispector, la mayoría albergadas en el Instituto Moreira Salles de Río de Janeiro, todas realizadas alrededor de 1975 con un estilo abstraccionista que huye de lo figurativo y se aproxima a lo *informe*. Se puede incluir a Clarice en la tradición *ut pictura poesis* horaciana al equiparar pintura y literatura. Lispector es consciente de la dimensión plástica de la escritura en *Água viva* y la explora desde distintas perspectivas, considerándola como dibujo mismo: *Água viva* podría incluirse entre sus cuadros. Aunque el trabajo pictórico de Clarice es de dudosa calidad, no carece de interés para el análisis literario. Ricardo Iannace afirma que sus pinturas: "Fotografadas, ganham qualitativamente em definição, pois o contato direto com esse material evidencia que o experimento resulta de prática amadora e despretensiosa, mas nem por isso insignificante no modo

---

descritos como "folletos sin tapas", interesa que esta carencia de tapas puede llevar también al anonimato de la obra, a la pérdida de la autoría. En este sentido, Blanchot analiza cómo Mallarmé defendió que el escritor no firmase los poemas porque no tenía relación directa con ellos una vez escritos y que el texto debía permanecer anónimo incluso bajo el nombre del escritor, pues para Mallarmé la noción de libro preexiste a su realización ("The Book to Come" 143).

[49] A este respecto, interesa consultar las primeras páginas del libro de Ricardo Iannace donde introduce veintidós fotografías de gran calidad con toda la obra pictórica de Clarice Lispector.

como se manufaturam formas que se distendem e chocam" (63). Iannace sugiere cierta "indefinición" en la obra de Clarice, lo que supone un *continuum* con lo dicho sobre *Água viva*. Lispector elabora un trabajo textual y pictórico donde abstraccionismo e imprecisión juegan un papel central. Los comentarios de Iannace sobre los cuadros son extrapolables a *Água viva*: "As pinceladas sugerem ausência de planos como prévia para a composição. Parecem mesmo inacabadas [...] chegando, na maior parte, a emblemar estudos dos quais só em seguida se originaria a versão definitiva" (64). Topamos de nuevo con la ausencia de dirección y con lo inacabado, que las pinturas parezcan esbozos para posteriores creaciones recuerda los prototextos en el proceso de escritura de *Água viva*: ¿son estos cuadros también objetos gritantes?

Hay que destacar varios aspectos en la cita de Michel Seuphor que abre la novela para hablar de la relevancia de lo pictórico en *Água viva*:

> Tinha que existir uma pintura totalmente livre da dependência da figura –o objeto– que, como a música, não ilustra coisa alguma, não conta uma história e não lança um mito. Tal pintura contenta-se em evocar os reinos incomunicáveis do espírito, onde o sonho se torna pensamento, onde o traço se torna existência. (7)

Seuphor quiere libertad para el arte que debe ser ajeno a convenciones socioculturales; no ha de ser figurativo ni ilustrar nada, no contar historia alguna y alejarse de consolidar mitos: *Água viva* se acerca a estos parámetros. Son tres las artes mencionadas en la cita que predominan en la novela: pintura, literatura y música. La música es la más inmaterial de todas ellas, la menos representable, el arte del tiempo y del ritmo. Las tres se interrelacionan por los gustos de una pintora que escribe y a la que le gusta la música, situando al lector en un campo interdiscursivo. Varios aspectos llaman la atención: primero, la importancia que lo pictórico y visual van a tener en la novela; segundo, el intento de liberarse de lo figurativo y, por último, la intención de evocar y sugerir por encima de cualquier otra cosa. Clarice pone en marcha un procedimiento narrativo para conseguir esos objetivos, el primer paso es extirpar todo aspecto histórico o biográfico eliminando –como mostré– las crónicas de *Objeto gritante*. La cita de Seuphor describe el abstraccionismo pictórico pues

Clarice busca, a través de la escritura, la no forma y separarse de lo épico. En sus cuadros hay un claro componente de abstraccionismo que sugiere lo informe.[50] A la escritora brasileña le interesa el abstraccionismo literario y pictórico: "Em *Água viva* os procedimentos de experimentação se tornam radicais [...] com a tentativa de dar representação à temporalidade do instante" (Vianna 50). *Água viva* marca un punto de inflexión hacia el experimentalismo: "Técnica sem técnica é o que eu quero" (*Objeto* 83). Las pinturas de Clarice proponen una clara huida del arte figurativo, aunque en algunas de ellas se adivinan siluetas. Los títulos son sugerentes: *Interior de gruta* (1960), *Gruta* (1973), *Raiva e rei[ndifi]ção* (1975), *Cérebro adormecido* (1975), *Eu te pergunto por que?* (1975), *Perdida na vaguidão* (1975), *Tentativa de ser alegre* (1975), *Medo* (1975), *Luta sangrenta pela paz* (1975), *Caos, metamorfose, sem sentido* (1975), *Explosão* (1975). Dieciséis de las veintidós pinturas fueron compuestas en 1975, lo que indica un año de creación pictórica muy activo. La técnica más empleada es la "técnica mixta sobre madera", Lispector prefiere la madera al lienzo como soporte material.[51]

Água viva, como las pinturas, no cuenta, sugiere, es una narración imprecisa y sin centro. Sobre la precisión y exactitud en literatura, Ítalo Calvino afirma que este rasgo quiere decir: "Primero, un diseño de obra bien definido y bien calculado; segundo, la evocación de imágenes nítidas, incisivas, memorables [...]; tercero, el lenguaje más preciso posible como léxico y como expresión de los matices del pensamiento y de la imaginación" (*Seis propuestas* 71-72). *Água viva* se opone a esos principios al presentar una narrativa de lo inexacto. En su tentativa de expresar lo inefable, Clarice plantea una prosa donde lo indefinido –*it, instante-já, amptala*– toma el texto haciendo que emerja en él una imprecisión que oscurece el sentido. Calvino apunta ya en los sesenta que está ante un

---

[50] Sobre la relación de la obra de Clarice con las artes plásticas pueden consultarse el artículo de Lúcia Helena Vianna y las tesis de doctorado de Marcelo Kraiser y Alexandre Rodrigues da Costa. Además del estudio de Sônia Roncador, donde se alude constantemente a la pintura, interesa el libro de Ricardo Iannace que aborda este aspecto como tema central. Un trabajo reciente que pone en relación pintura y génesis textual en *Água viva* es el de Raúl Antelo.
[51] Algunas de estas pinturas recuerdan lienzos del pintor francés Jean Dubuffet como *La physique du soleil* (1958) y hay similitudes con *El nacimiento del mundo* (1925) de Joan Miró.

mundo de imágenes difusas que se multiplican gracias a la tecnología, que carecen de lógica interna y que tienen como efecto "una sensación de extrañeza, de malestar en el receptor" (*Seis propuestas* 73). *Água viva* deja al lector con incertidumbre al no concluir nada. El pensador italiano admite sentir un "malestar [que] se debe a la falta de forma que comprueba en la vida" (*Seis propuestas* 73). Calvino pone como adversario de la exactitud y ejemplo de lenguaje inexacto o "vago", aclarando que el adjetivo tiene connotaciones positivas en italiano, al poeta Giacomo Leopardi que sostenía que el lenguaje era más poético cuanto más impreciso fuese. Argumenta Calvino que este poeta es de extremada precisión en la búsqueda de lo indeterminado y, por ello, resulta favorable a su tesis sobre la exactitud en literatura. Para Clarice, como para Leopardi, lo ignoto es más atractivo que lo conocido y lo figurativo. En sus crónicas, Lispector describe una escena donde hay similitudes con lo expuesto por Calvino sobre Leopardi: "Eu ia andando pela Avenida Copacabana e olhava distraída edifícios, nesga de mar, pessoas, sem pensar em nada. Ainda não percebera que na verdade não estava distraída, estava era de uma atenção sem esforço, estava sendo uma coisa muito rara: livre" (*Aprendendo* 137). La distracción, el divertimiento y el buceo constante en la psique que hay en *Água viva* son caminos de libertad, esa *distraída atenção* con la que Clarice mira fuera y dentro de sí. *Água viva* aporta sensaciones difusas, la novela es un cúmulo de imprecisiones: "Ouve apenas superficialmente o que te digo e da falta de sentido nascerá um sentido como de mim nasce inexplicavelmente vida alta e leve" (*Água* 29). Este tipo de oraciones es abundante en el texto, debido a su imprecisión es complicado captar el sentido de la oración incluso en una lectura atenta. Para Lispector, la escritura es una herramienta que acerca al lector a mundos insospechados incluso dentro de sí mismo. En ese sentido, Blanchot afirma que:

> escribir es disponer del lenguaje bajo la fascinación y por él, en él, permanecer en contacto con el medio absoluto, allí donde la cosa vuelve a ser imagen, donde la imagen, de alusión a una figura, se convierte en alusión a lo que es sin figura, y de forma dibujada sobre la ausencia se convierte en la informe presencia de esa ausencia. (*Espacio literario* 17)

Blanchot no está, como Calvino, interesado en teorizar sobre la exactitud en literatura sino más bien en conocer qué caminos abre la palabra escrita al conocimiento humano. En *Água viva* la escritura no tiene la función de ser leída, "O que te estou escrevendo não é para se ler – é para se ser" (*Água* 44), sino para que seamos a través de ella. Salles sostiene que: "Se o conteúdo determina a forma, esta, por sua vez, representa o conteúdo. O conteúdo manifesta-se a través da forma, pois a forma é aquilo que constitui o conteúdo" (*Gesto inacabado* 76), es decir, en la obra de arte debe haber correlación entre forma y contenido. Afirmo, por ello, que *Água viva* es una narrativa informe. Alejados de los planteamientos de Calvino y Blanchot se encuentran algunos conceptos de Georges Bataille. Es de especial interés, atendiendo a la anterior cita de Salles, el concepto de *informe* del crítico galo que propone la no-forma como categoría plausible, pero que no es aceptado debido a la dificultad racional para concebirlo:[52]

> informe no es solamente un adjetivo con un determinado sentido sino también un término que sirve para descalificar, exigiendo generalmente que cada cosa tenga su forma. Lo que designa carece de derecho propio en cualquier sentido y se deja aplastar en todas partes como una araña o una lombriz. Haría falta, en efecto –para que los académicos estén contentos– que el universo cobre forma. La filosofía entera no tiene otro objeto: se trata de ponerle un traje a lo que existe, un traje matemático. En cambio afirmar que el universo no se asemeja a nada y que sólo es informe significa que el universo es algo así como una araña o un escupitajo. (Bataille 20)

Água viva es una narrativa de estructura anárquica en cuyo contenido predomina la abstracción, su "forma" debe reflejar este hecho. Los atributos de esta novela son su inacabamiento, la carencia de un tema central, movilidad, fragmentariedad, hilo narrativo difuso, y recurrencia a imágenes abstractas. Por todo ello, considero esta ficción como *narrativa informe* en el sentido propuesto por Bataille, pues esta novela siempre podrá tener otras formas y argumentos: "Tudo acaba, mas o que te escrevo continua" (*Água* 114). No clasificar supone un reto para los estudios literarios académicos: ¿se puede no clasificar? En esa tesitura

---

[52] Para un estudio más detallado sobre lo informe remito a George Bataille y a Rosalind E. Krauss.

se encuentra Thomas A. Vogler al sostener que: "Creo que deberíamos resistir la tendencia a denominar cualquier cosa con texto verbal como libro o libro de artista o incluso libro objeto" (449). En efecto, no todo contenedor de texto es un libro, hay ficciones informes.
En la aceptación de la inexactitud hay algunas claves para entender esta propuesta literaria. El manuscrito hace clara referencia a ideas como *antilibro, cosa-libro, cosa-palabra, cosa, carta libro, flash de instantes* o *libro-palabra*: Clarice quiere entender qué escribe porque no escribe algo convencional. De esas reflexiones emerge una narración difícil de clasificar. Nolasco sugiere la idea de *narrativa informe* al proponer que tanto en *Água viva* como en *Uma aprendizagem*: "Clarice se vale de una prática informe, em que a linguagem chega à sua total disolução, e a própria organização material do livro desvela a caoticidade do pensamento" (*Clarice Lispector* 98). La idea fundamental de Bataille es que *informe* es un término que descalifica, incómodo al ojo humano y que se define mejor por "oposición a" que por lo que es. Bataille y Blanchot incorporan a su discurso teórico la contradicción y la paradoja, por ello sus ideas se adecuan al análisis de este trampantojo textual que es *Água viva*, un libro que no lo es.
Volviendo a la génesis del texto, Sônia Roncador (53) subraya que *Objeto gritante* era un libro-*collage* al que Clarice le pasa la tijera para reducirlo sustancialmente: ¿qué ocurre si despegamos los fragmentos de ese *collage*? *Água viva* es un texto en constante cambio cuyas partes siempre podrán tener otros (des)órdenes. Paul Klee aconsejaba que: "Delante de cada obra importante, acuérdese de que quizá otra, todavía más importante, haya sido abandonada" (Salles, *Redes* 142). Desde una perspectiva geneticista *Objeto gritante* no debe pasar desapercibido para entender la propuesta estética de *Água viva*, pues es parte de su génesis y en su proceso escriturario hay claves importantísimas para entender la novela. Lo abstruso es parte de la experiencia que Clarice ofrece en su obra literaria y pictórica. Es por ello que Cixous se pregunta: "¿Es el texto legible? Uno puede encontrar otros modos, otros caminos de aproximación: uno puede cantarlo. Uno entra en otro mundo" (15) y, en efecto, se entra en un mundo de códigos diferentes que lleva a la crítica a preguntarse si el texto es legible: *Água viva* es una narrativa insondable en

constante metamorfosis. Clasificarla sería dar forma a lo informe. Pocos textos pretenden desmaterializarse o huir de su materialidad como éste. La propuesta literaria de *Água viva* es la de la exacta imprecisión. Clarice propone una narrativa sin principio ni fin, sin centro organizativo ni hilo conductor, un espacio que es: "ese lugar metafórico que organiza la desorganización" (Blanchot, *Ausencia del libro* 53), rasgo atribuido también por Cixous al señalar que: "*Água viva* es un texto que desobedece todas las reglas de organización, todas las construcciones, y que va muy lejos" (15). A tenor de estos argumentos el libro no parece la mejor opción como material transmisor: el formato de *Água viva* es pertinente para su lectura, precisamente por su intento de dinamitarlo. El experimento técnico y conceptual es contrario al formato de libro tradicional. *Água viva* ofrece descifrar un código, desenmascarar la escritura. Maria das Graças Andrade aventura una hipótesis plausible al resaltar que lo que contiene esta novela es: "Uma língua onde 'as palavras ainda urinam na perna', uma língua feita de garafunhas, garatujas, estames de sons? Uma língua de balbúcios, lalação, murmúrios; uma língua feita dos sons que prenunciam o verbo" (207-08). Estaríamos aquí ante una escritura iniciática, asémica. En efecto, ese prenunciar del verbo halla a la autora fuera de la geografía del logos: al margen de la escritura.

 En *Água viva* se interactúa con lo pictórico y lo musical de forma clara. Italo Calvino propone que hay "dos tipos de procesos imaginativos: el que parte de la palabra y llega a la imagen visual, y el que parte de la imagen visual y llega a la expresión verbal" (99). Andrade sugiere considerar *Água viva* como un álbum de sucesión de instantes, "flash de instantes" fue una definición descartada por Clarice en *Objeto gritante* (116). Escritura e imagen tienen no pocos puntos de inflexión en el texto, históricamente el pintor ha tenido la tarea de reproducir el mundo visualmente, en esencia la materia prima de escritor y pintor es la misma: el signo y "la escritura [que] es un tipo de lenguaje gráfico que en su estadio manual se basa en un fenómeno psicofisiológico" (Ruiz, *Manual* 353). En este debate sobre si la escritura es imagen, Meyer Schapiro defiende que: "La imagen [...] corresponde al concepto o memoria de imagen asociada con las palabras" (11), la asociación entre palabra e imagen es inmemorial e incluso la incorporación de la escritura en la pintura ha sido un hecho frecuente.[53] Michel Butor sostiene que "podemos decir de una forma metafórica que el lenguaje es un material. Admitámoslo. Pero de una forma mucho más literal, el escritor trabaja con unos materiales y sucede que los trazos inscritos sobre el papel llevan los mismos materiales que los del pintor" (Camarero, *Michel Butor* 19), pintor y escritor imprimen símbolos sobre una superficie. Clarice borra fronteras al unificar pintura y escritura en *Água viva* donde la "ficção se engendra pela força da visão, os quadros deixados por Clarice encontrarão um lugar de avaliação mais justo se pensados como suplementos de representação e pensamento a serem acrescidos a seus escritos" (Vianna 53). De acuerdo con esta propuesta, la novela se puede considerar un bosquejo de los cuadros de Lispector: texto escrito a pinceladas, palabras pintadas, *tinta sobre papel*.

Indagando más en el análisis de los cuadros de Clarice aparecen conexiones entre su obra pictórica y narrativa. Para Vianna: "Saltam das telas imagens que [...] não sabemos ainda se podem ser chamadas de fantasmas ou sombras" (56). Por qué fantasmas o sombras, por qué no imágenes sin forma o informes. Donde la palabra no llega, la imagen tampoco puede llegar: *Água viva* es una pintura irrealizada. De los cuadros de Clarice emana la misma sensación de angustia que de la novela, lo informe presenta un reto para la retina y el raciocinio, las pinturas parecen en constante mutación, como el agua, sustancia transformadora y transformable que circula sin cesar ya sea en forma líquida, sólida o gaseosa. Además, es elemento fundamental para la vida y, por tanto, para el movimiento.

---

[53] Benjamin exploró las posibilidades que ofrecía el texto como imagen y la imagen como texto (*The Work of Art* 195-297). Por otra parte, *Words, Scripts and Pictures* de Meyer Schapiro es un minucioso trabajo sobre la relación entre escritura y pintura. Remito también al estudio de Joan Costa y Daniel Raposo sobre escritura, signo e imagen, donde se relaciona la historia de la escritura con la materialidad del texto. Por último, en el trabajo conjunto de Greg Masurovsky y Michel Butor bajo el título *La plume et le crayon* (2004) Masurovsky dibuja con pluma mientras Butor escribe con lápiz en la misma superficie, pocas veces hay tal conexión entre dibujante y escritor. Ambos se dan libertad mutua para escribir sobre el dibujo o dibujar sobre la escritura, de ahí que el dibujo se torne aquí un elemento más de la página, o la escritura un elemento más del lienzo.

Clarice señaló que el devenir de *Objeto gritante* y *Água viva* era ser anti-libros. *Água viva* es una narrativa encorsetada en el traje matemático del libro, su ficción se opone a ese formato como objeto contenedor. Lispector busca una narrativa de instantes porque no hay nada más impreciso que el presente, el *instante-já* que aparece en el texto. La novela es un conglomerado de *flashes* al que cada lector ha de dar sentido sin responder a principio regidor, material o temático alguno (Cixous 12, 16). Clarice sentía la necesidad de: "se desorganizar internamente para atingir uma ordem de outra natureza" (Vianna 51). Escapar de lo figurativo y entrar en un orden fuera del logos no corresponde al ser racional, para ello se habrán de manejar otros códigos y lenguajes como los propuestos en *Água viva*.

Lo informe del agua: al margen de la escritura

Ojalá que la pintura y la escritura se confundan totalmente, que no haya franjas entre ellas

Severo Sarduy

La narrativa de *Água viva* representa lo efímero de la palabra, "la caída del dominio logocéntrico" (Blanchot, *Espacio literario* 18). Para reforzar la idea de inconsistencia de la palabra, traigo a colación la obra del pintor estadounidense Edward Ruscha y, en específico, sus *Liquid words*. La palabra escrita necesita materializarse para ser tal, esa materialización le otorga carácter pictórico: "al descender y depositarse sobre el soporte, ese trazo de la escritura que es la letra y el componente gráfico, adquiere entonces un aspecto o dimensión material que antes no tenía, de modo que podemos hablar ya de un objeto tangible e incluso transformable" (Camarero, *Metaliteratura* 71); en este sentido, el funcionamiento del texto se aproxima al de lo pictórico por su plasticidad. Parte del trabajo de Edward Ruscha es el mejor ejemplo de lo que expongo pues, en una serie de pinturas cercanas al hiperrealismo y utilizando la técnica de óleo sobre lienzo, dibuja palabras aparentemente escritas con agua. El efecto visual en el espectador/lector es que esa palabra se puede desvanecer en cualquier instante debido a su material compositivo: el agua. Así pues, en apariencia, el contacto con factores externos –movimientos, cambios de temperatura, aire– representaría la espontánea transformación –derrame, congelación, evaporación– e incluso el fin de la palabra pintada en el cuadro al presentar el agua sobre una superficie plana. Ruscha reconoce su fascinación por la lengua y las palabras. Al ser preguntado por qué le atraen palabras como *Annie, Crap, Lisp, Sing* o *Drops*, contesta:

> Porque me encanta el lenguaje. Las palabras, para mí, tienen temperatura. Cuando llegan a un cierto punto y se convierten en palabras calientes, entonces me atraen. 'Synthetic' es una palabra muy caliente. A veces sueño que si una palabra está demasiado caliente y es demasiado atrayente, hervirá aparte, y no seré capaz de leerla o pensarla. Normalmente las cojo antes de que se pongan muy calientes. Aunque también he cogido palabras del diccionario en lugar de que me lleguen mediante flashes. (57)

Como Ruscha hace constar, sus representaciones podrían desaparecer con un cambio de temperatura, dejar de ser lo que son. Las palabras líquidas que Ruscha lleva al lienzo tienen la misma inestabilidad que las que componen *Água viva*, palabras efímeras que se verán afectadas por cualquier cambio, sometidas a una metamorfosis continua. En 1971 Ruscha pinta *Drops* donde las palabras parecen haberse formado, por casualidad, tras una lluvia, una ducha o un derrame sobre una superficie, la casualidad parece estar tras esa creación que una nueva gota podría desmoronar. Los cuadros de Ruscha son *flashes* de instantes que recuerdan el trabajo del fotógrafo español Chema Madoz que elabora algunas fotografías de estudio o *fotopoemas* tomando el agua como materia prima.

No hay forma para el agua porque el agua puede tener todas las formas e incluso la no forma. Que el título sea *Água viva* no es casual, la referencia a este elemento vital pone en contacto al lector con una narrativa en constante transformación. El título sugiere reflexión e incluso redundancia, pues no es posible la vida sin agua.

En relación a *Água viva* destacan algunas cualidades como lo informe del agua y su flexibilidad, lo incoloro, su imposibilidad de forma, su no-forma en definitiva. En la imagen trece, Madoz presenta algo tan imposible como un hilván de gotas de agua formado por casualidad ¿cuál,

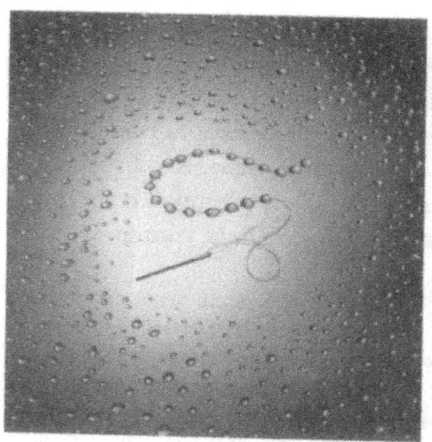 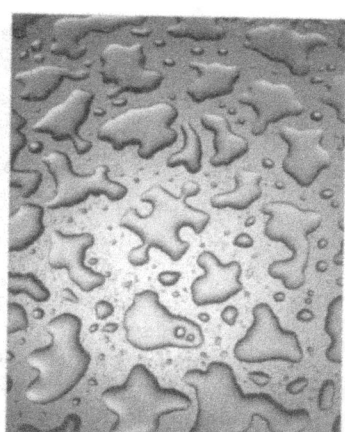

Imagen 13: Chema Madoz, Sin título, 1998   Imagen 14: Chema Madoz, Sin título, 2004

entre todas las gotas de la fotografía, será la siguiente en pasar al hilo? La imagen catorce es más compleja, el agua ha formado la pieza de puzle que aparece en el centro, queda la duda de si se difuminará y convertirá en una mancha informe como el agua de alrededor, o si esas manchas cobrarán una forma precisa para, al encajar con ella, hacerla desaparecer. Cualquier movimiento desfigurará la composición.

Algunos cuadros de Ruscha se reúnen bajo el título *Liquid words*, los más representativos son *Steel* (1967), *Rancho* (1968) o *Adiós* (1968). En ellos, la escritura líquida de la palabra sobre fondo de color deja al espectador/lector con la impresión de ver/leer una palabra efímera que se derrama. Estas palabras pueden gotear en cualquier momento, desvanecerse del cuadro dejando al espectador/lector ante un angustioso 'vacío sobre lienzo'. *Água viva* es también una novela escrita con agua, efímera como estas fotografías y cuadros donde todo puede cambiar en un instante al alterar su estructura. El texto representa la levedad de una prosa que en cualquier momento puede ser otra, hacerse líquida, calar el papel y destruirlo. Menos obvias, pero más profundas e intensas son las relaciones que se pueden establecer entre *Água viva* y la obra del también pintor estadounidense Cy Twombly (Barthes, *Lo obvio y lo obtuso* 161-79) que se acerca a una pintura de garabatos infantiles, desprovista de regla alguna, presentándose antes como balbuceo escriturario, como borrador que como obra acabada.

El libro no puede contener lo líquido pues "En el agua todo se disuelve, toda forma se desintegra, toda historia queda abolida" (Pérez-Rioja 49); en efecto, en *Água viva* el libro se disuelve, la narrativa se desintegra y *toda historia queda abolida*. Lo líquido atrajo a Clarice sobremanera:

> Não quero a complacência da desordem. E se eu sou líquida como é líquido o informe, antes gotas de mercúrio do termómetro quebrado –líquido metal que se faz círculo cheio de si e igual a si mesmo no centro e na superfície, prata que tomba e não derrama, liquidez sem umidade. (Borelli 13)

Lo líquido aparece por doquier en *Água viva* (agua, limón, bebida, leche, sangre, lágrimas) y hay ejemplos de la intención de la narradora de fluir con las palabras y alusiones a distintos tipos de humedad: "mais que um instante quero o seu fluxo" (*Água* 18). Al contrario que los materiales sólidos, los líquidos carecen de forma, son *informes* y se transforman constantemente: la tinta estaría entre esos materiales líquidos. *Água viva* no asume pauta estable alguna, desafía el sistema narrativo y cuestiona los formatos que lo vehiculan. Lispector se anticipa al concepto de "modernidad líquida" de Zygmunt Bauman que corrobora la importancia de lo informe en relación con los líquidos: "todas las características de los fluidos implican que los líquidos, a diferencia de los sólidos, no conservan fácilmente su forma. Los fluidos [...] no se fijan al espacio ni se atan al tiempo" (8), así ocurre con la narrativa atemporal que escapa del espacio en *Água viva*.

En sus cuadros, Lispector pinta/escribe pequeños textos, dedicatorias, su nombre, a veces sólo el título en el lienzo; como en Ruscha, escritura y pintura convergen sobre un mismo formato. El lienzo en Ruscha se convierte en soporte para el texto, representa una palabra inestable, líquida. Esos lienzos invitan a la reflexión sobre lo que se ve/lee, espectador y lector se funden en un único sujeto, pintor y escritor también. Ruscha: pintor que escribe, Clarice: escritora que pinta. De nuevo, el material y el formato transmisor decide si un texto es pintura o si una pintura es texto: ¿cómo considerar las *liquid words* de Ruscha expuestas en una pared? ¿pintura y/o texto? Thomas Vogler propone que:

cuando se produce la escritura, ocurre como escritura, como grafito, más que como texto empaquetado por el bien de su contenido semántico. Lemas, pistas escritas, significantes verbales desemantizados, textos como efectos gráficos son frecuentemente encontrados, pero todos ellos existen antes como gráficos que como signos semáticos. (448)

Desde esta perspectiva, las pinturas de Ruscha serían representaciones estrictamente gráficas, lo cuál eliminaría el juego semántico de las palabras pintadas. El étimo de 'gráfico' procede del griego γραφικός ο γραφη que significa tanto pintura como escritura. El proceso de recopilación de ideas de Ruscha es similar al de Clarice:

> Ruscha ha compilado y transcrito una especie de collage de notas que él anotó en los últimos años: algunas en revistas, algunas en servilletas, algunas en el desecho de papel más cercano que pudo encontrar mientras conducía su coche [...]. Las notas tipográficas son llamadas 'pedazos', y las hojas del cuaderno reproducidas en su totalidad son llamadas 'páginas'. (Ruscha xv)

Las coincidencias en el proceso de creación de ambos artistas sorprenden. Esos pre-textos o prototextos importan en el proceso de creación y son germen de futuras obras de arte. Ruscha pinta palabras, Clarice escribe cuadros utilizando la técnica de tinta sobre papel. Ambos se interesan por la relación entre escritura y pintura. La cita de Seuphor que abre la novela expone ese interés claramente. Clarice llega a preferir la pintura a la escritura, pues se sentía más relajada con su proceso creativo:

> O que me descontrai, por incrível que pareça, é pintar. Sem ser pintora de forma alguma. Pinto tão mal que dá gosto e não mostro meus, entre aspas, "quadros", a ninguém. É relaxante e ao mesmo tempo excitante mexer com cores e formas sem compromisso com coisa alguma. É a coisa mais pura que faço. Acho que o processo criador de um pintor e do escritor são da mesma fonte. O texto deve se exprimir através de imagens e as imagens são feitas de luz, cores, figuras, perspectivas, volumes, sensações. (Borelli 70)

Imagino el texto de *Água viva* expuesto sobre un gran lienzo horizontal: "Este texto que te dou não é para ser visto de perto" (*Água* 32). En ese lienzo el lector/espectador tendrá una visión total del texto. En el caso de *Água viva* el todo es más que la suma de sus partes, el orden de los factores sí altera el producto ofreciendo siempre un resultado diferente, una nueva historia dentro de la ficción, cada lector debe elaborar la suya mediante las innumerables variantes del texto. ¿Cómo leer *Água viva* sobre lienzo? ¿Por dónde empezar? ¿Hacia dónde dirigir la mirada? ¿Qué orden de lectura seguir en un texto tan fragmentario? Algunos críticos han calificado a Clarice como hermética: "Cómo é que eu posso ser popular sendo hermética?" (Lerner 1977), pongo ese hermetismo en cuarentena pues creo, al contrario, que este texto ofrece una fuerte libertad interpretativa como demuestran las lecturas hechas por los diversos especialistas en Lispector. Éstas son de lo más variadas: para Michel Peterson, Clarice crea una nueva lengua (32), Nolasco apunta a lo jeroglífico en *Água viva* y *Um sopro de vida* (*Clarice Lispector* 61). El formato de libro encarcela la narración de *Água viva* que grita libertad a voces, *Água viva: objeto gritante*. Será necesario desprenderse de ese formato, romper la jarra de agua: "el agua nunca permanece encerrada en una jarra" (Cixous 28). En este sentido, creo con Vogler que:

> No solamente los textos no necesitan más los libros, sino que están siendo producidos de manera que no pueden ser representados adecuadamente en ningún tipo de forma impresa. Hay otras maneras en las que, cada vez más, los textos se están liberando de la forma del libro códice que ha sido su hogar durante tantos siglos. (450)

Se ha de permitir que el agua se descongele y se evapore, que la ficción se libere del texto, posibilitar que vague en distintos formatos, que salga del libro, en definitiva, dejar que la escritura se desmaterialice. La libertad radical de la prosa de Lispector se opone al corsé del libro y de la paginación que ahogan una narrativa creada para la dinamicidad.

Otra imagen que me interesa traer a colación es *Water Alphabet* (1998) del fotógrafo cubano-estadounidense Abelardo Morell, en ella aparecen nuevas formas del agua, un alfabeto que podría esfumarse en cualquier momento. El agua sirve a Clarice como elemento para poner de manifiesto la inestabilidad del sistema logocéntrico occidental, rasgo que explora en *Água viva*. El agua es el elemento vital, no hay vida sin agua, pero su efecto es deformador sobre elementos sólidos como la piedra y sería destructor sobre un texto o una pintura: ¿efecto destructor o liberador? Seuphor habla de la pretensión de abstracción del arte no figurativo. Echar agua sobre un texto sería destruirlo, desdibujar la palabra es un acto liberador en tanto que ataque al logocentrismo. Sobre este aspecto interesa la escritora portuguesa Yvette Centeno que en su *No jardim das nogueiras* (1982) desfigura la letra liberando a la narración de la precisión de la palabra escrita, esta palabra se convierte en una no-palabra en una tentativa escrituraria, en una escritura asémica. Si es posible liberar a la pintura de forma derramando agua sobre ella, también el agua actúa como elemento destructivo sobre el formato libro desestructurando su forma, liberando el formato de la constricción del libro. Gastón Bachelard (9) afirma que la imaginación no consiste en formar imágenes sino en deformarlas, pues si las imágenes ya están formadas nuestra imaginación debe tener un objetivo muy otro que el de reproducirlas sistemáticamente. Dos fotografías del fotógrafo Abelardo Morell explican gráficamente lo que señalo. En ellas aparece un libro dañado por el agua, la forma que adquiere este libro llama la atención, pues las páginas —quizá también el texto— parecen querer huir del formato y la forma del libro, salir de él:

Imagen 15: Abelardo Morell. *Book Damaged by Water*, 2001

Morell introduce el libro en el agua durante un tiempo, lo saca y lo deja secar posteriormente. El efecto del agua es deformador, ¿cómo leer el libro ahora? El agua actúa como elemento liberador del formato: todo lo que tiene forma es potencialmente informe pues el agua tiene propiedades disolventes. Si se expone una pintura al efecto del agua, se transformará en informe, el agua tiene un efecto "liberador" sobre lo figurativo. Acercando el zum a esa fotografía de Morell se encuentra lo siguiente:

Imagen 16: Abelardo Morell. *Detail of Book Damaged by Water*, 2001

Esta imagen es claro ejemplo de lo que Bataille considera *informe*.[54] Clarice apuesta por esa deformación de las formas tradicionales en *Água viva* y en su pintura. Para Bachelard: "El hábito es la antítesis exacta

---

[54] Sugiero leer las notas manuscritas de George Bataille para *Les larmes d'Éros* presentadas por Almuth Grésillon en su artículo "Devagar: obras" (147-74) incorporado en el libro editado por Roberto Zular (169). En esa página se presenta un folio manuscrito por Bataille, con letra pequeña escrito en diversas direcciones que llena toda la página de una forma caótica, desordenada, informe.

de la imaginación creadora" (22), Clarice rompe hábitos indagando en la rutina para socavarla con habilidad e intuición. El texto creado por Lispector es una herramienta que ayuda a ver más allá, a experimentar la realidad deformándola. Clarice afirmó que "Quando não escrevo estou morta" (Lerner II 4:25), no exageraba, la escritura fue para ella una forma de vivir, de ser, por ello su obra presenta la escritura como tema y problema. Su apología de la escritura da cuenta del alcance que tiene el acto de escribir:

> Eu disse uma vez que escrever era uma maldição [...] Hoje repito: é uma maldição, mas uma maldição que salva. [...] Salva a alma presa, salva a pessoa que se sente inútil, salva o dia que se vive e que nunca se entende a menos que se escreva. Escrever é procurar entender, é procurar reproduzir o irreproduzível, é sentir até o último fim o sentimento que permaneceria vago e sufocador. Escrever é também abençoar uma vida que não foi abençoada. [...] Lembro-me agora com saudade da dor de escrever livros. (*A descoberta* 191)

Capítulo 3

Zero: una archivalía literaria de la dictadura militar brasileña

Introducción

> *Por más que el libro se dé como un objeto que se tiene bajo la mano, por más que se abarquille en ese pequeño paralelepípedo que lo encierra, su unidad es variable y relativa. No bien se le interroga, pierde su evidencia.*
>
> Michel Foucault, *La arqueología del saber*

Ignácio de Loyola Lopes Brandão (Araraquara, 1936) es un nombre recurrente para los estudiosos de la literatura brasileña actual. Sin embargo, hay escasos trabajos académicos sobre su amplia obra literaria, la mayoría son tesis no publicadas defendidas en Brasil, lo cual dificulta la labor investigadora. Su obra es vasta y abarca géneros dispares como novela –*Bebel que a cidade comeu* (1968), *Zero* (1975), *Não verás país nenhum* (1981)–, la literatura infantil –*Cães danados* (1976), *O menino que vendia palavras* (2007)–, la producción cuentística –*Depois do sol* (1965), *Cadeiras proibidas* (1976), *O homem do furo na mão* (Antología, 1987)–, pasando por las crónicas –*Sonhando com o demônio* (1998), *Calcinhas secretas* (2003)–, esporádicas inmersiones en el reportaje –*Cuba de Fidel* (1978), *O verde que violentou o muro* (1989)–, la biografía –*Desvirando a página: a vida de Olavo Setubal* (2008)– y el teatro –*A última viagem de Borges* (2006)–. Es la obra de un autor prolífico y polifacético como ha reconocido la Academia Brasileña de las Letras al otorgarle el Premio Machado Assis 2016 por el conjunto de su obra.

Algunos datos biográficos son relevantes para el posterior análisis. Loyola publicó en 1952 su primer texto en el semanario *Folha Ferroviária* de su ciudad natal, Araraquara; se trata de una crítica de cine sobre una película de Rodolfo Valentino. Una constante en Loyola es su trabajo en la prensa donde ha ocupado diferentes puestos en distintas publicaciones. En su biografía, *Eu por mim mesmo* (página web oficial), Loyola cuenta que desde el principio hacía reportajes y críticas en diarios locales de

Araraquara e informa de un hecho relevante para mi análisis al afirmar que en esos periódicos "aprende a arte da tipografia, lidando com composição, com linotipo, clichê em zinco e paginação em chumbo". Tanto el manejo del linotipo como las planchas de zinc o la paginación en plomo ponen en contacto directo a Loyola con la creación de materiales textuales, tema no menor en *Zero* y aspecto a destacar para cuestionar el libro. Este hecho tiene repercusión en *Zero* y en los problemas ecdóticos que planteó debido a lo heterogéneo e innovador de su tipografía, el diseño de la página, la inclusión de dibujos, textos hológrafos, etc. En Loyola es común que la página se presente como una "página material" (Davidson 71-79), como objeto en sí independiente del libro, abundan ejemplos en la novela (*Zero* 15, 43, 59, 67, 78, 79, 106, 108, 139). Desde sus primeros trabajos Loyola está en contacto con la labor periodística debido a la cual ha tenido un fuerte vínculo con la manufactura del texto.

De los escritores tratados en este estudio, Loyola, Lispector y Gaite publicaron crónicas en periódicos y revistas. El trabajo de periodista es una labor intensamente relacionada con la escritura, de una u otra forma todos los escritores objeto de estudio en este trabajo tuvieron relación con la prensa escrita. No obstante, el vínculo de Brandão es más intenso ya que conoce de primera mano todo lo que ocurre en los bastidores de una publicación periódica. En 1956 se muda a São Paulo, ciudad en la que reside hasta hoy, donde comienza a trabajar para el periódico *Última Hora* escribiendo reportajes, permanecerá allí nueve años. Esta etapa ayuda a Ignácio a vivir el periódico desde dentro, conociendo cómo es su producción material desde la redacción de artículos, diseño de la página, elección de tipografías, etc. Todos estos rasgos, incluyendo la fragmentariedad propia de los periódicos, aparecen en su narrativa. Claro ejemplo de ello es su primera novela, *Bebel que a cidade comeu* (1968). En *Bebel* –libro que Renato Franco considera dentro del denominado "romance da desilusão urbana" (28)– se incluyen artículos periodísticos pegados a manera de *collage*, cartas arrancadas de un bloc, diversidad tipográfica, titulares, anuncios publicitarios, de contactos, etc., una importante diversidad de papeles y textos que conformarían lo que he denominado como la *infraestructura material* de la novela. En *Zero*, los papeles que componen la narración se intensifican. Al hablar de la confrontación contra el poder establecido que supone *Zero*, González Echevarría y Pupo-Walker señalan respecto de su fragmentariedad que:

> Tal vez el caso más extremo es *Zero* de Ignácio de Loyola Brandão, aparentemente una serie de fragmentos desordenados ubicados en un desierto urbano en un país ficticio llamado 'América Latindia': en cierto sentido, se trata de una prueba de que la gran ambición y fragmentación son naturales aunque paradójicos compañeros de cama – en parte, esta es una sana reacción contra lo que, en retrospectiva, parecía una ingenuidad de la década y la generación anteriores. (204)

Para González Echevarría y Pupo-Walker la fragmentariedad es una nueva técnica que reacciona ante la impasibilidad de generaciones previas, *Bebel* incorpora esa fragmentación que se acentuará notablemente en *Zero* (Dalcastagnè 45). Brandão lleva el periodismo a lo literario, es difícil saber si hace literatura del periodismo o periodismo con la literatura, pues en su universo narrativo información y ficción no conocen fronteras (cfr. Benjamin 1985 202). En ese sentido, Janete Gaspar Machado (41) sostiene que la novela brasileña de los setenta se caracteriza por su funcionalidad y por insertar en el texto la poética del autor. Para Machado, Loyola: "faz com que cada fragmento de texto tenha a sua própria unidade e valha por si mesmo em termos de produção de significado [...] São casos que atigem o extremismo da elaboração formal, em busca da anulação do perspectivismo" (41). Un perspectivismo del que no se desliga a pesar de su intento de total objetividad.

Un tema de importancia dentro de la narrativa de Loyola es el cine, sobre todo si se considera como operación de encaje de imágenes. La afición de Loyola por el cine no carece de importancia, hay constantes referencias en sus textos a películas y estrellas de la gran pantalla. Este interés lo llevó en 1962 a viajar a Italia donde quería trabajar como guionista en Cinecittà. La década del auge del cine neorrealista italiano había sido la de los años 40 con maestros como Vittorio De Sica o Luchino Visconti, el movimiento da sus últimos coletazos a mitad de los cincuenta, década donde su influencia y estudio marcará un hito por su repercusión en el cine posterior. La influencia del neorrealismo italiano –Melillo Reali (*O duplo* 73) habla de hiperrealismo– en Loyola es significativa como en gran parte de la literatura brasileña de los sesenta y principios de los setenta. Loyola ha admitido como fuerte influencia en *Zero* la película *Ocho y medio* (1963) de Federico Fellini (Climent 2011). Para conocer con exactitud la influencia del neorrealismo en Loyola sería interesante saber qué títulos se encuentran en su videoteca. Loyola siempre se ha declarado cinéfilo, y afirma que "até hoje eu adoro o cinema, vou muito ao cinema, tenho uma videoteca que você não imagina, todos os clássicos" (Climent 2011). La influencia de cineastas como David Wark Griffith, Sergei Eisenstein, Stanley Kubrick, Woody Allen, Glauber Rocha o Maurice Capovilla ha sido subrayada por Melillo Reali (*O duplo* 49-50). Hay, sin lugar a dudas, características neorrealistas en *Zero* en su afán por grabar los hechos tal como se muestran sin intromisión del narrador e intencionalidad documental. Para testimoniar, la voz narrativa ha de ser extirpada, permitiendo que la historia se cuente *per se*, sin intermediario alguno, como una sucesión de hechos. El narrador debe desaparecer en pro de una voz plural y sinfónica: en este caso la voz de la sociedad brasileña bajo mandato dictatorial tras la llegada de los militares al poder en 1964. *Zero* es una arriesgada propuesta que muestra la realidad plural de un país que no armoniza con la visión oficial de homogeneidad proyectada desde las instituciones. La propuesta literaria de *Zero* no es viable para el régimen militar que halla en la censura la solución para escritores y textos díscolos.

Loyola pretende fotografiar mediante la escritura la sociedad brasileña de la época de la dictadura. El manuscrito de la novela aporta una sólida base para demostrar que la esencia material de *Zero* es la de archivalía. Su proceso de redacción se llevó a cabo en una década: 1964-1974. En las siguientes páginas exploro cómo *Zero* (1974) de Ignácio de Loyola Brandão cuestiona el formato tradicional de libro como material transmisor adecuado para la diversidad textual que compone la novela. Argumento que *Zero* no es un libro sino una archivalía oculta, bajo signo literario, de la dictadura militar brasileña.[55] Al hablar de archivalía literaria

---

[55] Las relaciones archivísticas con la literatura siempre han despertado interés entre literatos, es el caso de Borges con *La biblioteca total* y *La biblioteca de Babel*. Desde un punto de vista más ensayístico se puede consultar *La arqueología del saber* y *Las palabras y las cosas* de Michel

no afirmo la disciplina histórica como una completa ficción (White 23), pienso con Roger Chartier y Michel De Certeau que "el discurso sobre la historia se articula sobre un régimen de verdad que no es ni el de la ficción literaria ni el de la certeza científica" (Chartier, *Entre poder y placer* 158). La fragmentación del libro tiene mucho que ver con la transmisión textual, muchos de los papeles que componen la novela –panfletos, folletos, menús, etc.– pasan de unas manos a otras, reproduciendo una movilidad que el libro les niega. El concepto y formato de archivalía aúna materiales heterogéneos:

> todo material escrito, gráfico (dibujos, mapas, planos) multigrafiado, reprógrafo, sonoro, audiovisual (películas), proveniente de una entidad, producido o recibido en función de sus actividades o en general relacionado con su vida administrativa, desde el momento en que cumplió la función inmediata que originó su creación, y se conserva con fines administrativos, jurídicos y científicos o culturales. (Chiapero 166)

Para apoyar esta propuesta recurro al estudio del texto y de su manuscrito desde la crítica genética, aludo a comentarios y declaraciones de Loyola Brandão en diferentes entrevistas sobre el proceso de producción escritural de *Zero*. En el manuscrito hay gran cantidad de textos recogidos de la realidad cotidiana que inspiran partes de la novela, el original se presenta ya como una suerte de archivo a poner en orden, pues la ficción propuesta por Brandão ofrece innumerables hilos que tejen la narrativa. Tras analizar la materialidad de los textos que componen *Zero* se concluye que otros formatos materiales distintos del libro tradicional serían más idóneos para vehicular su narración: se propone que el formato de archivalía ajusta mejor forma y narración. La narrativa es no lineal, fragmentaria y móvil, ofreciendo múltiples lecturas. *Zero* es un constante punto de partida donde cada parte –hay alrededor de trecientos cuarenta en la novela– aparece como una ficha

---

Foucault. Los trabajos de Roberto González Echevarría, *Mito y archivo: una teoría de la narrativa latinoamericana*, y *Mal de archivo: una impresión freudiana* de Jacques Derrida aportan ideas de importancia sobre el tema.

independiente de esa archivalía. La estructura de *Zero* es reticular, por ello es pertinente mencionar, de nuevo, la importancia del concepto de red ya citado (Salles, *Redes* 117) a través del cuál realizar la lectura. Este concepto se convierte en máxima a la hora de establecer relaciones que aporten coherencia a la inmensa variedad de textos aunados en la novela.

El título sugiere varias interpretaciones, Loyola quiere acercarse a la carencia de título, anular el título de un *libro que no lo es*: ¿puede haber libros sin título? Jacques Derrida responde que "sólo hasta el momento en que haya que nombrarlo" (18). La última edición de *Zero* (Global, 2010) es la más elaborada de la novela: se hizo para conmemorar el 35 aniversario de su publicación. Es un libro de pasta negra dura donde el título casi desaparece a simple vista, la pasta está perforada —por tanto, libro roto— por un círculo que representa el 0, cero.

Antes de entrar en el análisis propiamente dicho, conviene hablar del contexto sociopolítico en el que Ignácio Loyola Brandão escribió la novela, pues aporta importantes claves interpretativas.

Contexto sociopolítico de *Zero*

> *Las dictaduras fomentan la opresión, las dictaduras fomentan el servilismo, las dictaduras fomentan la crueldad. Botones que balbucean imperativos, efigies de líderes, vivas y mueras prefijados, muros exornados de nombres, ceremonias unánimes, la mera disciplina usurpando el lugar de la lucidez... Combatir esas tristes monotonías es uno de los muchos deberes de un escritor*
>
> Jorge Luis Borges

Hay abundante bibliografía sobre los años en los que la censura brasileña coartó la libertad de expresión prohibiendo todo tipo de manifestaciones culturales. Muchos intelectuales que desarrollaron su obra durante los años sesenta y setenta sufrieron al censor en sus textos, cuadros, canciones, obras teatrales y películas. Historiadores y críticos (Simis 12, Garcia 86, Süssekind, "Polémicas, retratos e diarios" 264,

Dalcastaganè, *O espaço da dor*) han considerado que la práctica censoria era tan fuerte que artistas e intelectuales optaron por la autocensura para publicar. No es éste el caso de *Zero*, del que Walnice Nogueira Galvão afirma que: "Não há obra em nossa literatura que melhor transpire essa metafísica do desespero, quando uma geração inteira foi esmagada em suas aspirações" (Brandão, *Zero* 9). El texto de Loyola es un grito de libertad, hojeando el libro se ve cómo la variedad tipográfica, la ruptura de la disposición gráfica tradicional de la escritura en la página, la desvinculación ortográfica y la diversidad de tamaño de letras agitan al lector para hacerlo consciente de la sociedad en la que vive: *Zero* es una novela de ruptura en muchos sentidos.

Ante la férrea mirada censora y la inflexibilidad oficial, encontramos que en el plano político la lucha armada se presentaba como alternativa de oposición (Simis 28), aspecto reflejado en *Zero* donde José (Zé), personaje principal, acaba uniéndose a un grupo guerrillero que lucha contra el poder. Este extraño grupo recuerda al grupo anarco terrorista liderado por el Astrólogo de *Los siete locos* (1929) de Roberto Arlt o la célula subversiva llamada "La Joda" en *El libro de Manuel* de Julio Cortázar, grupos clandestinos que cuestionan y muestran una oposición al *status quo* y luchan contra el totalitarismo. Esos opositores son rápidamente convertidos en terroristas por el sistema y buscados para ser eliminados o encarcelados.

Al buscar un precedente en la recurrencia a los personajes marginales de Loyola en *Zero*, Roberto Arlt aparece como figura plausible. En *Zero*, tanto José como sus amigos Átila, Herói, Malevil y el grupo clandestino que constituyen, recuerda a los personajes de Roberto Arlt y a las asociaciones semiclandestinas de sus textos. Me refiero, por ejemplo, a Silvio Astier en *El juguete rabioso* (1926) donde forma el "Club de los Caballeros de la Media Noche", asociación que delinque de forma organizada. Se asemeja con más claridad a la sociedad clandestina liderada por el Astrólogo en *Los siete locos*. El personaje principal de esta novela, Remo Erdosain, tiene similitudes con el José de *Zero*, hay numerosos paralelismos en cuanto a los comentarios escatológicos y la atmósfera incómoda, casi naturalista, que se dibuja en ambos textos. En efecto, en la narrativa de Arlt y en *Zero* hay cierto naturalismo determinista, más social que biológico, que marca a los personajes y hace predecible su final.[56] El famoso lema "Brasil: Ame-o ou Deixe-o", dejaba claro el camino a elegir para quienes no acataban el pensamiento oficial potenciado desde las instituciones. Se estaba a favor o en contra del régimen establecido. Ese lema recuerda al conocido "Dentro de la Revolución, todo; contra la Revolución, nada" (1961 11) de Fidel Castro en *Palabras a los intelectuales*. Los eslóganes y carteles propagandísticos fueron comunes en el Brasil de la época (Gaspari 192-93). La fuerza de la censura no fue siempre la misma, hubo una etapa de mano dura que corresponde con el gobierno de Costa e Silva (1967-1969) y unos años de fuerte represión y de torturas que comprende el periodo de gobierno de Garrastazu Médici (1969-1974), esta etapa ha sido denominada como "o império do medo" (Süssekind, "Polémicas, retratos e diários" 261). Para Miguel Arraes: "A repressão, sob diferentes formas, tratou de impedir qualquer tipo de manifestação que pudesse exprimir o descontentamento popular, mesmo as formas mais moderadas de expressão" (38). Tras el cambio de gobierno se suavizan estas tendencias represoras debido a la intención del gobierno de Ernesto Geisel (1974-1979) de intentar mejorar la imagen exterior de Brasil, aspecto retratado con ironía en la novela cuando cerca del final, entre declaraciones de torturas, encontramos unas palabras del presidente: "Veja, a nossa imagem não é nada boa no exterior. Dizem que somos ditadores, que o regime é de terror" (*Zero* 282). Hay afirmaciones explícitas de Médici que dan idea de la estricta represión llevada a cabo en esos años: "Haverá repressão, sim. E dura, e implacável" (Gaspari 160) o "Não esmoreceremos na nossa luta contra a subversão e a corrupção do país" (Gaspari 160). Elio Gaspari (162-63) relata el caso de Chael Charles Schreier y Mário Alves, dos presos que fueron torturados y asesinados. Gaspari cuenta cómo se tergiversaron los informes oficiales para hablar de suicidio y de cuerpos desaparecidos. Censura y tortura eran moneda corriente y los escritores no estaban exentos de su influencia, rasgo reflejado en *Zero* desde el inicio cuando

---

[56] Sobre el naturalismo en la novela brasileña del siglo XX es imprescindible "*Polémicas, retratos & diários (Reflexos parciais sobre a literatura e a vida cultural no Brasil pós-64)*" de Flora Süssekind (255-95).

leemos: "TOQUE DE RECOLHER. Com a repressão que há por aí, ninguém quer saír de casa, as ruas são vazias, cassaram as licenças para circular depois de 21:34 horas" (*Zero* 19). El tono es irónico, pero refleja una práctica frecuente como el toque de queda. La novela narra cómo el poder controlaba los medios y, a través de ellos, a la opinión pública: "Faça um comunicado à imprensa desmentindo torturas e assassinatos políticos. Diga que foi aberto um inquérito" (*Zero* 282). *Zero* muestra la realidad histórica de una época cuya crueldad sólo hemos conocido con la distancia del tiempo.

En cuanto a la imagen interna no había problema debido a la insistente propaganda que se lanzaba desde todos los medios de comunicación, un bombardeo constante a través de prensa, radio y televisión que tergiversaba la realidad e influía principalmente en aquellos sectores iletrados de la población que no tenían un pensamiento crítico. La influencia abusiva de los medios aparece casi en cada página de *Zero*. Censura y propaganda son herramientas claves en cualquier sistema totalitario, a través de ellas se inventa una actualidad acorde a la oficial.[57] En su análisis de los sistemas totalitarios, Jean Revel es tajante al afirmar que "La primera de todas las fuerzas que dirigen el mundo es la mentira" (23), mentiras oficiales que no se pueden contradecir en el caso de dictaduras.

El estudio de Nelson Jahr Garcia sobre propaganda y control ideológico en el Brasil dictatorial manifiesta que: "A persuasão envolve, ante de mais nada, dois pólos muito claros: persuasor e persuadido. [...] O persuasor pretende, do outro, uma ação ou inação, em outras palavras, que faça ou deixe de fazer alguma coisa" (12). El lavado de cerebro a través de los medios de comunicación de masas y de acciones represoras radicales como censura y tortura fueron frecuentes durante el gobierno Médici y, en menor medida, durante el de Geisel. Garcia señala cómo, una vez creado, ese sistema se reproduce constantemente ante la falta de una masa crítica contestataria: "O submisso persuadido retransmite

---

[57] Para Jean Revel "[En] los regímenes totalitarios, dominan la censura —que es una defensa pasiva contra las informaciones indeseables— y la propaganda, que es una técnica activa que consiste en reconstruir e incluso inventar totalmente la actualidad, para hacerla acorde con la imagen deseada del poder" (47).

as ideias que fundamentam sua submissão, passa-as aos membros de seu grupo e até aos seus filhos, preparando-os para substituí-los em seu papel" (16). El control ideológico no encontró barreras en ciertos sectores populares debido al elevado grado de analfabetismo. No fue éste el caso de otros sectores de la población brasileña con formación humanística que mantuvieron una constante oposición al régimen. El descontento entre intelectuales se debía a la falta de libertad creativa pues no todos los discursos eran bien vistos, algunos eran incómodos e inadecuados a ojos del régimen. Los artistas sentían el yugo de la censura limitando su creatividad. No sólo artistas, también profesores, periodistas y escritores se yerguen en fuerza opositora, entre ellos estaban Loyola Brandão, Rubem Fonseca, Clarice Lispector, António Cândido, Osman Lins, Chico Buarque, Antônio Carlos Jobim, César Muniz, Moacyr Scliar, Milton Nascimento o João Ubaldo Ribeiro por citar algunos nombres conocidos.

La propaganda fue una herramienta central para los regímenes militares que se sucedieron en Brasil, era una forma de diseminar el pensamiento oficial, único, entre todos los sectores de la población, ya se tratase de artistas, obreros, estudiantes, amas de casa o agricultores. El férreo control sobre los medios de comunicación de masas fue pieza clave dentro del programa propagandístico de la dictadura. En *Zero* el bombardeo mediático es constante, parodiando esa propaganda y llevando al extremo la intromisión del estado en la vida de los ciudadanos.[58] Nelson Garcia (71) ha analizado los medios de masas de ese periodo, las características que señala pueden extrapolarse al lenguaje de *Zero*. Para Garcia, los medios de comunicación de ese momento se caractarizan por la rapidez de mensajes y lo desorganizado y fragmentario de la información que divulgan, Garcia sostiene que las noticias no guardan muchas veces relación entre ellas al referirse a temas tan variados como finanzas, política, deportes, artes y sucesos en el plano internacional, nacional y regional. Estas ideas explican en cierta medida el estilo fragmentario de *Zero*. Críticos como André Parente (Salles, *Redes* 88) o Walnice Nogueira Galvão (Brandão, *Zero* 10) afirman que el montaje y

---

[58] El lector interesado en un análisis del funcionamiento de los sistemas totalitarios y en los dudosamente democráticos puede consultar *El conocimiento inútil* de Jean Revel.

la articulación son características de la contemporaneidad y hablan de técnica de recortar /pegar/montar en la novela, proceso ya aludido en el análisis de *Boquitas pintadas* y *Água viva*. En efecto, lo fragmentario y la técnica de montaje son procedimientos frecuentes desde mitad de los sesenta, novelas de Cortázar, Lispector, Roa Bastos, Puig o Loyola gravitan dentro de esta órbita. Gran parte de los textos compilados en esta archivalía que es *Zero* tienen únicamente la conexión que el lector pueda darles, libro y texto no son interdependientes y, de nuevo, el libro no se ajusta a la heterogeneidad de materiales que compone la novela.

Zero recoge y muestra prácticas escriturarias de la realidad aportando información sobre dónde está escrito el mensaje y en qué condiciones materiales se transmite, da cuenta de la diversidad textual producida en ese momento: reproducciones hológrafas pintadas en retretes, folletos, gráficos, lectura de manos, anuncios de contactos, mapas informativos, reproducciones de textos fílmicos, cuadernos de notas, anuncios, jaculatorias, bocadillos de cómic, anotaciones, placas, pensamientos, partes de discursos, declaraciones, textos en tapas de botellas, proclamas, comunicados oficiales, listas de prohibiciones, etc. Esta narrativa fragmentaria compuesta de un conjunto de pasajes independientes plasma la vorágine de los medios controlados por el *establishment* político y su intento de calar en la población.

Durante el periodo dictatorial la información pasó a ser interferida por las autoridades brasileñas, Brandão aúna esos dos discursos haciendo que publicidad y propaganda se confundan de tal forma que las ideas gubernamentales sean un producto más que se vende/impone al consumidor/ciudadano. El goteo propagandístico era constante: "A divulgação por rádio [das mensagens governamentais] era, ainda, ampliada através de cerca de 4.000 serviços de alto-falantes espalhados pelo país" (Garcia 78). *Zero* refleja este martilleo incesante sobre el ciudadano que tenía que oír, sí o sí, el mensaje del gobierno tantas veces como se considerase necesario para hacer creer al ciudadano que luchaban por su libertad. El gobierno tenía carta libre para publicitar mensajes a través de los medios y usaba todo un despliegue material y técnico como carteles, folletos, libretos, pegatinas o altavoces que diseminaban sus ideas. El caso de los altavoces está recogido en la novela:

> ALTO-FALANTES DISFARÇADOS NAS FOLHAGENS DO PARQUE COMEÇAM A TRANSMITIR TRECHOS DOS DISCURSOS DO GRANDE DITADOR: *Temos que nos preocupar com a segurança do país. Só os países muito pobres que nada têm a perder é que não se preocupam com a sua segurança. Vamos reformular as leis e dar grande força ao Exército, vamos aumentar o alistamento obrigatório, vamos aumentar os efetivos, vamos honrar as fardas e as cores da bandeira.* (*Zero* 65-66)

Esos "alto-falantes disfarçados nas folhagens" se presentan como soldados camuflados preparados para entrar en combate, a Loyola no se le escapa el poder de la tecnología al servicio de los sistemas totalitarios. La represión del régimen fue denominada por los militares como "operação limpeza" (Garcia 60), se intenta eliminar cualquier opositor al gobierno, limpiar Brasil de comunistas, hecho del que la novela se hace eco:

> Proclamação do Governo 1:
>
> POVO! CUIDADO COM OS COMUNS!
>
> ACABA DE SER DESCOBERTA UMA NOVA SEITA TERRORISTA:
>
> OS COMUNS.
>
> PROCURAM CONFUNDIR O POVO, PERTURBAR A ORDEM
>
> PÚBLICA, DERRUBAR O GOVERNO, ESPALHAR A ANARQUIA.
>
> SE UM COMUM SE APROXIMAR DE VOCÊ: DENUNCIE-O.
> O Correio entregou o folheto, em cada casa. Cada jornal, revista, fascículo, livro, trazia uma proclamação oficial dentro. Todos os dias na Hora Oficial, O Governo fazia um aviso. De repente os Comuns faziam parte da vida da população. (*Zero* 89-90)

Loyola literaturiza la realidad al llevarla al texto, refleja prácticas cotidianas de la vida bajo mandato militar, operando un trasvase continuo entre historia y literatura que erige al texto literario en documento histórico. Considero *Zero* como archivalía por la variedad de documentos heteróclitos que incluye la novela, recogidos por el escritor de la realidad inmediata de esos años. Pocos años después de la publicación de *Zero* y reflejando la presión de la censura sobre el texto, Emir Rodríguez Monegal da cuenta del impacto de la novela al afirmar que:

> *Zero* es abrumadora en su descripción implacable de cómo la policía, el ejército y fuerzas represivas especiales colaboran para torturar, violar, castrar o matar a cualquiera lo suficientemente tonto como para oponerse a ellos. La única concesión que Brandão hace a la censura es evitar cualquier identificación literal del país sobre el que está escribiendo, Brasil. Su novela se sitúa no en Latinoamércia sino en 'América Latindia'; en un párrafo Brasil es mencionado como país vecino. Estos tenues artificios sólo hacen las máscaras más reveladoras. (20)

En efecto, la censura era estricta y las torturas frecuentes. Cuatro años después del golpe se aprueba el famoso "Ato Institucional nº 5", conocido como "AI-5", que tendría consecuencias nefastas al ampliar sobremanera los poderes del ejecutivo y restringir los derechos individuales. Con el AI-5 se garantiza, entre otras cosas, que:

> a propaganda oficial fosse a única voz, o governo passava a controlar, cuidadosamente, todos os meios de comunicação, e a censura, até então eventual e discreta, tornava-se total e absoluta. Ao mesmo tempo, a repressão atingia níveis de brutalidade poucas vezes vistos na história do país. (Garcia 63-64)

Se elimina así de un plumazo la posibilidad de réplica y cualquier acción crítica contra el gobierno se considerará subversiva y delictiva. Es la etapa iniciática de Médici como gobernante, figura que aparece en la novela cuando Loyola se refiere al "grande ditador". Loyola refleja la voz dictatorial represora en las frecuentes listas de prohibiciones (*Zero* 93) y en los altavoces omnipresentes por los que se emite esa voz (*Zero* 65-66). Es ésta una forma innovadora de representar al dictador en la literatura latinoamericana.[59] Además de *Zero*, hay propuestas originales donde el dictador cobra más importancia como *Yo el Supremo* (1974)

---

[59] Sobre la figura del dictador en la literatura de Latinoamérica sugiero el estudio de Ángel Rama (*Novela de América Latina* 361-419).

de Augusto Roa Bastos o la menos conocida *A festa* (1976) del brasileño Ivan Ângelo.[60] Garcia (64) muestra cómo la imagen pública de Médici estaba muy cuidada y correspondía a la de un gobernante sonriente, simpático y cercano al pueblo a pesar de cargar a sus espaldas el lustro más represivo y sangriento en la historia del Brasil del siglo XX. Las instituciones de control creadas por los gobiernos militares traen ecos de *1984* de George Orwell donde el "Ministerio de la Verdad" se ocupa de la propaganda, el "Ministerio de la Abundancia" del racionamiento, el "Ministerio del Amor" de la tortura y el "Ministerio de la Paz" de la guerra. El Brasil de los sesenta y setenta recuerda esta ficción, bajo las inofensivas siglas institucionales se encubría todo un entramado y un aparataje represivo "en nombre de la libertad". La instauración del pensamiento único y la erradicación de cualquier idea discordante con el mandato oficial fueron objetivos prioritarios de los gobiernos militares. El terreno era propicio, al bajo nivel de escolarización de gran parte de la población se añadía

---

[60] *Zero* comparte rasgos con otras narrativas de la dictadura. Un tratamiento original de la figura del dictador es el de *Yo el Supremo* (1974) de Augusto Roa Bastos, donde de nuevo se encuentran fronteras difusas entre realidad y ficción. *Yo el Supremo* es uno de los monumentos literarios de la literatura hispánica de los setenta donde el cuestionamiento del libro aparece desde la primera página. En lo relacionado a la materialidad del texto, la novela es rica en extremo, comienza con una nota manuscrita supuestamente escrita por el dictador, Doctor Francia, y se vale de diferentes recursos textuales: cuaderno privado del dictador, notas a pie de página presentadas por un compilador, notas al pie escritas por el propio dictador, circulares, rica descripción de detalles del compilador sobre cómo y dónde está escrito cada párrafo, versos de canciones, notas aclaratorias sobre el guaraní, autos definitivos promulgados por el Doctor Francia, listas, escritos, cuadernos de bitácora, voces tutoriales, hojas sueltas, borradores hológrafos de documentos históricos, convocatorias, invitaciones, un apéndice y una nota final del compilador: ¿libro? *Yo el Supremo* cuestiona claramente el libro como material transmisor idóneo de su narración. Sobre oralidad y escritura en Paraguay remito a Aníbal Orué Pozzo. En el ámbito de la literatura brasileña, un texto a destacar es *A festa* (1976) –un interesante análisis del mismo es que el ofrece Janete Gaspar Machado (50-60)– de Ivan Ângelo, periodista como Loyola. El texto ofrece artificios narrativos y juegos con materiales textuales muy diversos. La novela es, como observa Machado: "um projeto ficional a ser realizado" (54), el lector tiene la última palabra en una prosa tan fragmentada que obliga a armar el texto: un nuevo puzle narrativo de encaje. *A festa* posee una riqueza sin parangón para analizar desde la crítica del proceso, ya que el propio narrador cuenta cómo va escribiendo el texto, qué características tiene, para qué usa los paréntesis, la cursiva, etc. Es una novela "metaescrituraria" donde escritor y narrador convergen reflexionando sobre el proceso de creación textual. Ivan Ângelo ofrece no un libro ni una novela, sino un borrador, un bosquejo de una futura posible ficción, una literatura en periodo de gestación.

el férreo control sobre los medios desde que apareció el AI-5. Críticos e historiadores (Süssekind, "Polémicas, retratos e diários" 262; Garcia 82; Dalcastagnè, *Literatura brasileira contemporânea* 49-74) han analizado cómo algunos textos literarios se yerguen como resistencia y han contado cómo algunos oficiales de la censura eran enviados a la redacción de periódicos, radios y televisiones para prohibir la retransmisión de noticias que pudiesen perjudicar al gobierno y controlar las publicaciones. La situación se agravó con el gobierno Médici cuando la censura pasa a manos de la *Polícia Federal* y los propios funcionarios podían ser juzgados si dejaban pasar información comprometida, lo que llevó a prohibir con más ligereza.

Los asuntos más censurados eran los relacionados con torturas, secuestros, derechos humanos, críticas al gobierno, protestas, reivindicaciones y problemas sociales. En la década de vigencia de la AI-5 se cree que alrededor de seiscientas películas, cuatrocientas cincuenta obras de teatro y más de mil letras de canciones fueron prohibidas, los libros eran prohibidos por atentar contra la moral o por considerarlos subversivos. En el caso de *Zero*, su prohibición se llevó a cabo por atentar contra la moral y se acusó al libro de contener "pornografía inmoral", curioso motivo en un libro políticamente subversivo desde la primera hasta la última línea.[61]

El panorama descrito hace que a finales de los sesenta y en la década de los setenta tome auge un nuevo tipo de literatura que críticos como Regina Dalcastagnè (*O espaço da dor* 46) y Flora Süssekind denominan "literatura parajornalística". Süssekind, que considera la narrativa de *Zero* como "jornalismo romanceado" ("Polémicas, retratos e diários" 257), se

---

[61] En 2010, en plena etapa democrática, un Tribunal de Justicia de São Paulo prohibió distribuir el libro *Os cem melhores contos brasileiros do século* (Moriconi 2000) debido al contenido de un cuento de Ignácio de Loyola Brandão titulado *Obscenidades para una dona de casa* (Brandão, *Os melhores contos* 149-55). De acuerdo con el tribunal, el libro se retiró por contener "descrição de atos obscenos, erotismo e referência a incestos", ante este hecho, Ignácio de Loyola Brandão se considera nuevamente censurado. Recuerda esta sentencia al Nuevo Código de Indias sobre los *Libros que se imprimen en materia de indias, y de los que pasan a ellas*, y entre sus leyes, la ley 3 firmada por Carlos IV en 1543 sobre esta materia dice que "No consientan libros obscenos, ni fabulosos, con lo que demás se expresa" (Muro 375). Llama la atención comprobar que 470 años después se sigan censurando libros por el mismo motivo en Brasil. Para más información, remito al sitio web: <http://www.livrosepessoas.com/tag/ignacio-de-loyola-brandao/>.

refiere a este periodo de la literatura brasileña con conceptos clave para considerar *Zero* archivalía literaria. Además del concepto de "literatura parajornalística", Süssekind recoge conceptos como el de "literatura-verdade" ("Polémicas, retratos e diários" 256), "romance-reportagem" (Arrigucci 79-80) e incluso "docu-novel", términos que ponen en estrecha relación realidad y ficción. Cuando la censura impide que se cuente la realidad, ésta se vuelve objetivo prioritario para escritores. José Louzeiro, creador y máximo representante del llamado "romance-reportagem" (novela reportaje), es ejemplo de ello con tres títulos que lo consagran como el gran cultivador del género: *Lúcio Flávio/ O passageiro da Agonia*; *Aracelli, meu amor* y *Acusado de homicidio*, trilogía narrada en primera persona en forma de reportaje para difuminar fronteras entre realidad y ficción. En la última de ellas, José Louzeiro avisa en la portada de que "Esta é a história de un repórter de polícia, cujos conflitos interiores o lançaram no caminho da violência e o crime. Qualquer semelhança que possa haver com pessoas vivas ou mortas, é de propósito". No es de extrañar que Louzeiro, como Loyola y tantos escritores de la época, venga del periodismo. Renato Franco señala al periodismo como profesión central en ese periodo y sostiene que: "para consagrar-se, a informação abala e confisca a autoridade daquele que narra" (32). La labor del periodista es contar la realidad con la máxima objetividad posible, aspecto que no se abandona a la hora de escribir "ficción" y, por ello, muchos escritores rechazan considerar ficción lo que escriben. Se puede calificar a estos textos como "no ficción" al estar en el límite entre literatura y reportaje, las fronteras entre ellos se difuminan. Publicada pocos años antes del auge de la literatura paraperiodística en Brasil, un precedente puede ser *In Cold Blood* (1966) de Truman Capote que marcó un hito en su intento de separarse radicalmente de la ficción.

Los periodistas son los primeros en darse cuenta de la merma de libertades que supone la instauración de la censura y trabajan para paliar ese déficit. Crean una literatura de carácter testimonial de la que *Zero* es partícipe y que se afilia en las letras hispánicas con textos como *Operación masacre* (1957) de Rodolfo Walsh o *Un millón de muertos* (1961) de José María Gironella. Refiriéndose, entre otros autores y novelas latinoamericanas, a *Zero*, Rama afirma que:

parecen capaces de una integración más fluida de las formas literarias con la denuncia concreta de situaciones, apuntando por lo común a la represión política. Siendo *libros urgentes*, no aspiran a simplificar sino a realzar la complejidad de la sociedad y sus increíbles grados de distorsión. (483)

Los autores sienten la obligación de publicar lo que ocurre, de evadir al censor, urge dar voz a quienes callan bajo la opresión. Ante la imposibilidad de hacerlo a través del periodismo de información, la literatura se yergue como medio que puede posibilitar ese acto, una ficción que enmascara una brutal realidad.

PROCESO DE CREACIÓN ESCRITURAL DE *ZERO*

> *Cuantas veces escribas, inspecciona tú mismo previamente todas las tablillas: muchas veces se leen más cosas de las que han sido escritas*
>
> Ovidio

El manuscrito de *Zero* está en poder del autor y sin catalogar. El número y la variedad de documentos que compone el archivo es elevado, entre ellos aparecen múltiples recortes de periódico que Loyola tomó como base para algunas partes de la novela. Davi Arrigucci ha señalado la fuerte tendencia a la literatura periodística y documental que hay en Brasil a partir de los setenta, *Zero* se sitúa en esa órbita al presentarse como compilación de documentos hilvanados por una línea narrativa: la historia de José y Rosa. La descripción del manuscrito de *Zero* está por hacer, pero subrayo que éste se presenta como una archivalía. Loyola recogió materiales textuales, radiofónicos y televisivos que luego literaturizó. *Zero* es un libro hecho (de) pedazos que refleja un país fragmentado social e ideológicamente a pesar de la unidad que quería transmitir el gobierno militar, el libro es simbólico de esa unidad si pensamos en él como unidad homogeneizadora de textos. La pluralidad de fragmentos que compone la novela se neutraliza por el formato de libro. La página se desestabiliza en el texto, Loyola opera pegando en ella los trechos que la forman, añadiendo una variedad múltiple de textos que componen la *infraestructura material* de la novela.

El proceso de creación de *Zero* cuestiona ya el libro desde su génesis como material transmisor idóneo de la narración que contiene, la archivalía es un formato que establece una correlación más adecuada entre forma y contenido, un correlación de la que nos habla la génesis textual. El análisis de los manuscritos originales de novelas impresas en libros evidencia que la obra artística no nace de la nada y que hay una importante memoria textual, hecho a menudo olvidado en el análisis filológico de manuscritos literarios contemporáneos. Al tener en cuenta este primer estadio de génesis, las lecturas y las conclusiones difieren en gran medida del análisis que las excluye. Salles apunta que la labor del investigador que trabaja con manuscritos se asemeja a la del historiador o el arqueólogo que intenta reconstruir la historia de una creación (*Crítica genética. Fundamentos* 28). La descripción del proceso de génesis saca a la luz el sistema responsable que genera dicha obra.[62] La biografía de la página web oficial de Loyola da cuenta de la gestación de *Zero* desvelando el punto de partida de un texto, imposible de determinar en muchos casos:[63]

> Desde 1960 Ignácio tinha na cabeça uma ideia surgida de um conto —sobre um grupo de amigos que vai a uma vila em busca de um garoto que teria música na barriga— escrito para uma antologia de histórias urbanas organizada por Plínio Marcos [...]. Escreveu, depois, diversas novelas paralelas a ela, ao mesmo tempo em que coleccionava recortes de jornais, prospectos e anúncios. Com isso, reuniu material que lhe permitia ter um retrato sem retoques do homem comum, vivendo numa cidade violenta e num clima ditatorial. Em 1974, escreve o romance, com 800 páginas iniciais, sob o título *A inauguração da morte*. Feita a primeira revisão são cortadas 150 páginas. Entrega então o texto ao amigo e escritor Jorge de Andrade, que sugeriu novos cortes —acatados pelo autor. Jorge comenta o romance com Luciana Stegagno Picchio, que lecionava Literaturas Portuguesa e Brasileira na Universidade de Roma. Luciana se interessa pelo texto já com o título de *Zero* e, após de lê-lo encaminha o livro para a editora Feltrinelli, de Milão. (*Eu por mim mesmo*)[64]

---
[62] Cecilia Almeida Salles desarrolla por extenso cuál es el campo que abarca la crítica genética y su propósito (*Crítica genética. Fundamentos* 25-81).
[63] Loyola aporta información en *Parte do embrião do romance* de la edición conmemorativa del 35 aniversario de *Zero* (*Zero* 20-23).
[64] Erilde Melillo Reali elaboró estudios fundamentales sobre *Zero* donde avanza interesantes tentativas para estructurar de forma temática el texto (*O duplo signo* 9-28).

Zero se publicó por primera vez en Italia en 1974 con traducción de Antonio Tabucchi. Un primer dato importante es que había un manuscrito "acabado", *A inauguração da morte*, previo a *Zero*. Los materiales pre-textuales dan idea fiel de las preocupaciones sociopolíticas del escritor, muchos de ellos nunca fueron publicados. La crítica genética valora la importancia de esos papeles dentro del proceso escriturario del texto desvelando el proyecto creador de la novela. Por otra parte, como en el caso de *Água viva*, se descubre que se operó una importante reducción textual antes de ser publicado. Loyola almacena información durante años y trabaja con materiales que conseguía en la calle, son materiales prerredaccionales significativos que forman parte del proceso de gestación no redaccional de *Zero* y que se erigen, *a posteriori*, en materiales paratextuales. Un proceso de recogida de información y un proceso de elaboración escriturario que se desarrollan en paralelo. Loyola recopila materiales en la calle para hacerse eco del acontecer diario y de la cotidianidad de la vida en el Brasil de aquellos años. Esos materiales, pasados por el filtro literario, hacen de *Zero* una archivalía literaria. Los recortes de periódicos, prospectos y anuncios son documentos en sentido pleno, un embrión textual que preestructura la novela con lógica relevancia para el análisis del texto editado.[65] Almeida Salles sostiene que los documentos "desempenham dois papéis ao longo do processo criador: armazenamento e experimentação" (*Crítica genética. Fundamentos* 39) y añade que:

> O artista encontra os mais diversos meios de armazenar informações, que atuam como auxiliares no percurso de concretização da obra e nutrem o artista e a obra em criação. Quero enfatizar que o ato de armazenar é geral, está sempre presente nos documentos em processo. (*Crítica genética. Fundamentos* 39)

Documentos que, si *ab initio* son recogidos ajenos a su futura reutilización por parte del autor, suponen ya un yacimiento arqueológico sobre el que teorizar, pues son un primer esbozo pretextual que forma parte de la elaboración escritural.

---

[65] Salles (*Redes* 85) trata brevemente del uso del periódico por parte de algunos escritores como base o inspiración para sus textos.

Fernando Jorge (167-213) señala cómo una columna de periódico pasa a ser documento histórico al dejar constancia de la represión, torturas y asesinatos que sufrieron los periodistas brasileños en la etapa militar. El cambio de género textual hará, en *Zero*, que esos documentos de la cotidianeidad que Loyola recoge pasen al terreno de la literatura. Janete Gaspar Machado sugiere que *Zero*:

> é o depositário dos achados de violência, negações, ausências, mutilações que definem o panorama cultural do país. Leva ao extremo as artimanhas innovadoras da apresentação formal. E leva ao extremo o vínculo fiel entre literatura e momento presente. (48)

La novela se presenta como repositorio de imágenes y textos coleccionados durante una década por Loyola, que aparece como coleccionista al guardar todos esos recortes. Para Walter Benjamin "la pasión del coleccionista colinda con un caos de recuerdos" (*Desempacando mi biblioteca* 14), Benjamin teorizó sobre el acto de coleccionar afirmando que el desorden debe regir la colección pues la llegada del recuerdo es azarosa y señala que "si existe una contraparte a la confusión de una biblioteca, es el orden de su catálogo" (*Desempacando mi biblioteca* 14), la carencia de orden es rasgo identitario en la archivalía que supone *Zero*.

El estudio de los manuscritos no se desliga de su contexto histórico social, muy al contrario el análisis de la génesis textual desvela problemas de índole política como el de la censura y el posicionamiento del escritor hacia ella. Los documentos pretextuales evidencian la preocupación de Loyola con la situación sociopolítica de Brasil. Varios documentos redaccionales escritos en español muestran que a Loyola le preocupaba la situación política que se vivía en toda América, pues también Argentina y Chile estaban bajo férreas dictaduras a mitad de los setenta.

No es sencillo dilucidar qué artículos del archivo se incorporaron a *Zero*. La información más comprometida —cartas que denuncian abusos físicos, torturas o movimientos de oposición al gobierno— fue destruida por Loyola para no comprometer a los firmantes. Eran los años duros de la dictadura y cualquier tipo de opinión discordante tenía fuertes represalias. Las cartas de denunciantes que llegaban a la redacción del periódico donde trabajaba Loyola nunca se publicaron por miedo

(Climent, "Censura, literatura e cinema"), pero él decidió dar voz a esos textos pasándolos por el filtro de la literatura y por el velo de la ficción en *Zero*. La variedad de materiales usados para la composición de las primeras obras de Ignácio de Loyola Brandão dificulta y enriquece al mismo tiempo la tarea del geneticista. Urge una clasificación cronológica y tipológica del material pretextual, prerredaccional y redaccional, para una futura digitalización del archivo. El manuscrito de *Zero* es el más rico de todos los tratados en este estudio, la cantidad de información y el número de documentos que lo componen es inmensa. Me refiero a documento como "'escrito en el que constan datos fidedignos o susceptibles de ser empleados como tales para probar algo'" (*DRAE*). En *Zero* hay recortes de periódicos, folletos del ejército, publicidad repartida en la calle, dibujos, diseños variados, material hológrado muy diverso, etc. Son documentos de los años de la dictadura que reflejan aspectos de la época denunciando con ironía un sistema burocratizado en exceso para ejercer control sobre la población:

> (Seleção: papéis assinados, questionários, testes com quadrinhos, situação financeira, religião, política, atestado de idoneidade, atestado de residência, ideológico, carteira de trabalho, quatro pessoas testemunhando, ? 'por que o senhor quer comprar uma casa', 'o que acha da Cooperativa Residencial do governo', 'qual sua idade, estado civil, nacionalidade, cor (declarar: preto ou branco; mulatos, pardos e congêneres pertencem a cor preta) atestado de eleitor, vacinas, atestados médicos'. (*Zero* 140)

También Antonio Callado contruyó su *Reflexos do baile* con cartas, diarios e informes. Los sistemas con excesiva burocracia crean numerosos documentos, esto se refleja en la novela como denuncia del poder de la burocracia sobre las personas (*Zero* 121, 126-27). Roger Chartier (*Cultura escrita* 26) se ha referido al poder de la escritura administrativa como forma de control y vigilancia de la vida cotidiana de los ciudadanos. *Zero*, documento de documentos, informa sobre un gobierno que, mediante el burócrata, controla a la población.

Al oponer escritura y texto, Chartier sostiene que: "El texto transmite en su lectura un orden, una disciplina, una forma de coacción" (*Cultura *escrita* 27), afirmación no aplicable al caso de *Zero*, donde los "mil pedaços" (*Zero* 139, 194) que aparecen en la novela enfrentan la disciplina e implican desorden. El formato de libro impone disciplina al eliminar la libertad del lector de (des)ordenar esos documentos. Para hacerlo, el lector tendrá que revertir el proceso de construcción del libro, recortarlo, hacer pedazos su unidad. El orden textual impuesto en el libro puede leerse como una alegoría de las imposiciones a la sociedad brasileña que anulaba la libertad de la ciudadanía.

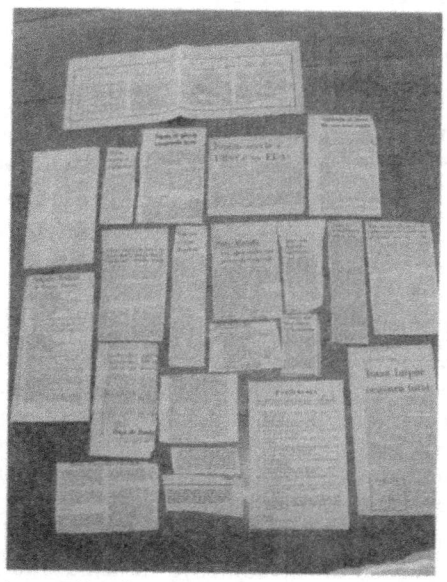

Imagen 17: Material pretextual prerredaccional, artículos periodísticos que inspiraron partes de *Zero*. Archivo privado de Ignácio de Loyola

El desorden de un texto es algo con lo que el escritor debe lidiar en su proceso creativo. Hay abundante material redaccional que muestra a Loyola orientándose en pleno proceso escriturario de *Zero*. Esos papeles están en el archivo e informan de cómo fue fraguándose la novela.

Del manuscrito al libro

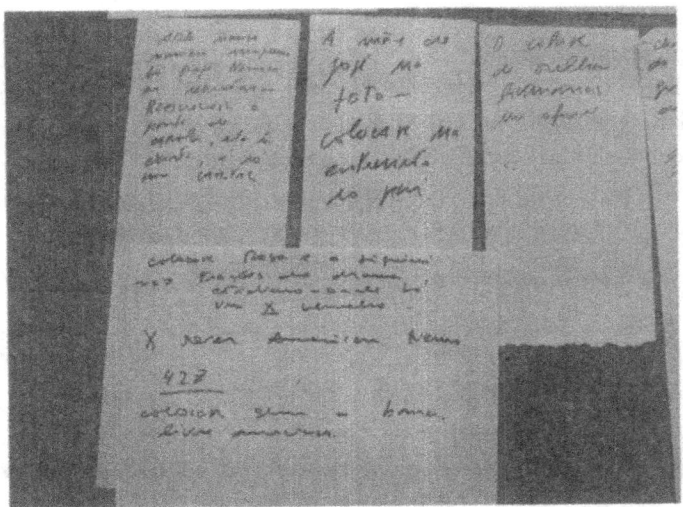

Imagen 18: Material redaccional autógrafo de *Zero*, bolígrafo y rotulador azul sobre papel. Archivo privado de Ignácio de Loyola.

Descripción y análisis del manuscrito

Se analiza en este apartado los materiales pretextuales que dan lugar a la novela y se describe el proceso de recopilación de datos y de escritura del texto. *Zero* tiene un curioso periplo ya que se gestó en Brasil, se publicó en el exilio en Italia, apareció después en Brasil donde se prohibió y, tras las protestas de intelectuales, es liberado en 1979. La vida de *Zero* está estrechamente ligada a la de la dictadura militar brasileña como ninguna otra novela.

En junio de 2010 consulté en São Paulo el archivo que pertenece al autor. Está guardado en una caja grande de cartón marrón dentro de la cual hay una serie numerada de sobres marrones tamaño folio que contienen documentos muy diversos. En esta caja hay otros sobres más pequeños sin numerar y dos cuadernos rojos con anotaciones manuscritas con sendos mapas de Brasil en la contraportada. Los textos de estos cuadernos son hológrafos, en ellos aparecen símbolos y dibujos de letras escritos con diferentes colores, se puede inferir que esos colores corresponden a las distintas tipografías del texto editado. La diversidad tipográfica no se incluye en el texto como una diversificación graciosa de la letra, ofrece al lector la posibilidad de multiplicar lecturas: la forma del signo gráfico es pertinente en la interpretación y no una inclusión caprichosa del escritor. En *Zero* interactúan multitud de textos y, por ello, es necesario que esa realidad plural se exprese gráficamente. La variedad tipográfica permite establecer redes mentales entre textos que comparten la misma tipografía, haciendo posible lecturas no lineales al vincular tipos de letra, esa diversidad vigoriza la dinámica textual de *Zero*, queda todavía por hacer una lectura de la novela desde la historia de la tipografía brasileña (Semerera 1979) que atienda a su diversidad tipográfica y a los posibles matices de esos tipos de letras pues no hay que olvidar el conocimiento de Loyola al respecto. Cualquier lectura en voz alta de *Zero* destruiría el tamaño diferenciado de las letras y su disposición espacial en la página. Para Raphaël Monticelli "los territorios simbólicos que definen el trabajo literario tienen siempre algo que ver con los territorios materiales" (70). En efecto, Loyola rompe la rutina tipográfica para jugar con posibilidades interpretativas y hacer la lectura más sugerente: diferentes cuerpos de letra, minúsculas, mayúsculas, redondillas, cursivas o negritas dan lugar a combinaciones inusuales de los textos creando una *sintaxis tipográfica* (Butor 149-51). Esa variedad tipográfica es parte del lenguaje de los libros al que se ha referido D. F. McKenzie (*Making Meaning* 207).

Los cuadernos rojos mencionados se aproximan bastante al concepto griego de *hupomnémata* (Foucault, *Foucault Reader* 363-65; Edgardo Castro 176-77), especie de cuardenos donde se anotaban reflexiones, frases, pensamientos o relatos y que podían servir como un primer bosquejo para futuros textos. Loyola ha señalado en varias entrevistas que siempre se acompaña de cuadernos pequeños para anotar en cualquier momento, esos cuadernos hológrafos se cuentan por centenares en su archivo personal. Esta afición a ir acompañado de cuadernos la comparte, como veremos en el siguiente capítulo, con Carmen Martín Gaite, ambos escritores continúan con toda una tradición escrituraria milenaria. Elisa Ruiz habla de las llamadas *membranae* que tendrían "la forma de cuadernillo formado por hojas de pergamino [...] y empleado con carácter subsidiario, a modo de nuestro bloc de notas" (*Manual* 105) que, al parecer, pudieron aparecer en el siglo I d.c. y que reflejan que las prácticas escriturarias no han variado tanto como cabría pensar en estos siglos. Sobre los *hupomnémata*, Foucault afirma que: "En ellos uno escribía citas, fragmentos de obras, ejemplos y acciones de las que había sido testigo o de las que había leído, reflexiones y razonamientos que había escuchado o que le venían a la mente" (*Foucault Reader* 364). El concepto de *hupomnémata* es abarcador y podría comprender la mayoría de los cuadernos que Loyola escribe. El étimo de la palabra tiene que ver con Μνημη (recuerdo, memoria) que designa la finalidad del texto, pues cuando la facultad humana de la memoria es insuficiente se recurre a materiales externos para inscribir lo que no queremos olvidar. El acto de escritura se presenta como una aprehensión del recuerdo, pero también como un sucedáneo del pesamiento (Gubern 30), como un apéndice de la memoria: *Zero* impide que lo que fue silenciado durante la dictadura se olvide.

En la caja que contiene el manuscrito de *Zero* se halla la primera compilación de todos esos documentos en un libro de pasta dura marrón, mecanografiado, compuesto de cuatrocientas cuarenta páginas. En la primera de ellas aparece una nota que aclara: "Quarta versão: a definitiva: deste texto saiu a edição brasileira definitiva em julho de 1975" (*Archivo privado de Ignácio Loyola*) y en la página siguiente aparece el título *Zero. Romance pré-histórico*. Este libro, considerado la versión definitiva, está lleno de correcciones hológrafas y añadidos en diferentes colores sobre el mecanografiado, lo que evidencia que se trabajó sobre él. Para clasificar los documentos del manuscrito se divide el proceso en tres etapas:

A- **Documentos pretextuales de *Zero*:** etapa que incluye los documentos pretextuales prerredaccionales y redaccionales que conforman lo que denomino "documentos pre *Zero*". Me refiero a un conjunto de documentos (artículos de periódico, folletos de calle, etc.) que preceden a la fase redaccional, son previos al proceso de textualización. En esta clasificación caben los materiales pretextuales redaccionales, entendidos como "la escritura ya directamente encaminada a textualizar" (Lois 2).

B- ***Zero* editado:** libro publicado.

C- **Documentos paratextuales** creados tras la publicación del texto y que denomino "documentos post *Zero*" como el diccionario para traductores, artículos y columnas de periódico que se hacen eco de la aparición, prohibición y liberación de la novela, etc. Cecilia de Almeida Salles estudió *Não verás país nenhum*, primera novela de Loyola, a cuyo manuscrito dedica bastante espacio en *Redes de criação* (94-118) y en su *Crítica genética y semiótica* (177-78) donde hay similitudes con el manuscrito de *Zero*. Teniendo en cuenta el proceso creativo de cada escritor en varias novelas se podrá esbozar una praxis de la creación escrituraria. En cada uno de los sobres antes mencionados, se escribe con tinta negra de rotulador lo siguiente:

1- Sobre 0: Pré- Zero. Um conto em que se esboçam José e Rosa. Rosa nasceu de Célia. Anos 70/ início. Arqueologia.

2- Sobre 1: Zero 1. Originais. Estiveram perdidos durante anos. Encontrados numa caixa em Araraquara. Trechos retirados do Zero. Arqueologia.

3- Sobre 2: Zero 2. Anotações dos anos 70 para a escritura e a reescritura. Conexões, indicações. E os 2 cadernos vermelhos de estruturas. Arqueologia.

4- Sobre 3: Zero 3. Recortes e folhetos usados em fragmentos de Zero. 2) Roteiro inicial de José. 3) Pequenas notícias. Arqueologia.

5- Sobre 4: Zero 4. Fragmentos escritos em diferentes periodos e depois montados na versão final. Alguns foram excluídos. Arqueologia.

6- Sobre 5: Zero 5. Originais Reencontrados em maio de 1999 em Araraquara / Com trechos eliminados. Sempre primeira versão. Arqueologia.

7- Sobre 6: Zero 6. Desenhos HQ. Cavaleiro Negro. Originais. Arqueologia.

8- Sobre 7: Zero 7. Clima do Brasil e América Latina. Recortes dos anos 60/70.

9- Sobre 8: 8. Desenhos e páginas que fiz para Zero. Anos 70.

10- Sobre 9: 9. Proibição do Zero/ 1976. (*Archivo personal Ignácio Loyola*)
11- Sobre marrón grande sin numerar 1: Anos 60/70. Anotações para *Zero*, estudos, esboços.

12- Sobre marrón grande sin numerar 2: Anotações gerais.

13- Sobre marrón pequeño 1: Anotações que eu ia colocando dentro do original para me guiar.

14- Sobre marrón pequeño 2: Pequenas notícias que me inspiraram fragmentos de Zero. 1970.

15- Cuaderno de desenho vermelho 1: textos en diferentes colores y dibujos con caligrafía de Loyola.

16- Cuaderno de desenho vermelho 2: textos en diferentes colores y dibujos con caligrafía de Loyola.

17- Otros materiales: hojas con las reglas de la censura, dibujos hechos con acuarela negra, diseños de símbolos para la edición, viñetas de cómic que finalmente no se incorporan a la novela, textos mecanografiados en verso y prosa, fotocopias de lemas como: "Visite a nova São Paulo, cidade que humaniza", recortes de periódicos, folletos de comportamiento militar, propaganda política, fotocopias de artículos de revistas, fotografías, dibujos que aparecen en *Zero*, mapas de América del Sur, artículos de numerología sobre el número cero, hojas de libretas escritas con tinta azul y textos mecanografiados corregidos.

18- Zero 19. Dicionário para o tradutor.

19- Zero/ Imprensa. Repercusão da liberação no 79.

20- Trabalho de adaptação ao cinema. Grupo do Daniel e André. En este sobre se encuentra el guión para adaptar la novela al cine, se trata de un cortometraje que hicieron sus hijos de una duración aproximada de diez minutos.

21- Versión final de la novela en formato de libro con correcciones en colores y algunas hojas sueltas.

Estos veintiún puntos ofrecen una organización del contenido y dan cuenta del andamiaje textual de la novela, de su *infraestructura material*. En la mayoría de los sobres aparece la palabra 'arqueologia', cuyo significado tiene implicaciones en la lectura pues la arqueología es el estudio del periodo prehistórico a través de los restos de algo. *Zero* invita a construir su arqueología rastreando en sus cimientos.

De los veintiún puntos señalados anteriormente todos estarían en la "**etapa A**: documentos pretextuales de *Zero*" a excepción de los puntos 10, 18, 19 y 20 que se corresponden con la **etapa C** de "documentos paratextuales de *Zero*", y del número 21 que iría con la **etapa B** de la edición del texto. ¿Qué contienen los puntos 10, 18, 19 y 20? Lo primero que se ha de señalar es que se lidia con materiales textuales que no forman parte de la arqueología de la novela, sino de su repercusión. Contienen artículos sobre la aparición del libro en Italia, su recepción por parte del público italiano, su publicación y repercusión en Brasil, su posterior prohibición en el setenta y seis, el documento firmado por mil cuarenta y seis intelectuales que pedía la liberación de la novela, el material para la adaptación de *Zero* a ballet o el guión para un cortometraje sobre el texto.

El manuscrito de *Zero*, como el texto editado, es un *collage* de orientación centrífuga. En la novela la estructura narrativa es periférica, carente de centro, marginal en cuanto que no es posible jerarquizar el material acumulado. Así, si el libro representa la totalidad impuesta, la variedad de géneros textuales se opone a esa totalidad.

Un caso singular es el del punto número trece en el que se halla lo que Élida Lois denomina como "anotaciones metaescriturarias en las que un autor comenta su propia producción o se da instrucciones a sí mismo ya que pueden funcionar o no como nuevos textos preparatorios" (2). Esta idea sería fundamental para el análisis, desde la materialidad del texto, de novelas como *Yo el Supremo* o *A festa* donde los comentarios metaescriturarios son parte de la ficción. Es curioso que Loyola guardase esas indicaciones orientativas que, además de guiarlo a él, pueden guiar al geneticista en su indagación sobre la *arquitextura* de la novela, pues no pocos escritores se pierden en los laberintos de sus textos.[66]

En cuanto a los materiales prerredaccionales de *Zero*, la descripción anterior pone de manifiesto que el comienzo de una novela no tiene

---

[66] Cito el caso del Premio Nobel de Literatura Camilo José Cela cuyos traductores de *La colmena* al alemán pusieron de manifiesto que el propio autor había confundido sus personajes. Al revisar la obra, el escritor advirtió que, en efecto, había sido así. Corrigió esas confusiones en siguientes ediciones, haciendo constar en nota a pie de página que fue su traductora al alemán quien reparó sobre el error. Este hecho pone de relieve cómo el trabajo del traductor en contacto con escritores lleva, a veces, a modificar textos originales: el proceso escriturario de un texto no acaba siempre con su publicación.

por qué ser el comienzo de su escritura, los materiales pretextuales prerredaccionales son ya un primer germen aunque todavía no se haya escrito una sola línea del texto. La desorganización del manuscrito de *Zero* dificulta poder seguir un orden de narración y, a pesar del formato de libro, la lectura es desorganizada. Nadie mejor que Loyola para explicar su proceso de génesis:

> No caso de *Zero*, ele foi construído a partir de todas as reportagens, todas as notícias, todas as fotografias, todos os ensaios, todos os artigos, todas as caricaturas que foram proibidas de serem veiculadas em jornal entre 1964, quando os militares assumiram o poder, e 1973 quando eu terminei o livro. [...] Em matéria de jornal –eu trabalhava em jornal– eu comecei a colecionar tudo o que era proibido, e um dia depois de muitos meses verifiquei e eu tinha um monte, pilhas de cosas proibidas, eu olhava aquilo e imaginei que isso aí era tudo o que não foi possível o povo saber sobre o Brasil e sobre o mundo nesses anos. [...] Quando eu peguei esse material pensei que era um material que mostrava como se vivia neste país, um material que revelava apenas o lado oculto, é esse lado oculto que eu como escritor quero revelar. Aí passei a trabalhar nas centenas, a verdade eu acho que eram milhares de papéis que eu tinha na mão; passei a selecionar, os que selecionei eu reescrevi literariamente. (Climent, "Censura, literatura e cinema")

"Colecionar tudo o que era proibido", Loyola es consciente de tener entre manos una parte silenciada de la historia de Brasil a la que quiere dar voz mediante los cientos de papeles que colecciona, esa archivalía es germen de *Zero*. Los materiales textuales de los que se valió tienen importancia capital para hablar de archivalía: reportajes, noticias, fotografías, ensayos, artículos, caricaturas. Cuando en la cita anterior Loyola habla de 'pilhas' o miles de papeles acumulados, se refiere a gran cantidad de documentos perdidos, algunos sobres señalan –véase el punto número dos de la descripción– cómo el escritor ha ido recuperando poco a poco parte de estos documentos.

Loyola literaturiza los papeles que recoge de la calle, de la redacción del periódico donde trabajaba y de los medios de comunicación. Los documentos recopilados en la redacción de *Última Hora* eran una información censurada y prohibida de ver la luz. Loyola es un compilador pues reúne en un único repositorio partes, extractos o materias de otros documentos. Esta consideración lo señala como observador atento de la realidad que lo circunda, pues si la calle le permite observar una realidad oficial –admitida y consentida por el régimen–, su trabajo como periodista le da acceso a una información relegada por la censura a los cajones del olvido: *Zero* rescata esa voz usurpada. Loyola logra que esos papeles prohibidos salgan de nuevo a la calle, devolviendo así al pueblo su voz: *Zero* es un mosaico de papeles, una sucesión de *flashes* de la realidad social brasileña entre 1964 y 1974. Loyola sabía que sólo mediante una ficción aparente era posible mostrar un material destinado a la hoguera y tuvo el valor de llevarlo a la imprenta. El término acuñado por Süssekind de "literatura parajornalística" se adecúa muy bien a la novela, se sigue un proceso periodístico de captación y tratamiento de información textual, oral, visual o gráfica que usará para elaborar *Zero*.

La anterior cita ratifica mi hipótesis de considerar la novela como archivalía. Lo que Loyola, usa como base para la construcción de la novela es un archivo *sui géneris* de textos recogidos de la calle, algunos prohibidos por la censura: esta variedad de papeles es la esencia de *Zero* y desmiente que el material transmisor idóneo sea el libro. Otros escritores como Clarice Lispector o Rubem Fonseca también cuestionan desde sus

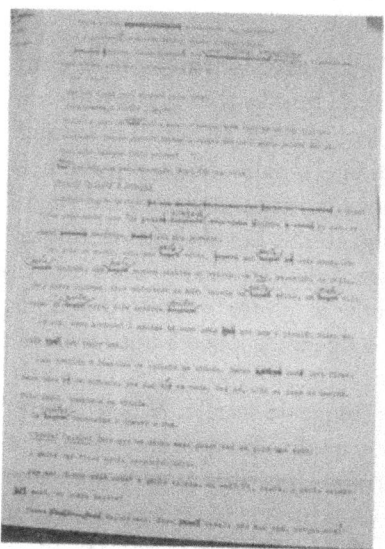 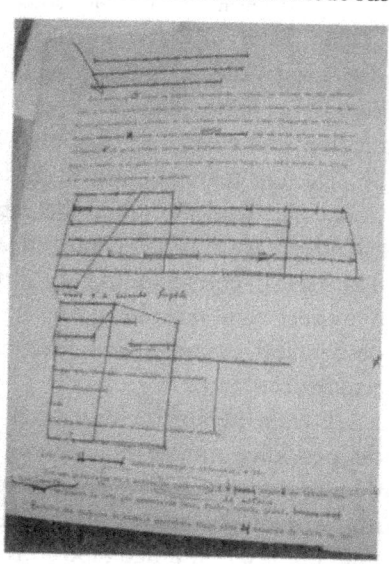

Imagen 19 y 20: Material redaccional mecanografiado con correcciones en rotulador rojo y azul. Archivo privado de Ignácio de Loyola.

ficciones que el libro sea el formato apropiado para materializarlas. Así, por ejemplo, en *O caso Morel* de Fonseca se afirma que: "Não era um livro, apenas uma pequena biografia mal escrita" (181), este texto ofrece varias posibilidades de lectura por sus artificios narrativos. No todas las narraciones tienen que transmitirse mediante el homogeneizante formato de libro.

Concluyo subrayando la importancia de trabajar con manuscritos literarios en el siglo XX para hacer una lectura abarcadora del texto sin desvincularlo de su proceso de creación. Urge que las instituciones culturales inviertan recursos para que los archivos se cataloguen, digitalicen y puedan llegar a un mayor número de investigadores.

En estos originales de *Zero* sorprende la cantidad de correcciones autógrafas, tachaduras en rotulador rojo y subrayados en verde del primer documento, prácticamente la misma descripción se puede hacer del segundo. Este tipo de correcciones en el manuscrito muestra claramente que Loyola es un escritor meticuloso y perfeccionista en su proceso escriturario, de ahí la clara tendencia tachista que encontramos y que revela un procedimiento de escritura muy controlado.

Zero: archivalía literaria de la dictadura militar brasileña. Estructura y orden

> E me veio a ideia de um romance? Zé Celso foi outro que me disse: romance, é isso, monta assim mesmo, desordenado, louco, fragmentado, o Brasil está assim. Não arrume nada, o país vive desorganizado. Para mim estava explodido, dilacerado. Comecei a ordenar o material, ainda que fosse impossível. (Brandão, *Zero* 14)

Comienzo este apartado con las palabras de Loyola, cualquier lector que se acerque al texto y quiera organizarlo ha de saber que está ante una tarea irresoluble. Renato Franco (122) considera *Zero* como el "romance da desestruturação" por excelencia y le otorga una importancia fundamental. Al leer *Zero* se hace necesario distinguir entre orden e *infraestructura material*, ésta toma en consideración la materialidad de los textos incluidos en la ficción. *Zero* no presenta una estructura fija en la que las partes deban permanecer estáticas, su estructura móvil refleja el caos social del Brasil dictatorial, es una estructura subversiva que se enfrenta al formato del libro. Erilde Melillo Reali (*O duplo signo* 47) aleja *Zero* del género narrativo y lo aproxima al movimiento de la poesía concreta atendiendo a factores formales, este acercamiento al concretismo ha sido rechazado con rotundidad por Loyola (Climent 2011). No obstante, creo con Melillo Reali que *Zero* sí tiene rasgos concretistas. Renato Franco sostiene que los juegos con la lengua en el texto son un intento de resistencia "ao processo de desvalorização social da palavra" (126), de ahí la insistencia en trabajar con el lenguaje de televisión y cine, medios basados en la imagen. Loyola afirma sobre *Zero* que:

> Era isso o que eu queria, mas não naquela confusão complexa, incompreensível. Eu queria uma confusão organizada, proposital [...]. Era preciso cortar. Depois, cortar de novo. E então trabalhar cada bloco de texto, porque cada um tinha uma entonação diferente, um agressivo, outro calmo, etc. (Pellegrini 164)

"Una confusión organizada", Loyola parece más un organizador del archivo que su autor. Propongo ver a Loyola como archivero de este 'texto de textos'. Considerarlo como archivista tiene serias implicaciones en el proceso escriturario, pues si Loyola recoge un material que incorpora después a la novela sería, antes que autor, compilador de los textos que la forman: importa pensar en el papel del abundante material pretextual de *Zero*. Benedito Nunes apunta distintas posibilidades de transmitir la ficción de *Zero* cuando afirma que: "O romance problematiza sua própria forma, já não se resolvendo nele, mas fora dele, a espécie de tensão que revela" (65). Para resolver la novela fuera de ella el lector ha de trabajar con ese compendio de textos como hizo el autor. Hablar de estructura fija en *Zero* es arriesgado si entendemos con Carlos Reis que la "estructura ya designa un objeto organizado, ya se utiliza como sinónimo de modelo construido a través de un proceso de abstracción" (89). El concepto de *infraestructura material* propuesto es útil al centrarse en los materiales independientes que, aun estando por debajo de la estructura narrativa, son partes constitutivas de esa estructura, ésta sería fácil de definir atendiendo a los epígrafes en negrita de la novela que cuenta con alrededor de trecientas cuarenta partes de diferente extensión convirtiéndola en un puzle de trecientas cuarenta piezas. Loyola rechaza la novela tradicional porque es un modelo dado, cree en la libertad organizativa del individuo, en el desorden como posibilidad y en la capacidad del lector para aportar órdenes distintos a los impuestos. Para Nancy Baden (101), *Zero* arremete contra el orden social con un estilo posmoderno y es una novela problemática en cuanto al formato.

Zero se opone desde su génesis al orden y la imposición homogeneizante del libro, ofrece al lector textos diversos para que sea activo en su manejo. La novela no es gratuita en cuanto al proceso de lectura, requiere la participación activa del lector, la búsqueda del lector activo es un punto común de Loyola con los narradores del *post-boom*. La cantidad de textos obliga al lector a establecer redes, catalogar informaciones y cuestionar si el orden impuesto por el libro es el acertado, si no podría ser otro: el formato libro presenta una estructura que el lector interroga. Foucault (*Arqueología del saber* 41-42) cuestiona las formas previas de continuidad discursiva invitando al lector a poner en tela de juicio la unidad de conceptos como libro, obra, ciencia y literatura que para él son conceptos excesivamente abarcadores y con tintes imperialistas. Este cuestionamiento es moderado al hablar de la posibilidad de considerar esas nociones como ilusorias e ilegítimas. Foucault sugiere reflexión acerca de la evidencia y la obviedad de esos conceptos e invita a liberar los problemas que plantean sosteniendo que:

> Por más que el libro se dé como un objeto que se tiene bajo la mano, por más que se abarquille en ese pequeño paralelepípedo que lo encierra, su unidad es variable y relativa. No bien se la interroga, pierde su evidencia; no se indica a sí misma, no se construye sino a partir de un campo complejo de discursos. (*Arqueología del saber* 37)

El pensador francés pone el dedo en la llaga al cuestionar esas supuestas obviedades. La evidencia material del libro dificulta cuestionar su formato como único e idóneo para todo tipo de obras narrativas. Sugiero la posibilidad de transmitir ficciones en formatos distintos al libro tradicional al plantear que muchas narraciones pueden ser materializadas de distinta forma. Considero que, en todo caso, el crítico deberá indagar e intentar perfilar la infraestructura material que subyace al libro.

El formato libro plantea en este caso una evidencia problemática, vuelvo a la paradoja del "libro que no lo es". Si se tiene la certeza de que lo que se lee es un libro, parece paradójico explicar al lector ese *sí pero no*, que en apariencia sí es un libro pero que el andamiaje que sostiene esa estructura es diverso, plural y móvil: la infraestructura material de *Zero* cuestiona el formato libro. Un ejemplo aclaratorio en el campo pictórico es el famoso cuadro *Ceci n'est pas une pipe* (1929) de René Magritte que funciona como un trampantojo donde a pesar de que lo que se ve en el cuadro es una pipa, la realidad es que no es sino la representación de ésta: "una pipa que no lo es". Desde esa lógica, cabe pensar que algunas ficciones funcionan como el texto –"*Ceci n'est pas une pipe*"– contenido en el cuadro de Magritte al emerger de ellas la idea de que lo que tenemos entre manos no es un libro. La narración no tiene por qué apoyarse siempre en ese formato, hay varias alternativas para ello. Pocos editores han llegado a esa conclusión, quizás por imperativos de mercado: ¿es posible vender *Zero* como un montón de documentos sueltos?

Walter Ong, Tanselle y McKenzie se han preocupado por la forma en que se vehicula la narración y la homogeneización en la que se presenta a los lectores. Pienso con ellos que la forma material de los textos determina en gran medida cómo el lector se relaciona con ellos, y que esa relación es pertinente para la lectura: forma y formato sí importan. Extrapolando esta idea a la pintura, me pregunto si alguien se extrañaría de que un cuadro –subrayo la palabra cuadro: cuadrado– tuviese forma poliédrica, triangular, circular u octogonal.[67] ¿Por qué transmitir siempre las narraciones en formato códice? El libro tradicional comienza a pasar a un segundo plano pero, curiosamente, vivimos una emergencia del libro objeto relacionada con el *book art* o "libro de artista" que experimenta con todas las posibilidades de transformación del libro como artefacto creativo y objeto de lectura, aporta nuevos formatos al lector y enriquece el proceso de recepción de la obra literaria al incorporar la idea del texto como objeto lúdico.[68] Si *Zero* es una pila de documentos interrelacionados que forman una ficción, por qué no ofrecerlos tal cual al lector. Los trecientos cuarenta documentos forman una archivalía literaria, formato que más se ajusta a la narración propuesta.

Se señalan a continuación los subapartados que comprenden la infraestructura material de la novela para sugerir una organización de los textos que componen *Zero*. Sin ser exhaustivo, destaco veintiún puntos para un orden posible:

Notas al pie: 106	Dibujos y diseños: 20	Cuadrados con texto: 19
Márgenes: 14	Libre asociación: 12	Pensamiento del día: 11
Medios de comunicación: 11	Hora oficial: 9	Visiones: 8
Titulares en inglés: 7	Jaculatorias: 5	Hogar: 5
Adiós, adiós: 5	Inscrición de retrete: 4	Memoria afectiva: 4
Usos y costumbres: 3	Diversión: 3	El desmayo: 2
"O que é que é": 2	Bombardeo: 2	Mapas: 1

Estas repeticiones cohesionan la novela estableciendo relaciones entre las partes. La variedad tipográfica que presentan estos textos es un

---

[67] Informa Corominas: "Cuadro, 'cuadrado o rectángulo' (aplicado especialmente a las obras de arte pintadas)" (176).
[68] La bibliografía reciente sobre el libro de artista es extensa, la mayoría de estos estudios se centran en el libro-objeto y tienen como base teórica la materialidad del texto. Sobre los libros de artista en el ámbito brasileño sobresale, entre otros, *A página violada* (2001) de Paulo Silveira. Para el interesado en el *book art* se puede visitar *The Center for Book Arts* de Nueva York dedicado a este asunto. Su página web: <http://www.centerforbookarts.org/>. Para más información sobre las bases lúdicas de la formación humana remito a *Homo ludens* (1972) de Johan Huizinga.

197

claro criterio de cohesión narrativa que permite relacionarlos por sus características visuales, ofreciendo al lector distintos recorridos de lecturas y enfatizando la ruptura de la linealidad narrativa. Así, se ayuda al lector a construir redes en su lectura y al creador a proponer conexiones entre los diferentes fragmentos que componen la novela.[69] Receptor y creador establecen interacciones entre esos papeles para llegar a conclusiones razonadas. Trabajar con la crítica genética y la materialidad del texto permite llegar hasta yacimientos textuales heteróclitos y recuperarlos para aportar nuevas lecturas.

Una archivalía bajo el velo de la literatura

Contextualizada la época y analizado el manuscrito de *Zero*, se argumenta ahora por qué considero que el formato más apropiado para vehicular esta ficción es el de archivalía literaria y no el de libro. Los estudios de Branka M. Tanodi de Chiapero, experta en archivística, esbozan una clara definición de este concepto. La cita es insoslayable para cimentar mi posterior análisis, Chiapero distingue entre archivo y archivalía de la siguiente forma:

> algunos autores consideran al archivo como un 'conjunto de documentos' [...] También encontramos: 'conjunto de documentos acumulados', y 'documentos públicos y particulares'. Otros autores amplían un poco más, ya sean papeles, volúmenes, registros, dibujos, estampas, fotografías, micrográficos o audiovisuales, y también se los denomina: 'conjunto del patrimonio documental, sin consideración de fecha, naturaleza o estado jurídico de la documentación' [...] Todo esto y más aún está englobado en el término 'archivalía'. Este término, que cada vez se utiliza con mayor frecuencia en los países de América Latina para denominar al material de archivo, fue introducido al lenguaje archivístico por Manuel Carrera Stampa, de México. Se refiere a 'todo material escrito, gráfico (dibujos, mapas, planos) multigrafiado, reprógrafo, sonoro, audiovisual (películas), proveniente de una entidad, producido o recibido en función de sus actividades o en general relacionado con su vida administrativa, desde el momento en que cumplió la función

---

[69] Importa de nuevo traer a colación el concepto de red en Salles, *Redes* 19-39.

inmediata que originó su creación, y se conserva con fines administrativos, jurídicos y científicos o culturales'. (166)

Las fronteras entre archivo y archivalía se difuminan dependiendo de cómo el especialista aborde el concepto. Teniendo en cuenta la descripción hecha del manuscrito de *Zero* y la cantidad y variedad de documentos que lo integran, no es raro pensar que el formato de libro sea engañoso al presentar al lector un objeto compacto de lectura lineal paginada. *Zero* es, desde su génesis y hasta después de su publicación, una archivalía pasada por el filtro de la literatura debido a la compleja situación política que vivía Brasil en los años setenta.

António Cândido se hace eco de esa pluralidad señalando que: "penso em *Zero* sobretudo como símbolo vivo da liberdade do espírito e dos direitos da inteligência" (Loyola, *Zero* 7), y afirma que la "Generación de la represión", entre cuyos componentes se encuentra Loyola, tenía una fuerte atracción por los "textos indefinidos", refiriéndose a ellos como:

> novelas que parecen reportajes, cuentos que no se distinguen de poemas o crónicas, sembrados de signos y fotomontajes; autobiografías con tonalidad y técnicas de novela; narrativas que son escenas de teatro; textos hechos por yuxtaposición de recortes, documentos, memorias, reflexiones de todo tipo. (Rama 482)

Cândido habla de textos "indefinidos" que aparecen bajo un formato que difumina sus formas. El libro es un repositorio cuyos textos sólo pueden tener la conexión que, mediante redes, establezca el lector, ello tiene que ver con el proceso de génesis textual de *Zero* según cuenta el propio Loyola Brandão:

> O método de trabalho de *Zero* foi completamente diferente dos outros livros [...] Para *Zero* comecei formando um *arquivo de documentos*, de notícias, de publicidade de jornais e revistas, fotos de *out-doors*. Recolhi fotografias. Gravei depoimentos. Saía à rua, anotando descrições, cantos de São Paulo, detalhes curiosos. Copiei letras de música. Percorri privadas, tirando inscrições. Filmei (com uma super 8) ruas e praças e gente. Então dividi os personagens que tinha, colocando-os em pastas, com os nomes deles. A cada dia eu jogava uma coisa dentro da pasta: uma idéia anotada, uma frase ouvida na rua, um sonho, uma visão, uma notícia publicada (ou censurada), um folheto (almanaques,

199

> á-bê-cês, bulas de remédio, panfletos de rua convidando para visitar tal loja, ou consultar madame X que lê a mão), uma foto, uma cópia de um trecho de um livro, uma citação de filme, um santinho, um trecho escrito. Um dia terminei a recolha, esvaziei uma pasta: ali estava o resumo de um homem numa cidade, desde suas contas de luz e gás, aos depósitos bancários, ao cigarro, notas fiscais, pensamentos, visões, ideal. Fui escrevendo, sempre pequenos episódios que eu jogava dentro de uma espécie de pastas numeradas de 1 a 34. Os trechos, curtos, eram jogados arbitrariamente dentro das pastas numeradas. Quando aquele bloco imenso, aquele *arquivo humano*, estava mais ou menos pronto, retirei tudo. Ali estavam as 800 páginas iniciais de *Zero*. Os personagens. A cidade em torno, viva. O país. O mundo. Completamente caótico, desordenado. Era isso que eu queria mas não naquela confusão complexa, incompreensível. Eu queria uma confusão organizada, propositral [...] Era preciso cortar. Depois, cortar de novo. E então trabalhar cada bloco de texto, porque cada um tinha uma entonação diferente, um agressivo, outro calmo, etc. Finalmente, o arranjo de cada frase, as vírgulas, pontos, a eliminação de verbos para certos efeitos, de adjetivos, dos advérbios. (Melillo Reali, *O duplo signo* 30; énfasis mío)

He señalado en cursiva las dos veces que Loyola habla de *Zero* como archivo, el escritor es consciente de que está archivando documentos testimoniales del acontecer diario del país. Loyola, agudo observador de la realidad, se muestra como archivista antes que como escritor, hecho con enormes implicaciones en el proceso de escritura y lectura del texto al cuestionar su autoría. Loyola recicla un material textual previamente escrito que le sirve de fuente de inspiración. El telón de fondo de la novela es la realidad de los años de la dictadura.

Flora Süssekind plantea una cuestión básica en relación a estos documentos: "Como transformar o que é memória recente, livros que mal terminados de fechar, em história?" ("Polémicas, retratos e diários" 255). Las anteriores palabras de Chiapero (168) aportan alguna luz a esa pregunta al afirmar la imposibilidad de establecer un límite temporal para hablar de historicidad y reflexionar sobre cómo el límite de lo histórico está marcado por necesidades y convenciones. Un documento es histórico siempre y cuando refleje con fidelidad una realidad, algo que ocurre en *Zero* de forma recurrente. En *La arqueología del saber* (9), Foucault señala la importancia centrífuga del valor del documento en la historia del conocimiento humano. *Zero* documenta hechos de una época, su manuscrito es prueba fehaciente de ello, comparte rasgos con la literatura paraperiodística y con la llamada literatura-verdad, su objetivo final es retratar una realidad en detalle. Loyola se vale de los papeles que contaron una época y atestiguaban lo que ocurrió. Al preguntar a Loyola qué porcentaje de la novela podría considerarse realidad, el escritor contesta que:

> Cem por cento, não tem ficção dentro de *Zero*. Não tem nada inventado. [...] A parte das torturas foram cartas reais que me vieram da prisão, que chegavam às redações dos jornais e que chegaram na redação da revista *Realidade* onde eu trabalhava. Eu li mais de cem cartas, e escolhi essas que eu publiquei, mudei o nome claro porque era muito complicado. Nada foi inventado, nada. Tudo acontecia e eu transportava, eu não queria fazer um livro inventado. (Climent, "Censura, literatura e cinema")

Sin entrar en el debate sobre cuándo es ficticio un texto (García Landa 252), la afirmación sobre el porcentaje de realidad del texto impresiona: *Zero* se afirma como archivalía desde su génesis. Críticos como Baden (38) muestran su sorpresa al analizar la prosa de Loyola por el uso de materiales pretextuales de diversa índole: titulares, trozos de artículos, canciones, imágenes, etc., fragmentos de vidas, historias que la literatura rescata del olvido. El caso de *Zero* es singular en cuanto que su gestación empieza mucho antes de que haya una sola palabra escrita, los materiales pretextuales expuestos así lo confirman. En referencia a *Zero*, Tânia Pellegrini sostiene que:

> Loyola construiu um texto cuja marca evidente é o seccionamento da continuidade narrativa, visível sobretudo nos recursos gráficos usados na composição. É uma desarmonia intencional, preestabelecida desde quando ele começou a arquivar material para a feitura do romance. (164)

Pellegrini habla de 'texto' y de 'archivar material' evitando referirse a *Zero* como libro. Su descripción resalta la fragmentación radical de la obra y la diversidad textual de esos trechos narrativos destacando la fuerte presencia de los medios de comunicación de masas. El lector se enfrenta a un texto no unificado, muchas de las partes de *Zero* se pueden leer de forma aislada pues son independientes, *flashes* textuales, escrituras autónomas a merced de las redes que el lector establezca. En su análisis de *Zero*, Melillo Reali

(*O duplo signo* 73-77) se refiere a una cultura nacida de los medios de comunicación que en la novela aparece con connotaciones negativas y considera un "bombardeio hetero-dirigido" (76) la cantidad de papeles insertos en la novela. Los medios son una fuente importante de donde Loyola extrae material para plasmar la realidad, el libro contribuye a estructurar la anarquía textual de la novela pero, al mismo tiempo, rompe la esencia desestructurada de *Zero*.

Los medios de comunicación de masas tienen presencia constante en la obra de Brandão. La aparición de la televisión y su influencia es un tema recurrente en Loyola: "Em *Zero*, propagandas são apresentadas como bombas que explodem nos telespectadores" (Bessa 72), llama la atención que se hable de telespectador en lugar de lector. Contar por escrito lo que muestran los medios es documentar lo que ocurre. Ángel Rama (487-88) destaca a Puig y Lispector como narradores influidos por los medios, hay que añadir a Loyola Brandão a ese grupo. Para Rama, esta influencia explica el ensamblaje de materiales disímiles y la ruptura de la continuidad discursiva en la obra de estos autores.

En contacto con el manuscrito de *Zero* pude comprobar cómo el almacenamiento de papeles forma parte del proceso de elaboración de una novela, centenares de papeles por catalogar en el caso de *Zero*. Salles señala cómo el geneticista "manuseia um objeto que se apresenta limitado em seu caráter material e, ao mesmo tempo, ilimitado em sua potencialidade interpretativa" (*Crítica genética. Fundamentos* 56). La interpretación de los textos es ilimitada debido a la cantidad variables a tener en cuenta –tipología documental, lectura, materiales textuales, (des)orden, estructura, proceso de corrección, colores, textos hológrafos, tachaduras, fotografías, dibujos, palimpsestos, recortes, *collage*, artículos, etc.– para su lectura. El geneticista reconoce esos documentos como prolongación del proceso creativo del autor que se lee, se corrige y se comenta (Salles, *Crítica genética. Fundamentos* 109). *Zero* no necesita narrador, es un texto que se construye solo en el sentido de que se limita a presentar elementos recogidos de la realidad. Este "texto que se construye solo" remite al texto histórico en cuanto que texto que no debería estar filtrado por el subjetivismo. En *Zero*, el narrador interviene sólo en los márgenes del relato, pues únicamente aparece en letra pequeña o a pie de página y en raras ocasiones.

La problemática entre historia y ficción ha sido analizada por varios críticos, Barthes considera que "El relato, como forma extensiva a la vez de la Novela y de la Historia, sigue siendo por lo tanto, en general, la elección o expresión de un momento histórico" (*Grado cero* 36). Para él, las fronteras entre ficción y realidad se difuminan. La terminología es confusa en ese sentido, en portugués "estória/história" –como en inglés "story/history"– son conceptos que designan una intencionalidad muy diferente en el relato contado. No existe esta distinción en español donde "historia" abarca ambos conceptos haciendo converger cualquier intencionalidad en un mismo concepto. Según el *Pequeno dicionário brasileiro da língua portuguesa*, la palabra "estória" designa "Narrativa de ficção; exposição romanceada de fatos e episódios, distinta da *História* baseada em documentos (véase *história*)" (Buarque 513). Esta definición da pie a cuestionar que *Zero* sea "estória" *stricto sensu* precisamente por la cantidad de documentos tomados de la realidad de la época que presenta el texto. Pellegrini (174) apunta que ese aspecto documental de *Zero* tiene la intención última de integrar lo histórico en la novela.

Loyola describe *Zero* como "*dossier* documental sobre la salvaje São Paulo de los plúmbeos años 70" (*Quaderni* 7).[70] La ciudad de São Paulo ocupa gran parte del universo narrativo de Loyola y es escenario de muchas de sus novelas. El lector atento podrá conocer cómo el escritor se relaciona con ese espacio a través de sus textos. Brandão describe *Zero* como un texto atractivo "por su prosa rápida, hecha de frases breves, por su invención apocalíptica, paradigmática, montada con técnica cinematográfica donde el *dossier* sin prejuicio del "romanzo-verità" convive con la más detallada meditación sobre el destino del hombre" (*Quaderni* 8).[71] La referencia directa al *romanzo-verità*, o sea, a la novela de

---

[70] Traducción del italiano: "un dossier documentario sull'allucinata San Paolo dei plumbei anni Settanta" (*Quaderni* 7).
[71] Traducción del italiano: "dalla sua prosa rapida, materiata di periodi brevi, dalle sue invenzioni apocalittiche, paradigmatiche, montate con tecnica cinematografica, in cui lo spregiudicato dossier del romanzo-verità convive con la più accorata meditazione sui destini destini dell'uomo" (*Quaderni* 8).

no ficción, a lo que en inglés se denomina *non-fiction novel*, presenta cierta paradoja: ¿se puede hablar de novela sin ficción? Vehicular estos textos en formatos diferentes ayudaría a resolver esa aparente contrariedad. Presentar al lector todos los documentos que componen la novela como una archivalía que respete su autonomía material y dé cuenta de su procedencia sería más apropiado, pues ficción y realidad no están separadas por una frontera divisoria nítida, sino que son procesos que se retroalimentan con límites nebulosos. La archivalía es la esencia de esta novela desde su génesis: ¿por qué no presentar al lector los documentos originales?

Süssekind (*Tal Brasil, qual romance?* 37-38), analizando novelas representativas de las diferentes etapas del naturalismo en Brasil, afirma que todas ellas se dirigen a lo extraliterario para negarse como ficción aunque exigen al lector que las lea como ficción. Süssekind señala así un punto principal, esencial incluso, de la narrativa de la dictadura hablando de una prosa de denuncia inviable por motivos políticos. Plasmar la realidad bajo signo literario pone en juego la ambigüedad y pluralidad de significados como herramientas que eximen al escritor de cualquier responsabilidad ideológica, de ahí la exigencia de que el lector lea lo histórico como ficción. Süssekind apunta la cercanía del lenguaje de estas novelas con el de la información periodística que pretende veracidad, rasgo presente en *Zero* en el diseño de páginas que hacen creer al lector que está ante un periódico y no ante una novela. Según Süssekind, "se o jornal está sob censura rigorosa, cabe à literatura exercer a sua função. Por isso ficção e jornalismo se tornam termos inseparáveis nos anos setenta. Por isso os grandes sucessos editoriais são narrativas factuais e não ficcionais" (*Tal Brasil, qual romance?* 174). Literatura y periodismo convergen durante esta década en Brasil, *Zero* es ejemplo de cómo la narrativa brasileña de esos años tiene pretensión periodística, informativa. Süssekind (*Tal Brasil, qual romance?* 87) sostiene que en los setenta el naturalismo brasileño se apoya en las ciencias de la comunicación y relaciona estrechamente lo literario con la objetividad periodística. En la "novela-reportaje" destacan periodistas como José Louzeiro, João Antônio, Aguinaldo Silva o el propio Loyola. La labor literaria de estos periodistas es una continuación de su profesión donde "Até os assuntos escolhidos [...] são retirados das páginas policiais do jornal. E recebem tratamento semelhante quando convertidos em matéria romanesca. Quebram-se as fronteiras entre jornalismo e ficção. E o que se lê são notícias, informação e não ficção" (Süssekind, *Tal Brasil, qual romance?* 174-75). El manuscrito de *Zero* contiene documentos pretextuales entre los que hay artículos periodísticos que inspiraron partes del texto, y no carecen de importancia las cartas que Loyola recibió en la redacción del periódico denunciando torturas. El escritor aclara que su fuente principal de inspiración es la realidad y, al ser preguntado sobre la inspiración, responde:

> é você apanhar a realidade e colocar no papel, só colocar no papel é descrever, a literatura é mais do que descrever. Tem uma palavra que eu acho muito boa que é "transfigurar", você transfigura essa realidade, põe no papel e isso é a realidade, só que ela é vista literariamente. (Climent, "Censura, literatura e cinema")

La realidad es punto de partida y llegada de la "ficción", la literatura es sólo una transfiguración constante de ella.

El cuestionamiento del diseño tradicional de la página es un rasgo identitario de *Zero*, su forma se asemeja a la del periódico al introducir columnas, cuadros y titulares, rasgos que "contribuem para fornecer ao romance o aspecto típico da imprensa periodística" (Melillo Reali, *O duplo signo* 30). *Zero* es uma novela "paraperiodística" en cuanto a forma y contenido. La salida de los censores de las redacciones de los periódicos en 1978 marca el principio del fin de este tipo de literatura (Süssekind, *Papéis colados* 239). La opinión de Loyola difiere sobre cómo sería más apropiado considerar *Zero*, habla de "livro-documento-ficção" (Vale 13) y de "videoclipe literário" (Climent, "Censura, literatura e cinema"). Se puede pensar en *Zero* como conjunto de fotogramas esperando ser montados. Sin embargo, creo que lo más apropiado, debido a lo expuesto, es considerar *Zero* como archivalía literaria.

¿Por qué es pertinente considerar la novela una archivalía? Este concepto es lo suficientemente abarcador para incluir en él documentos con autonomía material de diversa procedencia que dejan constancia de una realidad histórica. Sobre *Não verás país nenhum*, Loyola afirma que: "yo lo llamo ficción documental, es un libro que he escrito basándome en hechos reales, son cosas que ocurren en Brasil pero contadas como una ficción: esto es un juego, un juego literario, un juego de ilusión" (*Quaderni* 10).[72] La imposibilidad de publicar documentos de carácter histórico no oficialistas debido a la censura hace que Loyola opte por la forma literaria. La archivalía se compone de fragmentos que documentan una realidad mediante una variedad importante de formatos: carteles, publicidad, grafitis, pósteres, jaculatorias, pensamientos, transcripciones radiofónicas y televisivas, de interrogatorios y películas, comics, reportajes, artículos periodísticos, lemas, símbolos, inscripciones en chapas, mapas, folletos, notas, anuncios, lectura de manos, señales y símbolos, dibujos de intestinos y del cuerpo humano, inscripciones manuscritas en retretes públicos, declaraciones, frases del día, informes policiales, informes oficiales, canciones, listas... ¿libro? Todos estos pedazos de realidad componen una narrativa muy fragmentada.

La fragmentación de la novela ha llevado a Malcolm Silverman a encuadrar el texto dentro de lo que denomina "romance de crítica política surrealista" (359-62). Hay evocaciones oníricas y pasajes cercanos a lo surrelista, pero las constantes referencias histórico-sociales hacen que el peso de lo surrealista sea limitado. Silverman señala que "*Zero* dispõe-se a documentar caóticamente como um governo repressivamente autoritário trata os dissidentes, usando os meios familiares de coação para perpetuar o *status quo*" (360). De nuevo aparece ese afán documental por el que sostengo que la archivalía es el formato más apropiado para transmitir *Zero*.

El almacenamiento es una acción importante en el proceso de elaboración de la novela. Loyola guarda lo que considera una narrativa potencial que será el origen y la memoria de *Zero*, esos documentos obligan a sumergirse en la época. *Zero* rememora hechos histórico-políticos que permanecen en el inconsciente colectivo de la sociedad brasileña que vivió la dictadura: recordar lo ocurrido durante esa etapa es un reconocimiento a quienes la padecieron. *Zero*, punto de partida, propone recordar para no repetir errores.

---

[72] Traducción del italiano: que "io lo chiamo di fizione documentaria, è un libro che ho scritto basandomi su fatti reali, sono delle cose che accadono in Brasile però raccontare come una fizione: questo è un gioco, è un gioco letterario, è un gioco d'illusione" (*Quaderni* 10).

El cuestionamiento del libro en *Zero* ha sido puesto de manifiesto por varios críticos. Silverman argumenta que "Quebrando em pedaços a narrativa, Loyola consegue trazer ao jogo temático, não tanto a forma, mas a ausência de forma, o que prova ser uma dimensão adicional que outros romances políticos, tão fraturados como são, não conseguem igualar" (362). Quebrar en pedazos la narrativa tiene una repercusión en la materialidad del texto, supone hacer añicos el libro, esa fragmentación se muestra incompatible con un formato unificador. Salles (*Redes* 18) avanza que la tentativa de sistematizar bajo la forma de libro ciertos procesos creativos puede ser una opción frustrada al llevarla a cabo, así ocurre en *Zero*. La "archivalía" se adecua mejor a la propuesta literaria de Loyola al mantener la autonomía material de los textos. Desde el inicio, sorprende al lector la falta de conexión entre los fragmentos que componen la novela, el concepto de red propone interacción entre ellos mediante dinámicas internas: las posibilidades de lectura de *Zero* son tantas como interconexiones establezca el lector. La inmovilidad de los documentos apilados en la novela pone "em crise o conhecimento do objeto fechado, estático e isolado" (Salles, *Redes* 24). Salles apunta que se "os elementos selecionados já existiam, a inovação está no modo como são colocados juntos" (*Redes* 35). El lector tiene que innovar en su lectura, en su técnica de montaje, a pesar de que el orden impuesto por el libro restringe ese proceso. *Zero* se forja a través de materiales textuales desorganizados que presentan una fragmentación generalizada, el lector habrá de buscar puntos de convergencia entre ellos.

Conclusión

Los datos biográficos aportados en la introducción sobre Ignácio de Loyola Brandão, así como sus declaraciones en diferentes entrevistas, ayudan a comprender *Zero* desde una perspectiva formal y temática. Al señalar los diferentes géneros que Loyola ha cultivado a lo largo de su carrera literaria resalto que estamos ante un escritor de primer orden que merece más atención por parte de la crítica debido a la calidad de su obra.

Me he ocupado del contexto sociopolítico de la novela para apoyar mi tesis última de considerar que el formato material más apropiado para vehicular la propuesta literaria de *Zero* es el de archivalía. Para ello, he repasado lo ocurrido en el Brasil dictatorial desde la llegada de los militares en 1964 hasta la publicación de la novela en 1974. Este contexto ofrece claves interpretativas sin las que difícilmente se podría tener una visión abarcadora del sentido último de *Zero*. En subsiguientes apartados he analizado la génesis y el proceso de creación escriturario del texto describiendo el manuscrito, interesándome por los géneros textuales que componen la novela, recurriendo a la génesis textual para acompañar el camino de producción escritural y mencionando algunos materiales textuales que componen *Zero*. He puesto de manifiesto que hay una pluralidad de géneros textuales que comprende el manuscrito y que el formato de libro solapa. Propongo, por ello, considerar *Zero* una archivalía literaria.

Capítulo 4

El papel de los papeles en *Nubosidad variable* de Carmen Martín Gaite

Introducción

El texto es la práctica del papel
Antoine Compagnon

Este estudio se cierra con el análisis de *Nubosidad variable* (1992) de Carmen Martín Gaite, cuya novelística ha sido objeto de estudios monográficos que abordan tanto el rol de las figuras femeninas en su narrativa (Caballero, *Femenino plural*; Prieto, *Cuatro deudas, No más sexo débil*), como su papel en la sociedad española de posguerra y los cambios sociales que han sufrido en la España democrática (Ciplijauskaité, *Novela femenina, Una tipología*; Rolón-Collazo, *Figuraciones*). Hay lecturas de su obra desde el feminismo (Urbanc, *Novela femenina*) a pesar de que Gaite cuestionó en artículos de opinión que hubiese una escritura femenina e incluso afirmó ser antifeminista (Rolón-Collazo 15).

La perspectiva analítica desde la que me aproximo a *Nubosidad variable* es, como en anteriores capítulos, la de la materialidad del texto y la génesis textual. Sorprende que no haya estudios de esta índole en una escritora que reflexionó como pocas en las letras españolas sobre el proceso de escritura y el papel que el escritor jugaba dentro de él (Martín Gaite, *Tirando del hilo* 77). Martín Gaite creaba de forma peculiar, siempre la acompañaban cuadernos donde anotaba ideas sobre lo que oía y veía en la calle. Esa recopilación de ideas, elaboradas *a posteriori* para incluirlas en el texto, la vincula con los *hupomnémata* (Castro 176-77) aludidos en el capítulo anterior y con Ignácio de Loyola Brandão, quien también suele llevar siempre un cuaderno para escribir. Esta práctica escrituraria compartida parece no declinar en nuestros días, Antonio Muñoz Molina informa de que entre los documentos de su archivo se encuentran "cartas de lectores, de escritores, cuadernos de trabajo, manuscritos, notas de lectura" (Morales). También Roberto Bolaño se decantaba por las libretas y era consciente de la importancia de la génesis textual al guardar todos los papeles; el archivo de Bolaño se compone, entre otros documentos, por "84 libretas y 15 cuadernos-libro" (Geli) de "alta legibilidad caligráfica" (Geli). Estos hechos evidencian que el cuaderno ha sido y es un material escriturario privilegiado como soporte de la escritura de distinguidos autores. Adelanto ya que el manuscrito de *Nubosidad variable* se compone de catorce cuadernos.

En este capítulo, se parte de nuevo del análisis del manuscrito para comprender la estructura y la dinámica interna del texto. Subrayo la importancia de la materialidad del texto como tema principal para mostrar que la escritura funciona como terapia no sólo para las narradoras, Sofía y Mariana, sino también para la autora, Carmen Martín Gaite. Se argumenta en adelante que el libro *codex* no es formato adecuado para vehicular la ficción que contiene *Nubosidad variable*, texto no unívoco sino compuesto por la pluma de dos amanuenses de diferente caligrafía: Sofía y Mariana. Se analiza también cómo la unidad del libro vulnera la libertad textual que propone la ficción. Con ese objetivo, se estudia en profundidad el manuscrito de la novela haciendo referencia a textos ficcionales, ensayísticos y artísticos de Gaite. Entre estos últimos destacan sus *collages*, donde el porcentaje de imágenes y textos recortados y pegados suele ser tan elevado que debe entenderse como un material pretextual *sui géneris*. Es fundamental, para que se entienda el cuestionamiento del formato libresco que propongo, empezar haciendo un análisis del manuscrito desde la crítica genética. Este análisis sienta las bases de argumentos posteriores, pues al atender al proceso escriturario del texto se muestran las variables que baraja la autora en su elaboración. El descarte de posibilidades ayuda a proponer una nueva lectura sobre *Nubosidad variable* que dé cabida a la intensa fragmentación material de la novela.

El capítulo se divide en cuatro apartados. El primero de ellos se ocupa de la descripción del manuscrito, construido como un mosaico de papeles, y de la repercusión de su proceso creativo en el texto. A continuación, se aborda la escritura como tema relevante en la novela y en la vida de las protagonistas y se muestra que la escritura funciona como terapia no sólo para las narradoras sino también para Martín Gaite. En un tercer momento propongo que el resultado de todo este proceso es una *novela de papeles atados*, concepto olvidado por la crítica que rescato de la obra ensayística de Gaite para definir la novela. Por último, se tratan las prácticas lectoras y escriturarias que Gaite comparte con las narradoras para mostrar que Gaite trasvasa las prácticas escriturarias de su realidad como escritora a su ficción. Es decir, a través del estudio de la génesis textual, muestro que Gaite ficcionaliza su proceso de producción textual.

DESCOSIENDO EL LIBRO: GÉNESIS Y DESCRIPCIÓN DEL MANUSCRITO DE *NUBOSIDAD VARIABLE*

Hay un largo camino por recorrer en el campo de la crítica genética. Son escasos los estudios que, desde el geneticismo, se han realizado en el ámbito de la literatura española contemporánea, el difícil acceso a los manuscritos no ayuda a paliar este déficit.[73] El manuscrito de *Nubosidad variable* se encuentra en la Fundación Jorge Guillén, albergada en la Biblioteca de Castilla y León de Valladolid, institución a la que pertenece el archivo de Carmen Martín Gaite.

La experiencia de leer un manuscrito difiere en gran medida a la de leer el texto editado para el mercado. Al consultar el manuscrito de *Nubosidad variable*, los catorce cuadernos que lo componen llaman la atención de manera singular en oposición a la estructura del libro que se presenta al lector. En ellos destaca la cantidad de *collages* que Gaite introduce, hecho insólito entre todos los manuscritos analizados en este estudio. Martín Gaite elaboró el *collage* que aparece en la portada de la primera edición de la novela (Anagrama 1992) y que Kathleen M. Glenn (408) ha descrito en detalle al estudiar su relación paratextual con la novela. En los *collages* es común que Gaite recorte y pegue dibujos o fotos de materiales de escritura como libros, cuadernos, hojas, bolígrafos

---

[73] Un reciente trabajo editado por Bénédicte Vauthier y Jimena Gamba Corradine toma la crítica genética como marco teórico. En él hay artículos sobre manuscritos de autores españoles como Valle-Inclán, Unamuno, Miguel Hernández o Juan Goytosolo entre otros. Por otra parte, interesa el estudio de Javier Blasco que hace un análisis geneticista de algunos manuscritos de los poetas Juan Ramón Jiménez, Francisco Pino y Claudio Rodríguez.

o máquinas de escribir. La autora siempre sintió curiosidad por el proceso de elaboración de sus libros. En *El cuento de nunca acabar* manifiesta que:

> Siempre he deplorado, al cabo de mis diferentes afanes que culminaron en el resultado de un libro nuevo (objeto que, una vez entregado al editor y exhibido en los escaparates, deja de pertenecerme) no haber llevado paralelamente a la labor mediante la cual se iba configurando, un diario donde se diera cuenta de su elaboración, una especie de cuaderno de bitácora para registrar la historia interna de ese texto, de las circunstancias que lo motivaron y de las que lo interrumpieron: en una palabra, de mis relaciones con él. (287-88)

La cita es de enorme significación, pues muestra la importancia y el valor que para Gaite tiene el proceso de elaboración escriturario. La relación del autor con el texto es íntima, el tiempo dedicado a plasmar historias requiere paciencia pues se dedican años e incluso lustros a escribir una novela. El proceso de elaboración textual y la relación física de autor y lector con el texto son estudiadas, respectivamente, por la crítica genética y la materialidad del texto. El procedimiento que Gaite lamenta no haber realizado sí fue llevado a cabo por Ignácio Loyola Brandão con algunos de sus textos.[74] Esa "historia interna del texto" es lo que saca a la luz la crítica genética mediante el estudio del manuscrito.

El manuscrito de la novela consta de catorce cuadernos, Gaite particulariza tanto cada uno que los convierte en piezas únicas, en cuadernos-objeto, haciendo que cada uno de ellos tenga sus peculiaridades distintivas. En los cuadernos se entremezclan notas y apuntes que la autora escribía con finalidades distintas a las de la publicación de la obra. Este análisis se abre resaltando la fragmentariedad de este manuscrito, su división material en catorce cuadernos materialmente independientes unos de otros, hecho que tendrá un eco importante en la infraestructura material de la novela. Tras estudiar en pormenor el manuscrito, hallé algunos fallos de calado en la descripción del inventario aportado por

---

[74] Cecília Almeida Salles ("Crítica genética e semiótica" 177) explica cómo tuvo acceso a un diario que había escrito Ignácio Loyola Brandão en el que había todo tipo de anotaciones verbales y visuales, bocetos, fotos, recortes de periódico, etc. creado en paralelo a su novela *Não verás país nenhum* y que explicaban en pormenor el proceso escriturario del texto, este cuaderno ha sido estudiado por Cecília de Almeida Salles (*Arquivos de criação* 45-75). Esta especie de cuaderno de bitácora es lo que Gaite lamenta no haber llevado a cabo.

la Biblioteca de Castilla y León. No obstante, lo transcribo tal cual para que se tenga una idea aproximada de la magnitud de su fragmentariedad:

12. *Nubosidad variable* (1992).

12.1 Nubosidad variable; Apuntes para uso personal; Usos amorosos de la posguerra española, 1982 – 1992 [81] p., 22'5 x 15'5 cm. "Autógrafo Contiene: 10 p. apuntes personales y guión para realización de una obra. Usos amorosos de la posguerra española: anotaciones".

12.2 Nubosidad variable, 83 h. 28 x 21cm. "Mecanografiado con correcciones autógrafas. Reverso de cada h. en blanco. Portada: collage sobre un cuadro de Dino Valls. Suelto un recorte mecanografiado.

12.3 Nubosidad variable, Junio, 1988, 34-159 29'5 x 20'5 cm. "Autógrafo (con transcripción mecanografiada recortada y pegada en el cuaderno) h.125-159 doble numeración como h. 144-178. Portada con collage sobre cuadro de Manuel Vila".

12.4 Nubosidad variable, Verano 1990 h. 125-143, h. 179-263: il. Col. 28 x 21 cm. Mecanografiado (recortados y pegados en el cuaderno) correcciones autógrafas. Portada con collage. Contiene: cap. 8, 10 y 13.

12.5 Nubosidad variable; prólogo de Cuentos españoles, El Boalo (Madrid), Agosto, 1990, [36] p. 26'5 x 18'7 cm. "Autógrafo (con transcripción mecanografiada y pegada en el cuaderno). Contiene: Nubosidad variable: Cap. 8, 11 y 17. Cuaderno con dibujos de plantas."

12.6 Nubosidad variable; [Necrológica a la muerte de Llardent]; [Notas Premio Príncipe de Asturias] Madrid 1988, 62 p., [19] p. 30 x 21'5 cm. "Autógrafo. Escrito en sentido contrario diversas p. de Nubosidad variable, necrológica a la muerte de José Antonio Llardent, apuntes para el discurso del Premio Príncipe de Asturias. Cuaderno con ilustraciones de Snoopy".

12.7 Nubosidad variable. El Boalo (Madrid), 16/03/1991, [17] h.: fot. Col., 15.4 x 10'5 cm. "Autógrafo. Contiene: Continuación del capítulo 10 "Clave de sombra". Contiene páginas en blanco. Tiene 2 pegatinas de 2 niñas en la cubierta Reverso de cada h. en blanco".

12.8 [Nubosidad variable y otras obras], El Boalo (Madrid), 01/05/1991-03/10/1991, [42] h. 21'5 x 16 cm. "Contiene: 1. Nubosidad variable. Capítulo XII. 2. Apuntes personales 3. prólogo de "Cuentos españoles de antaño" 4.

> Relato a perdigonadas. Capítulo XVI 5. El verano te pasa factura, anotaciones al final del cuaderno escritas al revés. Ilustración por la aut."
>
> 12.9 [Nubosidad variable] 31/03/1991, 29 h.[10] h. 31 x 22 cm. "Autógrafo. Cuaderno de anillas Sam con ilustración en la cubierta de una adolescente. La autora ha recortado y pegado las letras "N" y "V" con dibujos de flores. Hojas 1-2 en blanco, h. 14-18 arrancadas".
>
> 12.10 Nubosidad variable, 30/12/1991, h. 264-351: il.col. 30'7 x 22 cm. "Reverso de cada h. en blanco. Recortables mecanografiados con correcciones a mano. Contiene: Cap. 14 y 16".
>
> 12.11 Nubosidad variable, Puerto de Santa María (Cádiz), Agosto, 1991, [37] h.: il. 31 x 22 cm. "Autógrafo. Reverso de cada h. en blanco. Contiene: Cap. 14, 15 y 16. Breve bibliografía en última página. Portada il. "La iglesia de las cigüeñas".
>
> 12.12 [Nubosidad variable], 29 h. (fol. Var.), 29'5 x 21'5 cm. "Autógrafo y con recortables mecanografiados".
>
> 12.13 Nubosidad variable, Madrid, 1984 – 1992, p.352-397 (pag. var.) [17] h. 31 x 22 cm. "Autógrafo firmado con recortables mecanografiados. Contiene: Cap. 16, epílogo. En sentido contrario: final cap. 12, conclusión del cap. 16".
> 12.14 [Para el prólogo de Felipe Alfau]; [Nubosidad variable]; [Cuentos de hadas victorianos]; 1991, 13 h., [29] h. 31 x 22 cm. "Autógrafo con recortables mecanografiados. Cuentos de hadas victorianos: trad. de Carmen Martín Gaite del original de varios autores".
> (Inventario de *Nubosidad variable. Archivo de Carmen Martín Gaite*)

Enfrentarse a un manuscrito tan divido supone un reto para el investigador pero, por otra parte, esa fragmentariedad es ya significativa y arroja luz para una lectura razonada de la novela en relación al formato transmisor de su ficción. Además, la numeración de los capítulos de los cuadernos no corresponde al orden de la novela, sino a lo que escriben los personajes principales, Mariana y Sofía, cada una por su lado. Evidentemente, el (des)orden del manuscrito es alterado por Gaite para dar una estructura diferente a la novela que alterna los textos de Sofía y Mariana, hecho que no se constata en el manuscrito. Gaite dificulta la estructura intercalando partes de los cuadernos de Sofía con las cartas de Mariana, unos y otros materiales conforman la infraestructura material de la narración. Se da la circunstancia de que en un capítulo puede haber varias cartas o partes de un cuaderno. Estos papeles se presentan al lector pasados a limpio, ya desde su composición un aspecto que impresiona en los cuadernos del manuscrito es la limpieza con la que están escritos y que aleja a Gaite en su rutina escrituraria de la tendencia tachista de otros escritores.

En el manuscrito la técnica de *collage* se aplica incesantemente, es un rasgo que se muestra abiertamente desde el **Cuaderno 1**. Éste está compuesto por hojas manuscritas recortadas que se pegan intercaladas en las páginas del cuaderno, en muchas ocasiones de manera transversal (*Cuaderno 1* 4). Esta práctica es especialmente visible en el **Cuaderno 2** donde hay textos mecanografiados, recortados y pegados en las hojas de las libretas, con correcciones y escritos añadidos con bolígrafo azul. La técnica de recortar y pegar es usada con frecuencia para ordenar textos y no tener que reescribirlos: Gaite convierte literalmente sus cuadernos en palimpsestos, pues al pegar unos textos sobre otros una escritura se sobrepone a otra borrando la escritura primigenia y formando un *collage* textual. Esta técnica toma tintes alegóricos si se piensa la novela como montaje de textos. Los recortes de hojas pegados a modo de *collage* (*Cuaderno 1* 33-35) por Gaite recuerdan al proceso escriturario de Clarice Lispector en *Água viva* y a algunas prácticas de bricolaje de los personajes de Manuel Puig como Toto en *La traición de Rita Hayworth*, Pancho en *Boquitas pintadas* y Gladys en *The Buenos Aires Affair*. Este 'recortar y pegar' es una técnica recurrente dentro del proceso de escritura de varios de los escritores aquí tratados.

En la novela de Gaite, como en la de Lispector, encontramos sólo narradoras, los hombres no cogen la pluma. La escritura parece una labor más propia del espacio femenino: lo diarístico y lo epistolar han sido tradicionalmente asociados a prácticas escriturarias femeninas.[75]

---

[75] La ensayista, novelista y dramaturgo Lourdes Ortiz (Madrid, 1943) ha explorado la condición femenina en gran parte de sus textos desde una perspectiva feminista (Ortiz 21). Tanto Lourdes Ortiz como Gaite presentan narradoras que escriben en primera persona. La introducción del psicoanálisis (Ortiz 25) es también un rasgo común de ambas narradoras, siendo Ortiz, según Ciplijauskaité (*Novela femenina* 107), pionera en la introducción de esta temática en la narrativa española. Cuatro años antes de la publicación de *Nubosidad variable*, Lourdes Ortiz había publicado *Los motivos de Circe* donde seis mujeres de la tradición bíblica toman la palabra

Ya mostré cómo Clarice Lispector reutilizó parte de sus publicaciones en periódicos para elaborar *Água viva*, también se encuentran en los cuadernos de Gaite algunos recortes de periódicos de diversa autoría que sirven como material narrativo (*Cuaderno 1* 38, 58). Para Gaite, la escritura femenina tenía "inclinación hacia lo informe, oral, espontáneo, improvisado" (*Cuaderno 1* 41), llama la atención que Gaite reflexione sobre la idea de *informe*, concepto central en el análisis de *Água viva*.

Para Carmen Martín Gaite el desorden es un rasgo propio de la escritura y de la vida en cuanto que ésta es una constante lucha contra el desorden, la escritura refleja ese hecho. En el manuscrito, la referencia de unos cuadernos a otros es frecuente en un proceso de creación donde el desorden es inherente al texto. La autora pensó con cuidado la estructura del hojaldre textual que compone la novela, pero es complicado adivinar un orden de escritura entre los distintos cuadernos. La estructura fue problemática como indican los variados bosquejos (*Cuaderno 1* 58) y tentativas de elaboración. Este aspecto no sorprende a la luz de unas palabras de Gaite que apuntan que "Escribir es meterse en otro orden de cosas, en un desorden" (*Cuaderno 1* 30).

En la búsqueda interior llevada a cabo por Mariana y Sofía, Gaite apuesta por lo fragmentario evitando la narrativa lineal, aspecto que se evidencia desde la propia división interna del manuscrito. A pesar de su unidad material, el *Cuaderno 1* contiene diversos textos, Gaite escribe tanto por el principio como por el final del bloc, lo que llevaría a esas escrituras a encontrarse en su desarrollo debido a las limitaciones materiales del cuaderno, con cuyas posibilidades juega la autora. La materialidad del texto es un tema principal en la narrativa gaitiana y, desde una perspectiva más general, también la cultura material está presente de manera notable en toda su narrativa, en la que la reflexión sobre los materiales de escritura es patente. Gaite tiene especial interés en objetos como los espejos, así lo muestran las anotaciones marginales de algunos cuadernos del archivo (*Cuaderno 1* 4). Esos detalles que aporta el estudio

---

para contar su historia en primera persona y con voz propia. La narrativa propuesta por Gaite en *Nubosidad variable* establece un vínculo con la de Ortiz ya que Gaite no sólo da la palabra a sus protagonistas sino que las sienta a escribir y las pone a manejar los materiales de escritura que considera más apropiados para hacer llegar sus mensajes.

del proceso escriturario señalan preocupaciones de los escritores que enriquecen la interpretación literaria. Gaite estuvo muy interesada en el espejo como instrumento narrativo (Sobejano, "Funciones textuales del espejo"), en la novela este objeto aparece por doquier (*Nubosidad* 31, 89, 257). La cita de Natalia Ginzburg que abre la novela se refiere al espejo: "Cuando he escrito novelas, siempre he tenido la sensación de encontrarme en las manos con añicos de espejo, y sin embargo conservaba la esperanza de acabar por recomponer el espejo entero" (*Nubosidad* 9). Esta reflexión de Ginzburg había sido analizada por Gaite en *Trascender lo cotidiano* (*Tirando* 431) poco antes de que *Nubosidad variable* viese la luz. La cita de Ginzburg, escritora predilecta de Gaite, subraya la fragmentariedad del texto literario:

> La escritura femenina alude a un mundo fragmentario y mezclado que, según metáfora de Natalia Ginzburg, nunca podrá quedar reflejado en un espejo de cuerpo entero, sino en añicos de espejos rotos, un mundo de vislumbres en cada uno de los cuales ya está la esencia de otra cosa, cortes laterales en una realidad que se nos hurta. (*Tirando* 431)

Clarice Lispector también se interesó por el espejo, la referencia explícita de Gaite a *Perto do coração selvagem* en el *Cuaderno 1* (28) del manuscrito muestra que Gaite leyó en profundidad a la escritora brasileña. De hecho, *Irse de casa* (1998) se abre con una cita de *Felicidade clandestina* (1998), cuento donde los libros y las prácticas lectoras tienen un papel principal. Pero no sólo eso, hay evidencias en el *Cuaderno 1* de que Gaite lee crítica sobre Lispector por las referencias a *Um sopro de vida* y a Olga Borelli. A Gaite le interesa en específico la cuestión de la identidad, el desdoblamiento y la fragmentariedad en Lispector llegando a reproducir citas de sus libros en los cuadernos.[76] El espejo aparece en la novela (*Nubosidad* 89, 103) con asiduidad. El **Cuaderno 1** es de enorme

---

[76] Gaite era amante de la literatura en portugués, las referencias a escritores y obras lusas aparecen por doquier en su obra de ficción y ensayo. El conocimiento que Gaite tenía de la cultura lusófona es amplio (*Agua pasada* 55, 138, 285, 373), vivió y estudió en Coimbra y tradujo alguna obra del portugués al español. Publicó *Cartas de amor de la monja portuguesa Mariana Alcoforado* (2000) y estuvo interesada en la obra de Gil Vicente. Katica Urbanc sostiene que el nombre de Mariana, protagonista de *Nubosidad variable*, es un homenaje a Mariana Alcoforado (77).

importancia para conocer gustos, influencias e ideas de Gaite sobre el hecho literario.

En el **Cuaderno 2** continúa la técnica de textos mecanografiados, recortados y pegados, una práctica de *collage* que se impone en el cuaderno. El *collage* es una composición pictórica que usa materiales de diversa procedencia para formar un todo, se puede hablar de estructura-*collage* para estos cuadernos. Sofía da pistas para considerar la estructura de la novela como *collage*: "Con eso [apuntes tomados dentro de una novela], algunas cartas viejas y trozos del diario de mi viaje a Inglaterra, se puede hacer un *collage* que me ayude a enterarme un poco mejor de lo que significó Guillermo para mí." (*Nubosidad* 126). Biruté Ciplijauskaité sostiene que "En la obra de Martín Gaite todo suele estar ligado aun cuando se presenta como un collage de fragmentos dispersos: el individuo, la familia, el contexto histórico-social" (380). En efecto, la mayoría de las novelas de Gaite, incluso aquellas de tono más intimista, suelen dar una idea bastante completa de la posición del personaje en la sociedad, siendo éste una pieza más en ese *collage*.

El **Cuaderno 3** mantiene esa misma tónica de creación. En estos materiales redaccionales las dos narradoras comparten un registro parecido. En el proceso escriturario del texto no hay diferenciación entre la escritura de Sofía y Mariana, ambas utilizan un registro culto urbano no exento de coloquialismos y expresiones familiares que personalizan su discurso y la complicidad entre ellas. Las amigas comparten un lenguaje y expresiones cuyo significado sólo ellas y el lector conocen, subrayando el hecho de que estuvieron muy unidas en el pasado. En el proceso de elaboración del texto se ve cómo Gaite lima expresiones de especial significación para las narradoras que crean un clima de confidencialidad. Sofía funciona como *alter ego* de Gaite, afirma que: "a mí, el desorden, en principio, no me desagrada. Son huellas de vida" (*Nubosidad* 73), más adelante se verá que Gaite resalta el desorden como virtud de sus famosos *cuadernos de todo*.

Entre las prácticas escriturarias de los cuadernos que forman el archivo, una de las que más llama la atención fue la que encontré en el **Cuaderno 4**. En varias de sus páginas (182, 183, 185, 186, 187, 188) se encuentra literalmente un palimpsesto: recortes mecanografiados pegados sobre páginas escritas a mano, el texto hológrafo se deja leer con dificultad bajo las líneas mecanografiadas de otros capítulos, lo que complica aún más la tentativa de dar un posible orden al proceso de escritura de la novela. Pegar papeles sobre los escritos es una forma de borrar una escritura previa, parece que el texto mecanografiado sobrepuesto es el mismo que hay debajo, al menos en la página ciento ochenta y cinco del *Cuaderno 4*. Esta reelaboración sugiere dificultad en la creación de ciertos capítulos, en este caso el capítulo X de *Nubosidad variable*. Gaite no escribía a máquina, tenía una secretaria de confianza encargada de esa tarea –situación parecida a la que ocurría entre Clarice Lispector y Olga Borelli. Gaite, después, recortaba esos textos y los pegaba en sus cuadernos, se constata un proceso de creación textual bastante peculiar y metódico.

Atendiendo a la materialidad del texto, el lector, antes de enfrentarse a la lectura, debería poder reconocer a simple vista cartas y cuadernos por sus características materiales. El formato de libro, no obstante, no respeta la autonomía material de esos papeles, por lo que resulta en un formato fallido para la diversidad textual que compone la novela, materiales autónomos unos de otros. En el proceso de génesis de *Nubosidad variable* esos textos se presentan desordenados y así se refleja en la ficción que requiere un lector activo. Por el contrario, el libro los cose y los pega restándoles movilidad al ordenarlos automáticamente, al paginarlos. De la ficción se infiere que las cartas de Mariana se escriben en hojas sueltas y que los cuadernos de Sofía tienen independencia material entre sí. La numeración del manuscrito delata que la idea de intercalar los escritos de las protagonistas fue concebida por Gaite desde un primer momento, pues ya el original obliga al salto de unos cuadernos a otros, la prefiguración no consecutiva de los capítulos ya se halla en esa preestructura.

El **Cuaderno 5** confirma la técnica escrituraria que vengo describiendo hasta ahora, en este cuaderno el texto de puño y letra de Gaite prevalece sobre el mecanografiado y tiene menos recortes comparado con otros.

En el **Cuaderno 6** se pone de manifiesto el interés de Gaite por el concepto de memoria. La importancia de la memoria –el último capítulo se titula *Persistencia de la memoria* en referencia al cuadro de Salvador

Dalí– es evidente, gran parte de la narración es un *flashback* de la vida de las protagonistas.[77] Éste es un cuaderno de reflexión con notas escritas a mano sobre la escritura que se lleva a cabo, hay ideas y esquemas generales sobre la estructura y el estilo que Gaite busca. Hallamos aquí a una Gaite sumida de lleno en su proceso creativo.

El **Cuaderno 7** es peculiar, hay textos hológrafos escritos con tinta azul. Esta libreta tiene la originalidad de que sólo se escribe por una parte la hoja derecha del cuaderno, quedando el reverso –hoja izquierda al abrir el cuaderno– en blanco para que la escritora pueda corregir o elaborar partes, es ésta una técnica muy usada en el proceso de elaboración. Estudiar el manuscrito desvela técnicas que muestran a una Gaite muy curtida en su oficio de escritora, consciente de los nuevos rumbos de la escritura: "Se siente uno a contra corriente en plena era de las computadoras y de las máquinas de pantalla, casi como un artesano fin de raza" (*Nubosidad* 77). Al escribir, Gaite tiene la precaución de dejar el reverso de la hoja en blanco, pues si quiere añadir algo simplemente señala con una flecha donde incorporarlo. Este procedimiento confirma que la tendencia tachista que encontramos en otros manuscritos no es del gusto de Gaite en su proceso creativo, repito que sus manuscritos se presentan muy limpios, con caligrafía esmerada y pocos tachones, dando la impresión de trabajo acabado incluso en su génesis.

Este mismo cuaderno incorpora cuartillas pequeñas escritas con tinta azul: el cuaderno que contiene esas cuartillas actúa como repositorio de textos independientes, un hábitat propicio para papeles provenientes de otras geografías de la escritura. La escritora se preocupa de nuevo de recortar y pegar, convirtiendo así en *collage* la portada de cada cuaderno, es el mismo procedimiento utilizado en las primeras páginas y cada vez que comienza un capítulo. No cabe duda del gusto de Gaite por la realización de *collages*, prueba de ello es *Visión de Nueva York* (2005)

---

[77] Jerome Bruner y Susan Weiser, al hablar de los tres sistemas de transmisión de los que se sirve la memoria humana, destacan una que se hace relevante en *Nubosidad variable*, me refiero a la "memoria episódica", que definen como: "sistema a través del cual se adquieren, almacenan y recuperan determinados hechos, impresiones y demás, del pasado. Es muy inestable y selectivo, y está dictado por intereses y actitudes, sólo es moderadamente exacto, aun cuando consista en uno de esos vívidos recuerdos 'fotográficos'" (184).

donde se aúnan una serie de *collages* que dan una panorámica de esta ciudad. En esos *collages* hallamos fotos de la propia Gaite que pulula por sus propias creaciones pictóricas codeándose con personajes famosos y en lugares conocidos: toda una ficción visual. Los recortes más frecuentes suelen ser de revistas, los motivos son mujeres solas, hojas y flores secas. Según Maria Vittoria Calvi (*Dialogo e conversazione* 169), Gaite comienza a interesarse por crear *collages* desde finales de los setenta; *Visión de Nueva York*, libro de *collages*, se puede considerar como manuscrito pictórico de *Caperucita en Manhattan* (1991), es éste un estudio que queda por hacer pues es un manuscrito pictórico de una obra literaria. Por último, en este cuaderno se distingue la pretensión primera de la autora de titular el capítulo XII como *La deriva*, intención finalmente descartada.

El **Cuaderno 8** tiene en la portada azul oscura dos pegatinas: arriba, a la izquierda, una de un ramo de flores con hojas verdes; abajo, a la derecha, una pegatina redonda azul oscura con una luna creciente sobre la que posa una lechuza. En la primera página hay un dibujo hecho con tinta azul de dos nubes con texto dentro de ellas, entre las nubes aparece un sol que remite al título de la novela: *Nubosidad variable*. Todos estos añadidos particularizan el cuaderno distinguiéndolo de los demás, este procedimiento utilizado por Gaite en las cubiertas de sus cuadernos los singulariza y personaliza creando, en definitiva, un cuaderno-objeto. Estas libretas se peculiarizan mediante pegatinas y dibujos en las portadas, hecho útil para guiar a la novelista en su laberinto textual. En numerosas ocasiones, Gaite se refiere a sus cuadernos por los dibujos que los identifican y la página a la que remite. Así habla de *Snoopy 20* o *Ciervos 19*, pues hay un cuaderno con un dibujo de Snoopy y otro con ciervos en la portada: la autora mapea su propio archivo a modo de índice visual. La personalización de los cuadernos tiene diferentes finalidades y hay ecos en la novela sobre este hecho. Sofía piensa regalar un cuaderno a Mariana: "'Mira, te he traído de regalo este cuaderno'; así que me gozo en irlo llenando despacio, esmerándome en la letra. Eso es como estar ya con ella según lo escribo, un anticipo de felicidad que conjura la muerte del tiempo" (*Nubosidad* 76). La escritura y el ornamento de cuadernos se describen como actos gozosos, el cuaderno es un material escriturario que puede ser ofrecido como regalo, escrito o sin escribir, con unas atribuciones simbólicas que refuerzan la sororidad entre Sofía y Mariana. También se hallan en este cuaderno los versos de la canción de *The Beatles* que aparecen en la novela (*Nubosidad* 213), son versos manuscritos sobre papel recortado y pegado a una hoja. Se localiza aquí la mitad del capítulo XII (*Nubosidad* 211-21) del texto dado a la imprenta.

El **Cuaderno 9** tiene la peculiaridad de que Gaite escribe en él parte del capítulo XIII de *Nubosidad variable* y un texto que nada tiene que ver con la novela, un cuento infantil inédito y sin título.

He de detenerme algo más en el **Cuaderno 10**, donde hay algunas notas que me interesa destacar y que han sido escritas antes de empezar el capítulo XIV. Reproduzco lo encontrado:

> *Advertencia al lector:*
> *El capítulo 15 y el 17* están elaborados */lo empezó a elaborar por Sofía*
> *Montalvo, sobre notas tomadas en //////// el "refu",* dos días *después de abandonar*
> *Madrid camino del sur. Lo escribió por entero, lo escribió por entero y también reformó un poco el 17, (a lo largo de tres noches) en la habitación*
> */////// (*del hotel*) que compartió con su amiga Mariana León //// en un lujoso hotel de la costa de la luz a finales de 1989 –*
>   *Madrid, abril de 1984 – febrero de 1991.*
> (*Cuaderno 10*)

Esta nota, que no aparece en *Nubosidad variable*, muestra una primera tentativa de resolución de una novela con una complejidad estructural particular. Gaite pareció decantarse finalmente, en lugar de por esta nota, por el epílogo que cierra el texto, eliminando así la voz de un nuevo narrador desconocido hasta ese momento. Interesa subrayar que aunque algunos estudiosos y la propia escritora señalan 1984 como fecha de inicio de la novela, el primer cuaderno de manuscritos data de 1982; lo cual pone en duda la primera fecha y confirma que Gaite dedicó prácticamente una década al proceso de escritura de *Nubosidad variable*. Una extrañeza es que la escritora identifica este cuaderno como "Cuaderno nº 4", cuando es evidente que había escrito más cuadernos en relación con *Nubosidad variable* hasta ese momento del proceso escriturario y, de hecho, en el inventario es el número 10. No considero que Gaite se perdiera en su laberinto textual, pero es complejo descifrar los periplos escriturarios de estos catorce cuadernos, quizá es una tarea que sólo la escritora hubiese podido resolver.

Este **Cuaderno 10** retoma el proceso de pegar folios mecanografiados dejando en la mayoría de los casos el reverso en blanco. Gaite corrige los dactiloescritos con borrador blanco sobre el que escribe en tinta negra o azul. Hay pocas correcciones, lo que indica el cuidado extremo de Gaite con sus textos literarios, los cuales corrige sin tachar dando así idea de unas correcciones meditadas. Los diferentes colores, además del mecanografiado, indican continuas lecturas y reescrituras. Se hallan en este cuaderno *collages* que tienen relación directa con la novela, de nuevo un cuaderno-objeto particularizado, el manuscrito muestra lo que se puede considerar como una novela ilustrada que da la sensación de ser concebida para ser regalada: ¿para quién ilustraba Gaite sus cuadernos, para ella misma? En Gaite, como en un ningún otro autor analizado en este estudio, el proceso de escritura se muestra como un acto gozoso, de disfrute y de recreación personal. Las libretas son objetos valiosos desde una perspectiva pictórica. El **Cuaderno 10** comprende el manuscrito de varios capítulos. Hay distintos *collages* que siempre tienen relación con lo narrado como el del capítulo XIV hecho con recortes de periódico que están escritos en cirílico. El del capítulo XV presenta dos liebres, una marrón y la otra blanca separadas por unas hojas. Las liebres remiten a la repetición constante en la novela de la frase: "la sorpresa es una liebre y el que sale nunca la verá dormir en el erial" (*Nubosidad* 19, 31, 131). El *collage* del capítulo XVI es de una mujer sola sentada tomando un café, es un recorte de periódico pegado en el cuaderno que se puede identificar con una de las dos protagonistas o incluso con la propia Gaite.

Al abrir el **Cuaderno 11** lo primero que se halla es un retrato de Alfonso X el Sabio, una representación del *Libro de los retratos de los reyes* del Alcázar de Segovia. Pegado a él hay un papel en el que está escrito el siguiente texto:

> No es en el espacio donde
> donde debo buscar mi dignidad
> sino en el ajuste de mi
> pensamiento.

> Por el espacio el universo
> me contiene y me traga,
> por el pensamiento lo comprendo yo. (*Cuaderno* 11)

Los cuadernos se convierten en lugares donde Gaite reflexiona por escrito o plasma ideas que a veces nada tienen que ver con el proceso escriturario de *Nubosidad variable*. Este papel pegado es un nuevo añadido al manuscrito al igual que los papeles que se van "atando" a la novela. El proceso de escritura tiene mucho de *collage* escriturario en cuanto que sobre un formato encontramos textos del puño y letra de Gaite pero también textos mecanografiados con correcciones manuscritas. Por lo dicho hasta ahora, se puede afirmar que Gaite escribió primero *Nubosidad variable* a mano y que después sus textos iban siendo mecanografiados tomando como base lo escrito en los propios cuadernos en una primera puesta en limpio del texto. Lo que es seguro es que Gaite recorta y pega esos textos en los cuadernos atendiendo a la estructura que quería para la novela de modo que la técnica compositiva se traspone al contenido de la ficción: al recortar y pegar fragmenta la narración. Por último, la corrección manual aparece sobre el texto mecanografiado. No se puede saber con certeza si Gaite primero corrige a mano sobre el mecanografiado y luego recorta y pega o si recorta y pega y luego corrige una vez pegados los textos en el cuaderno. En cualquier caso, las hojas del bloc que prefiguran los dieciséis capítulos de la novela.

El cuaderno es algo más que un simple objeto para tomar notas, puede ser un regalo y una invitación a leer o escribir en él. Los procedimientos empleados en la génesis de *Nubosidad variable* tienen un eco especular en la novela, Sofía afirma que: "La cuestión ahora es llenar este cuaderno de limpio para poder regalártelo el día que te vuelva a ver" (*Nubosidad* 76). Desde la ficción, Gaite remite al manuscrito de la novela acentuando los recursos metaficcionales y metaescriturarios, y enriqueciendo las interpretaciones del texto en cuanto a su proceso de escritura: sólo a través del estudio de la génesis textual se desvelan estas sutilezas.

La materialidad del texto interesa no sólo por el texto en sí, sino por todo aquello que rodea al acto de escritura, pues aporta información extra sobre el objeto escrito. La escritora salmantina deja huellas en sus manuscritos de los lugares donde escribe, aspecto con ecos en *Nubosidad variable*, pues una de las reglas de oro que las narradoras se imponen es describir el lugar donde realizan el acto de escritura: "A pesar de los años que hace que no te escribo una carta, no he olvidado el ritual a que siempre nos ateníamos. Lo primero de todo, ponerse en postura cómoda y elegir un rincón grato, ya sea local cerrado o al aire libre" (*Nubosidad* 20). Sabemos, por ejemplo, que parte del capítulo XV fue escrito en el "*Ateneo de Madrid, el 22 septiembre de 1991*", información especificada en este cuaderno del manuscrito. La salmantina cargaba siempre con sus cuadernos y escribía en distintos lugares para que las musas no huyeran, Gaite no es escritora de oficina sino de calle, rasgo que comparte con las narradoras de *Nubosidad variable*. Las prácticas escriturarias de Gaite en su taller de escritor, incluyendo sus manías y rarezas a la hora de ponerse a trabajar, han sido descritas en pormenor en el estudio de Raúl Cremades (2002) que trata sobre hábitos escriturarios de grandes maestros de la literatura hispánica.

En el **Cuaderno 11** hay que subrayar la presencia de un número importante de páginas manuscritas para *Nubosidad variable* finalmente no incorporadas. Estas páginas no publicadas presentan especial interés para el geneticista, pues nos obliga a preguntarnos inmediatamente por qué se descartaron. Asimismo, hay notas importantes sobre cuál va a ser el papel de Encarna, hija de Sofía, en el capítulo XV, sobre cómo concibe a este personaje y cuál quiere que sea el papel específico que desarrolla en relación con los demás. Son notas de extrema importancia para entender el surgimiento de los personajes en la creación del universo narrativo. Se halla en esta libreta un prototexto de lo que será el capítulo XVI que, al parecer, presentó especial dificultad de elaboración para la autora pues hay numerosas tachaduras, rayas, cortes y añadidos, correcciones, partes mecanografiadas pegadas o escrituras marginales. Este cuaderno remite a otro que Gaite denomina *Cuaderno gatito*. El **Cuaderno 11** es de interés porque la escritora divaga por escrito sobre la novela que está en proceso de creación y anota ideas que relaciona con distintos capítulos. Un recurso que usa con frecuencia es señalar el texto con asteriscos y anotar en la página anterior que, como mencioné, suele dejar en blanco.

En el **Cuaderno 12** está la continuación del capítulo XVI y topamos de nuevo con borradores escritos en tinta azul, tachones y correcciones por doquier, lo que indica que terminar la novela debió ser un verdadero rompecabezas para Gaite. En los últimos capítulos la escritura parece menos fluida que en los primeros, hay aquí un nuevo eco entre el lento proceso de escritura del manuscrito y el ritmo con que Sofía escribe en la novela al afirmar que: "Ahora vivo a la espera apaciblemente, arrullada por el ruidito de la pluma estilográfica al correr sobre las hojas satinadas" (*Nubosidad* 76). Concretar el final del texto es un desafío para la autora, el manuscrito se presenta con tachones y muy rayado, Gaite debía hilar muy fino para que el juego escriturario propuesto entre Sofía y Mariana llegase a su cénit final. El proceso de escritura se muestra ahora más dubitativo y errático que en etapas previas. Dentro de esta libreta hay un papel amarillo –*post-it*– pegado a la hoja con la nota en inglés "*take it easy, darling*", quizá una indicación de la autora a sí misma a través de la escritura para no ponerse nerviosa en esos últimos estadios de escritura. Gaite propone una broma con la pronunciación de esta frase en inglés en la novela (*Nubosidad* 161): un nuevo trasvase de su proceso escriturario. Este cuaderno continúa con la técnica de recortes mecanografiados pegados en las páginas del cuaderno. La posdata del texto publicado (*Nubosidad* 339) aparece en el *Cuaderno 13*, lo que hace pensar que Gaite trabajó el texto realizando cambios e introduciendo nuevas piezas: los añicos de los que hablaba Ginzburg en la cita introductoria se movieron hasta el último momento. El lector se halla ante una narrativa que no es fija, rasgo presente desde la fragmentariedad material del manuscrito.

El **Cuaderno 13** tiene la cubierta azul, en ella se encuentra el *collage* que hizo Gaite para la cubierta de la novela publicada por Anagrama. Este *collage*, que no es el definitivo, tiene dos chimeneas, una de las cuales echa humo produciendo nubes, en una aparece el título: *Nubosidad variable*. Continúa la técnica escrituraria de textos dactiloescritos adheridos a las hojas del cuaderno. Hay varias pinturas pegadas como *Memoria de un espejo* del artista andaluz Juan Manuel Brazam, una foto pequeña de Pedro Almodóvar y otra de la propia escritora: más papeles. Aparece también una foto de un hombre joven y moreno en quien Gaite se pudo inspirar para algún personaje masculino, probablemente

Eduardo o Manolo Reina; junto a la foto está la anotación "Para el final del capítulo 2". La génesis textual y el proceso escriturario alejan al texto de una concepción estática, pues en un estadio tan avanzado de la novela Gaite sigue pensando en el segundo capítulo. El epílogo forma parte de este cuaderno, está mecanografiado y con algunos recortes de periódico que presentan unas manos que dan u ofrecen y un paraguas que cubre la palabra "Epílogo" que parece estar dentro de una nube y está dibujada con bolígrafo azul. El paraguas hace referencia a las nubes negras que anuncian tormenta al final del texto. En el reverso del epílogo encontramos la conclusión del capítulo XVI.

El **Cuaderno 14** ofrece menos interés para el análisis del manuscrito de *Nubosidad variable*, pues sólo se encuentra el final del capítulo XVII tal y como lo encontramos en el texto édito entre las páginas 379-84.

Esta descripción del manuscrito de *Nubosidad variable* pone de manifiesto una elaboración texual laberíntica. Su composición, con cuadernos que incluyen diversas numeraciones y multiplicidad de textos con distintas finalidades, forman un puzle difícil de resolver.

De la misma manera que Manuel Puig conforma un *codex factititum*, las particularidades de la composición y la narración de la novela de Gaite hace que nos encontremos ante un manuscrito ilustrado, un manuscrito iluminado *sui géneris* del siglo XX, Gaite complementa su texto con abundantes imágenes y decoraciones variadas como he ido señalando en la descripción. Es ésta una peculiaridad del original que lo emparenta con toda una tradición medieval de manuscritos ilustrados y libros de horas.[78] Este es un hecho a resaltar, pues se puede hablar de cierta hibridez en la creación, ya que el estatuto del texto está transformado por la abundante cantidad de *collages* y dibujos que se leen como añadido visual. Es un rasgo peculiar del manuscrito comparado con los analizados en los capítulos previos. Hay una dualidad en la praxis creativa de la obra y hemos de distinguir entre dos sistemas semióticos en la génesis de la novela: el pictórico y el verbal. Por ello, no es casualidad que en el *Cuaderno 11* se halle una representación de *El libro de los retratos de lo reyes* de Hernando

---

[78] Sobre los libros iluminados remito al trabajo de David Diringer, un completo estudio sobre este tipo de textos desde Egipto y Alejandría hasta la Edad Media. En la cuarta sección se detiene especialmente en el estudio de los libros iluminados en la época mozárabe y mudéjar.

de Ávila. El lector de *Nubosidad variable* no tiene acceso a la riqueza de ilustraciones que presenta el manuscrito: miniaturas, *collages*, dibujos de figuras, recortes de fotos relacionados con temas de la novela. Sólo el acceso a los originales desvelará que hay prácticas escriturarias del *scriptorium* medieval que siguen vigentes en *Nubosidad variable*, cuyo manuscrito se presenta con particularidades especiales.

Lo hasta aquí descrito recuerda a los *Cuadernos de todo* de Martín Gaite. Los catorce cuadernos del manuscrito pertenecerían, sin duda, a esa categoría clasificatoria creada por la hija de la autora cuando era niña que, al regalarle a su madre un cuaderno, escribió en él: "Cuaderno de todo". A Gaite le pareció una clasificación acertada y empezó a llamar así a una serie de cuadernos de anotaciones diversas y desordenadas:

> 'Cuadernos de todo'. Yo [...] les había asignado siempre un menester específico a cada cual [cuaderno]. Y la diferencia estaba en que ahora, en éste, se me invitaba y daba permiso a meterlo todo desordenado y revuelto. [...] A partir de entonces, todos mis cuadernos posteriores los fui bautizando con ese mismo título, que me acogía y resultaba de fiar por no obligar a nada, a ninguna estructura preconcebida [...] empecé a escribir más y se configuró en gran medida el tono nuevo de mis escritos. (*Cuadernos* 59-60)

Los cuadernos descritos contienen *Nubosidad variable*, pero además se halla en ellos una importante cantidad de anotaciones y textos que nada tienen que ver con la novela. La escritora mueve la pluma libremente dentro de la anillada estructura de estos blocs introduciendo textos, notas, *collages*, pegatinas, borradores de artículos, ideas para discursos, números de teléfono o direcciones. El mismo procedimiento lleva a cabo Sofía cuando decide pasar a limpio sus notas: "esta mañana me desperté decidida a pasar en limpio esta última tanda de deberes en preparación para que no se me pierdan los papelitos donde los tenía anotados de mala manera" (*Nubosidad* 75). Tanto en la vida real –en los cuadernos anteriormente descritos– como en la novela se evidencia la complejidad del proceso escriturario de textos. Tras la descripción y análisis de los catorce cuadernos que componen el manuscrito, concluyo que *Nubosidad variable* ficcionaliza su propio proceso de creación textual, conclusión a la que sólo se puede llegar tras estudiar del manuscrito desde la crítica genética. La escritura, como tema dentro de la novela, aparece como un recurso metaficcional introducido por Gaite. Si el lector tuviese la oportunidad de acceder al manuscrito le sorprendería su riqueza textual y visual. Ante esa imposibilidad, Gaite opta por incluir la escritura como tema que subyace en toda la narración. Sofía manifiesta el cariño que siente por los borradores que está escribiendo, textos que se convierten casi en fetiches para la protagonista:

> Se me ha ido el tiempo sin sentir, porque el mismo gusto que da pasar a limpio los apuntes, sin prisa, tratando de entenderlos, y de que vayan en letra clara, te obliga a corregirlos y a adornarlos con historias laterales, que sólo estaban en el borrador. Como Cayetano Trueba, que si le he dado tanta coba en esta segunda versión del cuaderno es con el propósito de que Mariana se ría cuando la pueda leer. (*Nubosidad* 76)

La génesis de la ficción es un tema de importancia en la novela: idea circular en cuanto que es una "génesis que gesta" ficción. La narradora habla de "esta segunda versión del cuaderno" (*Nubosidad* 76): ¿Dónde está la primera? Seguramente en los cuadernos anteriormente descritos, Gaite hace partícipe al lector de la génesis de los textos de Mariana y Sofía y, por consiguiente, de los suyos propios. En la cita anterior Sofía se dirige a sí misma, el interlocutor de los cuadernos es unas veces Mariana y otras la propia narradora. En la descripción de la génesis textual hallamos los hábitos de composición que Gaite comparte con Mariana y Sofía. Ana Martín Gaite, hermana de la escritora, describe el proceso de escritura de los cuadernos de la siguiente manera:

> [Carmen] Tenía cierta predilección por trabajar en bibliotecas, pero le gustaba hacerlo cerca de un fuego o al aire libre, y no tenía inconvenientes en escribir en habitaciones de hoteles o en estaciones de autobuses si allí se le ocurría algo. Empezaba sus cuadernos con una idea, a lo mejor de narrativa, al rato daba la vuelta a la libreta y desde el fondo arrancaba un ensayo. Al día siguiente, en el medio de la misma, podía anotar apuntes para un guión. Cuando se estancaba, traducía obras de sus autores favoritos: Virginia Woolf, Gustave Flaubert, Italo Svevo y las hermanas Brönte, entre otros. (Rizzi)

Gaite comparte el gusto por las bibliotecas con Sofía, que confiesa que "siempre me ha gustado leer y escribir en las bibliotecas" (*Nubosidad*

75). No obstante, Gaite no es intelectual de biblioteca, pues como sostiene Ciplijauskaité "La predilección por el callejeo representa otro polo de evasión basada en la imaginación. La mirada atenta a lo que pasa en la calle recalca el precepto de inspirarse en la vida, no en teorías abstractas" (*Carmen Martín Gaite* 33). Este aspecto de una Gaite atenta a lo que acontece a su alrededor ha sido señalado por Alicia Redondo Goicoechea que afirma que "le gustaba viajar, sobre todo en autobús, al que llamaba su oficina" (Caballé 19). Callejear observando la realidad recuerda a Loyola Brandão cuando sostiene que tiene el ojo y el oído muy atentos a lo que pasa a su alrededor, convergen de nuevo en este punto la autora española y el escritor brasileño que aparecen como *flâneurs* (Benjamin, *Poesía y capitalismo* 71-72) en el sentido benjaminiano del término. Sin embargo, para reelaborar sus notas Gaite prefería la tranquilidad: "Para leer, escribir y pensar, hace falta estar solo" (Cremades 288).

Descrito el manuscrito y sus peculiaridades, se está en disposición de proponer una hipótesis sobre el soporte físico adecuado que debe transmitir esta narración. Al igual que Gaite, Sofía y Mariana producen textos de forma desordenada, en distintos lugares y con diversos materiales. Martín Gaite no veía sus textos aislados unos de otros, sino más bien formando parte de un todo, un tejido textual reticular en el que siempre hay conexiones, para hallarlas sólo habrá que seguir leyendo, "tirar del hilo" para usar una expresión del gusto de Gaite. La autora comparte con Sofía y Mariana rasgos del sujeto posmoderno de finales del siglo XX, un sujeto no rígido ni estructurado, sino más bien dinámico y fragmentado. Gaite cede a Sofía y Mariana la autoría de *Nubosidad variable*, por eso las vemos escribir y conocemos el pormenor de sus prácticas escriturarias, pues constantemente informan de cómo, cuándo, con qué y dónde escriben. La escritora salmantina se limita a compilar los textos escritos por las narradoras.

Los cuadernos suponen un primer juego especular que la ficción refleja. En el epílogo de la novela queda claro que no se lee un libro sino un hojaldre desordenado: "En una [mesa] tenían las consumiciones, el tabaco y algún folio y cuaderno. Pero era en otra más grande, que habían arrimado, donde se amontonaba el grueso de papeles, cuadernos y carpetas de que echaban mano continuamente" (*Nubosidad* 389).

Esos papeles, cuadernos y carpetas forman el andamiaje de la ficción: su infraestructura material. El espacio dinámico para la escritura creado por Gaite en el manuscrito conlleva una movilidad que se mantendrá en la novela haciendo aflorar las prácticas escriturarias y lectoras de las dos narradoras. Ninguna de ellas, quizá tampoco Gaite, tiene la intención de escribir un libro, sus escritos están impulsados por motivos diferentes a los literarios, si bien es cierto que al final del texto Sofía deja caer la idea de que esos textos podrían convertirse en novela. Tras la descripción del manuscrito, no pienso en *Nubosidad variable* como libro *codex* estático e inmóvil, pues en esta ficción los papeles van y vienen, viajan, vuelan, desaparecen y aparecen en momentos inesperados. La materialidad del texto que presenta esta ficción es *variable*.

LA ESCRITURA POR PRESCRIPCIÓN MÉDICA

Se analiza en este apartado el tratamiento que Carmen Martín Gaite da a la escritura en *Nubosidad variable* para afirmar que se genera como causa de una necesidad de reflexión y comunicación. Para ello, se pone en relación la materialidad del texto, la crítica genética y la teoría psicoanalítica.

La terapia a través del *logos*, de la palabra, es antiquísima y se remonta, como mínimo, hasta la época clásica según la investigación de Martha C. Nussbaum (75-87) sobre prácticas éticas en la época helenística.[79] En

---

[79] Martha Nussbaum estudia cómo la filosofía se desarrolla en la época clásica en paralelo a la medicina con la finalidad terapéutica de curar las enfermedades del alma: "La analogía entre *logos* y tratamiento médico es antiquísima y muy arraigada en el discurso griego sobre la personalidad y sus problemas. Desde Homero en adelante encontramos, a menudo de manera destacada, la idea de que el *logos* es a las dolencias del alma lo que el tratamiento médico es a las dolencias del cuerpo. Encontramos también la afirmación de que el *logos* es un poderoso, y quizá incluso suficiente, remedio para dichas dolencias; a menudo se presenta como el único remedio disponible" (76). Gaite es continuadora de esa tradición clásica que considera la palabra como *phármaka*, o sea, como medicina. Para Nussbaum "Los pensadores helenísticos ven como objeto de la filosofía una transformación del mundo interior de creencias y deseos mediante el uso de la argumentación racional" (111). El diálogo a través de la palabra, escrita en este caso, que encontramos en *Nubosidad variable* es un intento de comprender y curar las afecciones del alma de las protagonistas. En relación con la palabra escrita como curación es interesante el texto de Pedro Salinas titulado *La cura por la correspondencia* (30-34).

relación con Gaite, varios estudios se han ocupado de lo psicológico en su obra (Chown 69-112) y algunos de ellos apuntan al hecho de considerar la escritura como terapia en su narrativa (Ciplijauskaité, *Novela femenina* 182; *Carmen Martín Gaite* 35; Glenn 409). Michel de Certeau define el acto de escribir como "la actividad concreta que consiste en construir, sobre un espacio propio, la página, un texto que tiene poder sobre la exterioridad de la cual, previamente, ha quedado aislado" (*Invención de lo cotidiano I* 148). Si el texto "tiene poder sobre la exterioridad", la realidad se puede cambiar a través de la escritura.

Propongo que en *Nubosidad variable* la escritura funciona como terapia y que debido a ello se proyecta una visión positiva sobre los materiales textuales y el proceso escriturario. Para afianzar esta idea, relaciono la génesis textual de la novela con la teoría psicoanalítica: cartas y cuadernos se suceden como un monólogo interior donde las protagonistas luchan contra sus demonios interiores. Hablar, contar y escribir se tornan en actos catárticos que tienen un efecto purgante: "Esta cautela previa de lo epistolar me parece saludable. Queda mucho hielo por romper" (*Nubosidad* 23), son palabras de Mariana cuando decide escribir cartas a Sofía. Las narradoras recurren a la escritura como remedio eficaz contra las incertidumbres que las acechan, aspecto significativo porque cuando Gaite escribe sobre Sofía y Mariana, lo hace sobre sí misma. La escritora salmantina se afirma como sujeto a través del análisis de las experiencias de las narradoras que, a su vez, se yerguen como sujetos mediante la creación de textos y la reflexión que ofrece su escritura. Para María Caballero, *Nubosidad variable* es una "novela de mujer" porque "incide en el problema del «autodescubrimiento», según el cual, escribir para la mujer, es crearse" (56). Desde esta perspectiva, la construcción textual se realiza de forma paralela a la construcción del sujeto. *Nubosidad variable* es una novela muy pensada donde se puede considerar que el *alter ego* de Gaite es Sofía Montalvo, escritora de cuadernos que ha fracasado como ama de casa y esposa. Por otro lado, quizás más interesante, tenemos el caso de Mariana que representa el paradigma de la mujer profesional de éxito, una prestigiosa psiquiatra que también falla en lo personal y en lo sentimental a pesar de haber tenido más libertad y una gran carrera profesional. La solución de ambas es retomar la interlocución perdida hace décadas a través de la escritura, a ella se aferran en un momento en que sus vidas se encuentran en caída libre. La narrativa de Gaite siempre tiene como eje principal la relación –de amistad, de amor, profesional– entre dos personajes. *Nubosidad variable* es ejemplo claro de ello, pero también *Retahílas* donde Gaite privilegia el discurso oral sobre el escrito (Alemany 36).

En su estudio sobre crítica genética, Élida Lois (2001) dedica algunas páginas a la relación entre génesis textual y psicoanálisis (26-34) para poner de manifiesto que: "la práctica psicoanalítica se define como una experiencia discursiva, y porque su teorización ha influido en la elaboración de un concepto del discurso y del imaginario, es que su proyección en la crítica literaria se ha visto como un desenvolvimiento natural" (26-27). La escritura es en el siglo XXI una práctica personal cotidiana para millones de personas, debido a ello sigue estando en el punto de mira de la teoría psicoanalítica. Carmen Martín Gaite, Ignácio Loyola Brandão y Clarice Lispector son claros ejemplos de personas que ejercen la actividad escrituraria en su día a día haciendo uso constante de ella, la práctica de la escritura es una rutina diaria para estos escritores y, a menudo, se refleja en sus personajes. Lois establece una serie de paralelismos entre terapia psicoanalítica y práctica escrituraria subrayando que: "La persecución del inconsciente a través del análisis de otras producciones psíquicas [...] es comparable con la búsqueda de 'contenidos ocultos' a partir de la superficie de un texto por parte del analista literario" (27). Lois (27) señala vínculos entre la práctica psicoanalítica y la literaria poniendo al mismo nivel la relación escritor-lector y la de paciente-terapeuta. Además, observa diferencias entre la terapia y la lectura estableciendo varias oposiciones: primero, entre la proximidad física de la terapia frente a la distancia entre lector y escritor; segundo, la palabra privada del psicoanálisis *versus* el escrito literario público y, por último, la palabra desorganizada frente al escrito elaborado.

La ficción de *Nubosidad variable* cuestiona todas estas oposiciones. La primera se pone en tela de juicio en cuanto que Sofía y Mariana, ambas escritoras y lectoras, están al final de la novela físicamente la una frente a la otra mientras se produce el intercambio y la lectura de sus escritos. La escritura no es aquí un acto unidireccional sino que se establece como diálogo. Es ésta una razón por la que considero *Nubosidad variable* una novela que incluye movilidad textual, pues hay un trasvase de una conversación deseada a la lengua escrita, de la oralidad a la escritura. La segunda oposición establecida por Lois también se cuestiona pues en *Nubosidad variable* los textos escritos por las protagonistas son de carácter personal –correspondencia privada, cuaderno-diario– y se escriben pensando en un destinatario singular (Sofía o Mariana) y no general. Por último, la "palabra desorganizada *versus* escrito elaborado" también se pone en duda ya que, como sostuve en el apartado anterior, el texto que presenta Gaite siempre podría tener otra organización, pues son textos intercalados, de autoría diferente y con autonomía material. Élida Lois hace énfasis en la idoneidad del estudio de los manuscritos en relación con la teoría psicoanalítica: "la génesis de escritura parece crear un espacio propicio para un acercamiento: contacto corporal con el manuscrito, entrada en la intimidad del escritor a través de la manipulación de sus papeles privados, movimiento a menudo errático de la escritura en proceso" (27). En efecto, al estudiar un manuscrito tenemos la posibilidad de leer lo que el escritor considera aciertos y errores, lo que se descarta y lo que no. En cuanto a lo errático del proceso escriturario al que hace referencia Lois, las propuestas literarias pueden querer hacer patentes esos procesos compositivos titubeantes, dar a conocer escrituras que se tambalean.[80]

---

[80] Un caso interesante dentro de la literatura portuguesa es la arriesgada propuesta de la escritora Yvette Centeno en su novela *No jardim das nogueiras* (1982). En ella, Centeno se atreve a presentar al lector, entre párrafos impresos en letra clara, un porcentaje considerable de texto borroso que implica una escritura asémica y una dificultad añadida a la lectura, obligando a leer letra a letra y a inferir posibles palabras de esos textos difuminados. El lector tiene aquí un papel creativo en cuanto que debe reconstruir el texto y su sentido. Se lidia, en última instancia, con cuestiones de epigrafía moderna pues se quiere descifrar una inscripción. La materialidad del texto, la grafía y tipografía textual cobran especial relevancia ya que entran a formar parte directa de la técnica literaria. La primera impresión del lector es que es un texto mal editado, pero la intención de Yvette Centeno es proponer una escritura difuminada, complicar la lectura, pues lo que se lee corresponde sólo subjetivamente a lo que se cree que dice el texto, no hay forma objetiva de saber qué palabras componen los párrafos presentados. Se puede hablar de cierto ruido en el canal de transmisión del texto que impide una cómoda comunicación. El receptor del mensaje, incluso conociendo el código, está obligado a interpretarlo recomponiendo el texto, participando así de su autoría. Centeno ofrece un texto del que no se sabe si está en fase de génesis o extinción, terreno limítrofe entre el texto y el borrón de tinta. Esta forma de

Un rasgo original de *Nubosidad variable* es que el lector tiene la impresión de estar leyendo el texto conforme se va creando: "Yo no puedo dejar de escribir, es lo único que me cura" (*Nubosidad* 301), Mariana parece escribir esa oración conforme la leemos. *Nubosidad variable* describe su génesis textual convirtiéndose en una suerte de *self-begetting novel* (Waugh, *Metafiction* 14) o novelas auto-engendradas: cartas, diarios y memorias son textos personales compuestos, en principio, para no ser publicados, escrituras de lo íntimo que simulan escritos no profesionales. La novela ficcionaliza el proceso de génesis y de materialización de la palabra, rasgo metaficcional cuya finalidad es introducir plenamente al lector en la trama. Cuando Sofía y Mariana deciden escribirse mutuamente, llaman "deberes" a ese compromiso adquirido y, desde entonces, la acción de escribir se presenta como actividad catártica: "Gracias, Mariana. Hace mucho que nadie me ponía deberes de este tipo y lo he pasado muy bien haciéndolos. Si no te aburre puedo continuar" (*Nubosidad* 33). Mariana, una reconocida psiquiatra, pide a Sofía que escriba, al igual que hace con sus pacientes: "Tengo que confesarte con cierta vergüenza (agudizada ahora después de haber leído tus ocho folios) que a muchos pacientes míos les pido eso mismo" (*Nubosidad* 32), el texto es un material a psicoanalizar por Mariana: psicoanalista y lectora.

---

dificultar la lectura aporta información sobre las pretensiones de la autora. Una explicación que sugiere Centeno para esta propuesta se lee en la contraportada de la novela: "Não, este livro não é a aventura espiritual, é a aventura material que desfaz o mal feito, o imperfeito. O feito no lugar da precipitação desenha-se o silêncio, no lugar do espaço, o vazio anterior ao tempo e ao espaço. Ao solitário juntam-se os que destroem o seu isolamento tornando-o palpável, a folha não é abstração é materialidade. À caneta acrescentam-se a grossa a galé e as formas. À química do escritor a alquimia do artesão que faz do chumbo e do ferro e da corda os sinais deste livro (des)composto pelo Vítor Simões e por Manuel Ribeiro, linotipista." La materialidad del texto cobra una importancia peculiar ya que forma y contenido están estrechamente ligados. Centeno juega con lo que McKenzie (*Bibliography and Sociology* 207) considera como el lenguaje de los libros. Sin duda, la forma en obras narrativas interesa para el análisis literario, enlazo con la cuestión del "intencionalismo" y la pertinencia de la materialidad del texto propuestas por Thomas Tanselle (*Literature and Artifacts*) o Greetham (*The Margin of the Text*).

Por otra parte, remito al artículo de Antonio Jiménez Barca que se hace eco de un reciente estudio sobre los manuscritos de *O livro do desassossego* de Fernando Pessoa realizado por Richard Zenith y que ha llevado a afirmar a este estudioso que: "Este es un hermoso ejemplo de *no-libro*. Se puede leer de arriba abajo, de abajo arriba, picoteando, eligiendo al azar una página". De nuevo, el estudio de los manuscritos nos lleva hacia el cuestionamiento del libro como formato adecuado para vehicular textos.

En todo caso, la escritura emerge tras un pacto de mutuo acuerdo entre amigas, pacto que, *a posteriori*, se muestra urgente. Junto con la carta que Mariana dirige a Sofía hay un texto independiente que nada tiene que ver con los otros: "Te incluyo una receta de Loramet. No sé si es el somnífero que tomas, pero si no, te lo recomiendo. No deja resaca" (*Nubosidad* 34), Mariana envía una receta médica para que Sofía pueda comprar somníferos ante sus problemas de insomnio. Al igual que ocurría con la acumulación de papeles en el manuscrito, la receta es un género textual que se inserta, como muchos otros, en la infraestructura material de la novela y que tiene unas características particulares. Se compone de dos partes que pueden ir en un mismo papel o en varios, el cuerpo de la receta que se destina al farmacéutico, y las instrucciones al paciente. En *Nubosidad variable* los papeles se amontonan poco a poco de forma sutil. Al igual que los somníferos, la escritura en la novela ha sido recetada por prescripción médica, Mariana sabía de la necesidad que Sofía tenía de escribir, de comunicarse.

Si la escritura es curativa, la lectura parece oponerse a esa condición. Para Roger Chartier "la lectura es siempre vista en su exceso como un peligro para la mente, para el individuo, para su salud, pues fue muy común explicar la locura como exceso de lectura" (*Cultura escrita* 158), el personaje de Don Quijote sería un ejemplo paradigmático de esta idea.[81] La intención última de la escritura es la de comunicar, la necesidad de comunicación se relaciona estrechamente con el análisis psicoanalítico en cuanto que, a través de la escritura, se materializa el discurso que será objeto de análisis tanto para el psicoanálisis como para la crítica literaria.

Subyace en la novela un tema que preocupó sobremanera a Martín Gaite y al que dedicó un libro de ensayos: *La búsqueda del interlocutor y otras búsquedas* (1982). El reencuentro entre Sofía y Mariana vuelve a poner en contacto a interlocutoras idóneas. Para Juan Senís "este encuentro significa también el reencuentro con el interlocutor soñado

---

[81] La obsesión por los libros puede llegar a convertirse en una enfermedad, es el tema principal del relato de Gustave Flaubert titulado *Bibliomanía* que cuenta la historia de un librero de Barcelona obsesionado con ejemplares únicos e incunables. Lo interesante del asunto es que, en un momento dado del relato, se informa al lector de que este librero "Apenas sabía leer", el libro como objeto fetiche cobra máxima importancia.

que fueron la una para la otra durante los años de amistad" (410), la peculiaridad es que esta vez la interlocución será por escrito, debido a este aspecto Adrián García habla de "interlocutor silencioso" (94). El tiempo parece haber cerrado viejas heridas y solventado algunas rencillas entre ellas. Aun así, hay una conversación pendiente, un diálogo que tomará la forma de cuadernos y cartas, es ahí donde la escritura pasa a primer plano, convirtiéndose en terapia, autodescubrimiento, reflexión y solución de los problemas de las protagonistas. Sobre los cuadernos en los que escribe Gaite, Emma Martinell afirma que: "El 'cuaderno' se erige para ella en una segunda memoria, de más alcance que la propia y, en ocasiones, en un interlocutor del que se echa mano cuando se le necesita" (*Mundo de los objetos* 28). Los materiales escriturarios funcionan como un apéndice, como interlocutores de urgencia a los que se puede recurrir en cualquier momento, hecho reflejado en la ficción.

La técnica narrativa de *Nubosidad variable* se presenta como práctica amanuense dual, un *collage* textual del que Mariana y Sofía son coautoras. El cénit llega con el segundo encuentro y la lectura de los textos: la esperada charla que ambas tienen pendiente y a la que el lector externo ya ha tenido acceso leyendo cuadernos y cartas. Sofía y Mariana, cara a cara, intercambian su producción textual, abren cartas y cuadernos abandonándose a la lectura y comentario de los textos escritos por y para ellas. Es la hora de la verdad, la del diálogo a través de la lectura, lo que no pudo ser dicho, ha podido ser escrito con reflexión, alegría y dolor. Las dos amigas se afanan en el acto de lectura que, al igual que el de escritura, se presenta como acto catártico y depurativo. El problema de la necesidad de interlocutor ha sido resuelto: una buena conversación, como una buena lectura, es liberadora. La búsqueda de un interlocutor es considerado tema central en la obra de Gaite por la crítica (Calvi, *Dialogo e conversazione* 30; Ciplijauskaité, *Carmen Martín Gaite* 14-15; O'Leary 123), *Nubosidad variable* confirma esa idea.

Escritura y lectura son terapéuticas, Ciplijauskaité afirma que un tema que preocupa a Gaite es el de la "psicoterapia, o sea, la expresión oral como procedimiento de cura, la salvación a través de la palabra" (*Carmen Martín Gaite* 35). Esta terapia está ligada al hecho de tener un interlocutor válido con quien conversar sobre lo que preocupa. Como señala Ciplijauskaité:

> El interlocutor inventado sirve como andamio, que se quita después de haber provocado la palabra viva. [...] Más de una vez compara la función del interlocutor con la del psiquiatra, casi siempre sugiriendo, sin embargo, que éste es imprescindible sólo para desencadenar el proceso. (*Carmen Martín Gaite* 38)

Para que la terapia sea eficiente ha de basarse en una interlocución eficaz, en un intercambio de opiniones y puntos de vista entre hablantes, escribientes en este caso. Sofía y Mariana tienen mucho en común, son mujeres que comparten un nivel cultural y una posición social similares. Katica Urbanc, en su estudio sobre la novela femenina española, cita a Gaite para decir que siempre escribe "al encuentro de un oyente utópico. En este sentido el destinatario de una narración escrita [...] desempeña una función parecida a la del interlocutor: impulsa al hombre o a la mujer hacia la escritura, es decir, hacia la comunicación" (71). Comunicar es la función principal de la palabra escrita y así se pone de manifiesto en la novela, la escritura es liberadora, "Escribir me sacaba del infierno" (*Nubosidad* 125) afirma Sofía. La escritura se yergue como terapia adecuada para dos mujeres adultas que se sienten solas y desorientadas tras haber fracasado sentimentalmente. Sofía reconoce que tiene problemas psicológicos serios y que necesita ayuda: "Porque estoy de psiquiatra, en una palabra" (*Nubosidad* 119). Ahí encontrará a su amiga Mariana, psiquiatra de profesión, y con no menos problemas. Mariana tiene sensaciones similares a las de Sofía cuando escribe: "Llevo dos pliegos hablándote como si estuviera acostada ahí enfrente en el diván" (*Nubosidad* 28); poco después afirma que "Me ha tocado el turno del diván, ya ves lo que son las cosas" (*Nubosidad* 97). A través de la escritura la psiquiatra ha pasado de ser médico a paciente, lo que da idea de la intercambiabilidad de sus roles por la similitud de situaciones. La ayuda psicológica que necesitan se la ofrecen mutuamente al reflexionar, por escrito, sobre su pasado común. Retomando la cuestión del análisis del discurso desde el punto de vista psicoanalítico, Jerome Bruner y Susan Weiser manifiestan que:

> Las curas a través del habla como el sicoanálisis están destinadas a ayudar a las personas a lograr un mejor ajuste entre lo que piensan y dicen de sí mismas y la forma en que se sienten y actúan. Pero cabe notar que incluso entre los sicoanalistas contemporáneos, se está dando una encarnizada batalla en torno a si ese 'ajuste' entre el autoinforme, por un lado, y la forma de sentir y actuar, por el otro, depende de 'poner en orden los datos [...] o de relatar una narración satisfactoria y útil para efectuar predicciones'. (186)

El diván aparece como lugar propicio para contar y divagar (*Nubosidad* 24, 52). De la misma forma, las cartas y cuadernos de Sofía y Mariana, su escritura en definitiva, es espacio apropiado para hablar y reflexionar por escrito. Al encontrar al interlocutor adecuado se desencadena el acto de escritura. *Nubosidad variable* se presenta como una serie de fragmentos yuxtapuestos que escribieron Sofía y Mariana. La escritura/lectura de estas cartas y cuadernos funciona como terapia, Mariana explica por escrito que: "son fertilizantes para mí. Releerlas me ayuda a coger el hilo del tiempo reciente y estimula no sólo mi recuperación anímica sino también la evolución de mi trabajo" (*Nubosidad* 128). El final de *Nubosidad variable* presenta a las dos amigas intercambiándose sus escritos y dialogando. En relación con el acto de escritura, lectura y diálogo, Elide Pittarello afirma que:

> Tras el acto de leer y el acto de escribir media la necesidad de hablar con el otro y contar con su presencia concreta. En contra del solipsismo de los novelistas del siglo XX, Carmen Martín Gaite considera que no hay nada más importante que compartir la experiencia del tiempo hablando cara a cara, con todas las incógnitas que de esto derivan. (Martín Gaite, *Obras completas* 14)

La importancia del diálogo se evidencia no pocas veces en la novela. Esta necesidad de interlocución también se deja traslucir en *Caperucita en Manhattan* (1990), novela infantil en la que Gaite anticipa temas que desarrollará en *Nubosidad variable*.[82] La niña protagonista, Sara Allen, al

---

[82] A estas alturas Carmen Martín Gaite ya barruntaba el comienzo de su última novela *Los parentescos*. En *Caperucita en Manhattan* (1990) hay ciertos guiños tanto a este título –"El asunto de los parentescos, de puro raro que era, a Sara le aburría y no le producía tanta curiosidad como otros" (27)– como a *Nubosidad*: "No volvemos hasta la noche y el hombre del tiempo ha dicho que la nubosidad es variable" (48). Son ejemplos de vasos comunicantes

describir a su abuela dice que "tenía un poco perdida la memoria. Pero no porque fuera demasiado vieja, sino porque a fuerza de no contar las cosas, la memoria se oxida. Y Gloria Star, tan charlatana en tiempos no tenía a quién enamorar con sus historias" (*Caperucita* 18). Si la falta de interlocución supone la oxidación de la memoria, la necesidad de dialogar es saludable, Gaite lo presenta como una terapia para mantener la memoria en forma. No es casual que el último capítulo de la novela se titule *Persistencia de la memoria* en homenaje al cuadro de Dalí, pero también supone que la escritura y el diálogo ayudan a que la memoria se mantenga, persista.

La narradora salmantina reflexionó con frecuencia sobre el discurso femenino, son interesantes sus cavilaciones en *Desde la ventana* donde se ocupa de las presiones que siente la mujer que escribe (Gaite, *Desde la ventana* 16) y de las características que se le atribuyen al habla de la mujer (17). Recapacita en este libro sobre los dos géneros preponderantes en la novela, del género epistolar dice que: "Sin duda que la forma epistolar ha debido ser para las mujeres la primera y más idónea manifestación de sus capacidades literarias" (47). Sobre el género diarístico, con el que identificó los cuadernos de Sofía, apunta que:

> No es éste un género del que queden en España demasiadas muestras auténticas, aunque haya sido explorado como artificio literario, consciente el transcriptor de diarios apócrifos femeninos que es en secreto y entre las cuatro paredes de un recinto cerrado donde la mujer se encuentra más a sus anchas para ensayar,

---

que ponen en contacto unos textos de Gaite con otros convirtiendo su obra en una verdadera tela de araña. Sin embargo, sabemos por el manuscrito que Gaite llevaba ya años escribiendo *Nubosidad variable* cuando aparece *Caperucita en Manhattan*, lo que me hace considerar a *Nubosidad variable* como texto matriz del que nacen otros textos.
Con tratamiento diferente, la materialidad del texto aparece en *Caperucita en Manhattan*. A Sara, la niña protagonista, le regalan un "rompecabezas enorme. Sus cubos llevaban en cada cara una letra mayúscula diferente [...] Gracias a ese rompecabezas Sara se familiarizó con las vocales y las consonantes, y les tomó cariño incluso antes de entender para qué servían" (31-32), ese rompecabezas es un material escriturario singular. A Sara le regalan cuadernos por su cumpleaños, tanto los cuadernos como que el padre se dedique a la fontanería es sugerente si pensamos en el título del primer capítulo de *Nubosidad variable*: *Problemas de fontanería* (*Nubosidad* 11). *Caperucita en Manhattan* se publicó en 1990, justo cuando Gaite estaba inmersa en la escritura de los cuadernos de *Nubosidad variable*, no deben sorprender estos ecos de unos textos en otros.

libre de trabas impuestas por la vigilancia ajena, un desagüe a sus capacidades expresivas. (48)

Estas citas ponen de manifiesto que Gaite es una escritora analítica e informada. Quizá haya en este estudio sobre los géneros con los que trabaja una respuesta al éxito de ventas que sigue teniendo *Nubosidad variable* en sus veinticinco años de vida.

El género epistolar es central en la novela, extraña que la autonomía material de las cartas, como textos independientes, forme parte de un libro. Desde la génesis de la novela, el cuestionamiento del libro por parte de los materiales que componen *Nubosidad variable* es claro y se deriva de la sensación de estar leyendo no un libro sino los cuadernos de Sofía por una parte y las cartas de Mariana por otra: ¿por qué entonces elegir como material transmisor el libro que impone un formato rígido y aprisiona el heterogéneo andamiaje de la narración? La infraestructura material de *Nubosidad variable* está compuesta de textos con constante movilidad. Florence Dupont, en su estudio sobre literatura clásica, sostiene que: "Una carta no se publica en un libro. Una carta no está destinada a convertirse en monumento ni a salir de la intimidad de los dos actores de la comunicación que instaura" (160). La relación física del lector con el texto es de importancia al lidiar con materiales textuales que no están dirigidos a él: el lector no debería entrometerse entre las cartas de Sofía y los cuadernos de Mariana pues no es el destinatario, esta lectura tendrá implicaciones directas en la relación texto-lector. Gaite juega aquí con el impulso *voyeur* del lector que, al leer los cuadernos de Sofía y las cartas de Mariana, se inmiscuye en la relación personal de dos amigas que han retomado una relación de amistad. La escritora española se distancia de la práctica literaria pública en cuanto que Mariana y Sofía no escriben para el público general: Mariana escribe para Sofía y viceversa. Este hecho establece un *continuum* con la época clásica, Dupont llama la atención sobre la praxis de la escritura en ese periodo: "En la Antigüedad [...] se escribe algo para alguien, escribir o leer no constituyen un fin en sí mismos" (325). En efecto, las narradoras comienzan a escribir tras un rencuentro casual, escriben por necesidad aferrándose a la escritura en el momento de crisis personal en el que se encuentran. Gaite escribe para el público, Mariana y Sofía no. Estos textos privados hechos públicos tendrán repercusión en el acto de lectura.

La necesidad de escribir es una constante para las dos interlocutoras, las pausas y cadencias del texto escrito no las ofrece la palabra hablada. *Nubosidad variable* subraya ese aspecto como punto fuerte de la escritura en varias ocasiones: "Es que no sé, te lo querría contar bien, porque, si no, no lo voy a entender yo tampoco, menos mal que te puedo escribir. Por favor, no te impacientes" (*Nubosidad* 53). La apelación directa de Mariana a Sofía es una técnica con la que Gaite se dirige indirectamente al lector pidiéndole tranquilidad y que disfrute de la lectura. Para Mariana escribir es también una forma de aclararse ella misma: "No sabes lo bien que me está sentando pensar en ti como única destinataria posible de esta carta, que es a su vez mi única tabla de salvación" (*Nubosidad* 56), la referencia a Sofía como "única destinataria" hace que el lector se sienta invasor en la intimidad de las amigas. Por otra parte, la "tabla de salvación" presenta a quien escribe en medio de un naufragio del que sólo la escritura la podrá salvar.

La relación de Sofía con la escritura es similar a la de Mariana, lo expone al principio de la quinta parte de la novela, *Pulpos en un garaje*: "Desde que me he puesto a escribir, mi vida ha dado un giro copernicano. Creí que me lo notaba yo sola por dentro, pero me debe salir a la cara" (*Nubosidad* 71): la terapia de la escritura funciona. El título, *Pulpos en un garaje*, ha sido pasado por alto por la crítica, pero es simbólico si atendemos a los materiales de escritura y a la escritura como terapia. Las amigas, al igual que el pulpo, "liberan tinta" como técnica defensiva para librarse de sus predadores, acaso ellas mismas o sus demonios interiores. Sofía y Mariana "rompen tintas" para dar a luz un texto que las mantenga a flote y las salve del naufragio al que parecen abocadas. Llevando más allá la lectura, es sabido que los pulpos tienen tres corazones, una tríada cardiaca entre Carmen, Mariana y Sofía, todas ellas escritoras cuyos hilos de tinta se cruzan para tejer la ficción. Las tres recuerdan las figuras míticas de las *moiras* griegas y las parcas romanas, a menudo representadas como hilanderas: la costura como tema secundario en la novela no carece de importancia.[83] La costura, la escritura y la confeccion de *collages* son actividades manuales, es pertinente el concepto de *femmage* de Miriam Schapiro que define como: "técnicas tradicionales femeninas —costura, punzadas, ganchillo, corte y confección, costura de apliques, cocina y similares" (Stiles 151). Schapiro no niega que sean actividades que puedan realizar los hombres, pero considera el trabajo manual elaborado como más propio de la mujer y es ahí donde se sitúan los textos de Sofía, Mariana y Gaite. La terapia de la escritura funciona en las protagonistas, la reflexión a través de los textos está siendo catártica en ellas y opera como una suerte de antidepresivo. Escribir es liberador para Mariana, una forma de sincerarse consigo misma:

> Estoy en mi apartamento de arriba, donde llevo metida varias horas, desde que te empecé a escribir. [...] Tienes que notar ahora mismo cuánto te necesito y cuánto me importa que estés ahí esperando mi carta. [...] Yo esta noche te estoy contando cosas que no he contado nunca, que ni a mí misma me había contado así, tan despiadadamente. Me ha tocado el turno del diván, lo que

---

[83] La costura tiene connotaciones simbólicas en la novelística de Gaite, es un tema recurrente y transversal en su obra. Para Gaite, escritura y costura son actividades paralelas. En *Retahílas* (1974) —el título lleva implícito un juego de palabras entre *retal* e hilo/*hila*/hilar— se pone de manifiesto la importancia que hilar historias tendrá en el texto. En *Lo raro es vivir* (1996) las referencias son frecuentes (25, 49, 53). El caso de *Irse de casa* (1998) es más complejo, la protagonista es una diseñadora y los materiales de costura se ponen en primer plano debido a ese oficio y al recuerdo de la madre costurera. Amparo Miranda, personaje principal, aparece al inicio de la novela "recién cosida", tras salir de una operación de cirugía estética. Queda por hacer un estudio sobre la costura en la obra de Gaite. La cita que abre *Irse de casa*, extraída de *Felicidade clandestina: contos* de Clarice Lispector, pone al lector en contacto directo con esta actividad: "Meu enleio vem de que um tapete é feito de tantos fios que não posso me resignar a seguir um fio só; meu enredamento vem de que uma história é feita de muitas histórias" (52). Comparando las citas introductorias de *Nubosidad* e *Irse de casa*, en la primera encontramos añicos de espejo, en la segunda hilos de un tapiz: partes de un todo en ambos casos.
Aunque refiriéndose a la época colonial, en *La desnudez como naufragio*, Margo Glantz apunta ideas originalísimas sobre los "ejercicios de mano" que realizaban las mujeres, entre ellos costura y escritura. Glantz estudia la actividad escrituraria en Sor Juana Inés de la Cruz y otras monjas de la época colonial y cómo esa actividad era considerada *otro ejercicio de mano*: "Entre las labores de mano está, sin lugar a dudas y asociada con ellas, la escritura. A diferencia del bordado, el deshilachado, el labrado o las labores de mano propiamente femeninas, catalogadas como actividades lícitas y normales, la producción de la escritura femenina es ambigua y sufre los vaivenes que le imprime el 'dictamen' de los confesores: es una actividad sospechosa y vigilada, por lo que puede volverse intermitente o desaparecer por completo. [...] las monjas escriben fundamentalmente para cumplir con las órdenes de su confesor" (124).

> son las cosas. Y por primera vez desde que llegué a Puerto Real, me encuentro en paz, sin notar ese nudo de angustia que no me dejaba parar más de media hora. (*Nubosidad* 97)

"El turno del diván" del que habla Mariana no es otro que el turno de la escritura, escribir es materializar ideas, hecho estrechamente ligado con las opiniones de Élida Lois antes analizadas. Verbalizar mediante la oralidad o la escritura es requisito necesario para la depuración interior. En el proverbio latino *scripta manent, verba volant* se encuentra la necesidad de materializar la palabra no sólo para que persista, como la memoria, sino para asentar las bases de una recuperación futura, pues siempre podremos volver sobre un texto, no así sobre la oralidad. En relación con la escritura como terapia, hay una curiosa anotación de Gaite en el *Cuaderno de todo* número 3:

> Mi enfermedad consiste en mi silencio. Es forzoso imaginar un interlocutor, no puede uno salvarse de otra manera. Y si la imaginación no es capaz de forjarlo, se va uno tragando todo deseo de hablar, se va formando esa amalgama oscura, indescifrable y movediza que no se asienta ni se digiere. (Martín Gaite, *Cuadernos de todo* 112)

Esta cita recuerda otra de Clarice Lispector cuando afirma de forma categórica que "Quando não escrevo estou morta" (Lerner, *Entrevista*). Lo que argumento gira en torno a la necesidad de interlocutor y de la comunicación interpersonal, pero también al papel de la escritura como terapia. Gaite da a conocer su opinión sobre la escritura de la siguiente manera:

> JOAQUÍN SOLER SERRANO: Una vez dijiste, Carmen, que escribir es conversar. Lo cual parece, sin duda, una definición casi científica del acto literario.
> CARMEN MARTÍN GAITE: Bueno, es un sucedáneo de la conversación. Yo creo que si siempre pudiéramos hablar bien con toda la gente, tal como queremos, y tuviéramos un tiempo, un plazo narrativo, una pausa para hablar y ser escuchados y escuchar…quizá no escribiríamos. Es como un sucedáneo, en vista de que no encuentras ese interlocutor, pues te pones a escribir. (Soler, *A fondo*)

La defensa de la conversación como forma privilegiada de comunicación es un aspecto importante dentro de la narrativa de Gaite, que afirmó que: "Lo que de verdad noto es que la gente está enferma porque no habla; [...] lo que más echo de menos de la gente que me ha faltado es la palabra, el idioma que haces en común con la gente, el lenguaje diferente que tienes con cada uno" (Calvi, *Dialogo e conversazione* 170). Estas palabras presentan a Gaite como una intelectual nada libresca que sabía priorizar los placeres de una buena conversación. Sus diferentes textos luchan contra el problema de la incomunicación que para ella era uno de los grandes males de la contemporaneidad (Alemany 36). Ante la imposibilidad de diálogo por la ausencia física del interlocutor, la escritura se convierte en "tabla de salvación" en *Nubosidad variable*. Gaite reconoce que la búsqueda de interlocutor es un tema clave en sus escritos, y que "lo que motiva todas las neurosis del ser humano es lo mal que habla con sus semejantes" (Soler, *A fondo*): hablar y comunicarse es saludable.

La búsqueda de interlocutor subyace en todas sus novelas y es un tema destacado en *Nubosidad variable* donde funciona de la siguiente manera: Mariana y Sofía fueron durante la infancia y adolescencia interlocutoras válidas con gran capacidad de compenetración y complicidad, azares de la vida las separan y, tras tres décadas, casualmente vuelven a encontrarse, comprometiéndose ambas a escribirse para contarse. Este "escribirse para contarse" es ambivalente en el sentido de que el "se" puede ser tanto recíproco como reflexivo, es decir, "escribirse y contarse" lo que les ha ocurrido la una a la otra, pero también contarse a sí mismas, reflexionar sobre sus vidas, mirarse en el espejo del texto. Mariana señala que: "Acepté mi *strep-tease* solitario y comprendí que no tengo más refugio que el de la escritura" (*Nubosidad* 139), desnudarse mediante la escritura es una forma de autorreflexión e indagación personal. En consonancia con esta idea, Margo Glantz ha hablado de la desnudez como característica del naufragio, Mariana está a la deriva y sólo puede llegar a la orilla a través de la escritura, su "tabla de salvación", no es casual que la novela acabe en la orilla del Mediterráneo andaluz.

Atendiendo al orden de la novela, primero hay un encuentro entre las protagonistas, después una separación a raíz de la cual se precisará la escritura para retomar la relación, en ese periodo de tiempo se producen los textos que componen *Nubosidad variable*. El reencuentro final se produce en una playa de Cádiz y está marcado por el diálogo de Mariana y Sofía sobre los textos que han escrito. Ambas viajan a la provincia andaluza con impaciencia por leer los textos destinados a ellas escritos por la otra interlocutora: "no podré descansar hasta que [Mariana] me escriba" (*Nubosidad* 50), afirma Sofía. La escritura es polivalente ya que los textos elaborados tienen un valor de reencuentro consigo mismas y sirven como nexo de unión en la distancia entre las protagonistas. Sofía reconoce: "que por primera vez me estaba enfrentando conmigo misma, sin más auxilio que la aceptación de mi desamparo [...] tenía que ponerme a escribir: ése era el único refugio posible" (*Nubosidad* 161). De nuevo la escritura aparece como necesidad y terapia para las dos amigas.

Las cartas que Mariana nunca envía forman parte de esta narrativa de reflexión personal y autoanálisis. En *Nubosidad variable* hay varias cartas no enviadas: "lo que he sacado en consecuencia es que escribirte a tus señas sin saber cuándo vas a volver no merece la pena. Esta carta, pues, ha dejado de serlo y pasará a engrosar mi cuaderno de deberes" (*Nubosidad* 152). Interesa cómo varía el tratamiento que se da a los textos, incluso cuando ya están elaborados como es el caso de esta carta no enviada, el cuaderno se transforma en repositorio. En carta a Juan Benet de 1964, Gaite comunica que:

> No sé por qué usamos tan poco en nuestro tiempo la comunicación epistolar; yo mantengo que si se fomentara esta forma de trato tan desacreditada [...] se aprendería también a hablar y a escuchar más sosegadamente en las otras ocasiones, cuando te echaras a la gente a la cara. (Martín Gaite, *Correspondencia* 32)

La escritora defiende la comunicación epistolar como práctica escrituraria beneficiosa, aspecto estudiado extensamente por Maria V. Calvi al analizar la correspondencia entre Carmen Martín Gaite y Juan Benet. Los textos que presentan las narradoras estrechan fronteras entre literatura y vida, difuminándolas. Mariana reprocha a Sofía que: "Y yo te envidiaba precisamente por eso, aunque creo que tú nunca lo has sabido, porque no veías barreras entre la vida y la literatura" (*Nubosidad* 183). Las protagonistas están, durante toda la novela, inmersas en la producción textual, en la tarea de la escritura. Conocemos cómo son sus hábitos escriturarios e incluso su caligrafía: "sigues escribiendo con pluma estilográfica, y haciendo las aes con barriguita" (*Nubosidad* 32).[84] Convertidas en amanuenses, escribir las evade de su cotidianeidad mientras se cuentan qué les ha ocurrido en esos años de separación. Sofía y Mariana son interlocutoras idóneas, el diálogo entre ellas se lleva a cabo mediante el intercambio de textos escritos pensando la una en la otra. El conducto físico por el que se transmiten los mensajes es el papel, la aparición de materiales textuales toma fuerza en las últimas páginas donde se muestra a las narradoras entre sus papeles:

> En una [mesa] tenían las consumiciones, el tabaco y algún folio y cuaderno. Pero era en otra más grande [...] donde se amontonaba el grueso de papeles, cuadernos y carpetas de que echaban mano continuamente. [...] Totalmente embebidas en la labor de leer aquellas páginas y de apuntar algo en sus márgenes, solamente interrumpían su tarea para intercambiar comentarios que solían desembocar en risa [...] o pasándole el papel que estuviera leyendo, mientras le señalaba con el dedo índice alguno de sus párrafos. [...] Tenían las mejillas encendidas y esgrimían en la mano derecha sendas plumas estilográficas de punto grueso. (*Nubosidad* 389)

La terapia satisface la necesidad de interlocución en el epílogo de la novela con el encuentro de las dos protagonistas.

Ana Martín Gaite, hablando de su hermana Carmen, informa de que: "La secretaria y yo, siempre que veíamos que estaba terminando algo, nos poníamos nerviosísimas, porque podía venirle un bajón"

---

[84] Este estudio propone que escritores y editores podrían introducir distintos tipos de caligrafías, no tipografías, al menos en ficciones donde son descritas con minuciosidad. Hay aún un largo camino por recorrer en la innovación de la edición de textos literarios, la riqueza caligráfica que había en la Edad Media se ha ido reduciendo desde la aparición de la imprenta. Se podría objetar que ha aumentado sustancialmente la variedad tipográfica, pero no creo que ésta sustituya los matices que puede aportar aquélla. Volver a la artesanía de la escritura implica retomar la heterogeneidad de formatos y caligrafías hoy homogeneizados por la industria editorial. El libro, como contenedor de ficción, podría ser mejor explotado artísticamente, a ello debería contribuir el trabajo conjunto de escritores, editores y artistas. Para ello se podría observar con más atención las propuestas que en el ámbito hispánico y luso-brasileño se han hecho en materia de libro de artista y verlas en conjunción con el hecho literario. Remito a Simon Eliot, *A Companion to the History of the Book* (2007), compendio de artículos donde se trata al libro desde originales perspectivas incluyendo nuevas ideas de edición.

(Cremades 298). La escritura es terapia no sólo para Sofía y Mariana, también para Carmen Martín Gaite. Todas están aferradas a la escritura, lo que refuerza la idea de que Mariana y Sofía son *alter ego* de Gaite. Mariana, tras proponerle a Sofía la idea de publicar todos esos textos como una novela, divaga con ganar algún dinero para vivir de la literatura: "Igual dejábamos yo la psiquiatría y tú a tu marido" (*Nubosidad* 340), la literatura se presenta como posible salida a la complicada situación psicológica que ambas viven. Ana Martín Gaite añade que "Una de las obras que más sintió terminar fue *Nubosidad variable*; se quedó como sin sombra de pensar que nunca volvería a *vivir* esa historia con la misma intensidad" (Cremades 298). Estamos aquí ante una enfermedad de transmisión textual (Pennac 159), escribir es un remedio adictivo que provoca síndrome de abstinencia, la reducción o suspensión brusca de la dosis de escritura es contraproducente: Carmen, Sofía y Mariana han desarrollado cierta dependencia de esta actividad. Por suerte, al acabar *Nubosidad variable*, Carmen Martín Gaite estaba inmersa en otros proyectos escriturarios, queda la duda de si Mariana y Sofía continuaron la terapia, si siguieron escribiendo.

Escritura y lectura son vías todavía hoy usadas para ahuyentar fantasmas interiores y espantar la soledad a la que, cada vez más, está sometido el hombre contemporáneo. Lo que la literatura de Martín Gaite pone de manifiesto es, en última instancia, el desengaño de la mujer española de finales del siglo XX, ella misma lo era, que a pesar de haber luchado y conquistado un terreno de libertad que le pertenecía tanto en el ámbito doméstico –Sofía– como en el laboral –Mariana– no ha conseguido metas más esenciales como la felicidad o la realización personal. No obstante, la escritura siempre servirá para paliar esas carencias al ofrecer el efecto placebo del texto escrito, pues lo último que el ser humano puede perder es la palabra.

Nubosidad variable: novela de papeles atados

Papeles, libretas, recetas y cuadernos son materiales donde la escritura se lleva a cabo, espacios propicios para la palabra escrita, hábitat de la literatura. El texto es un objeto al que se le da voz mediante la escritura. Martín Gaite fue una investigadora pertinaz, aludí al eco que sus estudios ensayísticos tienen en su narrativa donde teje así una tela de araña, una *hifología* (Barthes, *Placer del texto* 81) en la que los hilos funcionan como vasos comunicantes entre ensayo y ficción. El texto ensayístico de carácter biográfico que más trabajó Gaite fue *El proceso de Macanaz: historia de un empapelamiento* (1990), publicado sólo unos años antes que *Nubosidad variable*. En él se ocupa de la vida y obras de Melchor de Macanaz (1670-1760), político de la corte de Carlos II y Felipe V. La escritora salmantina hace con esta obra una primera incursión en el ensayo y en la biografía histórica, es un proyecto en el que trabajó desde 1962 hasta 1970. El subtítulo, *historia de un empapelamiento*, es significativo para mi análisis sobre materiales textuales, pues en él se hace referencia directa al 'empapelamiento', neologismo creado por Gaite derivado del verbo empapelar para señalar el rastro material en forma de textos de todo tipo que algunos personajes históricos dejaron a su paso. Se sugiere, así, que entre los rastros de la historia hay textos, libros, documentos, papeles.

Nubosidad variable tiene un antepasado cercano en *Fragmentos del interior* (1976) donde como sostiene Carlos Feal "Las historias incompletas, los *fragmentos del interior*, deben organizarse (reorganizarse) en la mente del lector-personaje que somos nosotros, los lectores de la novela, en quienes ésta se completa" (98). Gaite se preguntaba si "Habría alguna forma literaria cabal para expresar la convicción de que toda la historia se compone de intentos aislados y fallidos, mal cosidos luego a la fuerza por quien se los encuentra" (Martín Gaite, *Correspondencia* 111). La escritora defiende que en la visión múltiple está el indicio de verdad, su posición ante la historia es una, pero no única: los papeles de Macanaz podrían haber sido cosidos de diversas formas. Para componer la historia de Macanaz, Gaite trabaja con los rastros de una historia, materiales textuales encontrados y ensamblados con los que recomponer la vida de este personaje histórico. La forma en que se junten esos fragmentos es determinante para contar una/su historia a través de un *collage* de partes y materiales dispares que, sea como fuere, forman un todo. Quizá, la atracción que Gaite sentía por el *collage* se deba a que son creaciones hechas con partes de diferente procedencia convergentes en un producto final que, al igual que la Historia, es más que la suma de sus partes.

El verbo *empapelar* tiene varias acepciones según el *Diccionario de la Real Academia Española*. La primera de ellas es: "Envolver en papel", la segunda "Cubrir de papel las paredes de una habitación, de un baúl". El papel aparece como material privilegiado y espacio propicio para la producción escrituraria desde el medievo (Febvre 1-21). La repercusión que tuvo en la narrativa de Gaite su investigación con los papeles de Melchor de Macanaz fue reconocida por la autora que afirmó sentirse abrumada ante la cantidad de textos producidos por este político dieciochesco. Interesa reflexionar sobre una Gaite investigadora en archivos, en contacto directo con legajos, cartas, pliegos, papeles de diversa índole con distinta función y de variada procedencia. Gaite no dudó en tachar a Melchor de Macanaz de *grafómano* (*Correspondencia* 21) sin darse cuenta de que ella compartía con él esa misma manía por la escritura y que quizá fuera Macanaz el origen de esa enfermedad de transmisión textual (Pennac 159) que llega hasta Sofía y Mariana. Refiriéndose al proceso de pesquisa con los papeles de Macanaz, la autora señala la dificultad de lidiar con ellos:

> El desorden de sus papeles dentro de los legajos era un ingrediente tan importante para la historia como cualquiera de los datos que traían. La dispersión de aquellos papeles, que unos habían ido a parar a París, otros a Valencia, otros a Madrid, otros a Simancas, y el tiempo llovido sobre ellos, daban la clave de aquella historia desparramada. Luchando contra su propio desorden la entendí. Y me di cuenta de que aquello que yo había sufrido de verdad, que se me había presentado como un reto a mi paciencia, se correspondía con ese artificio introducido por algunos novelistas, cuando inventan (para desordenar adrede su historia) personajes que van aportando a ella informes contradictorios, papeles, cartas. Fingen haberse ido enterando de la historia a saltos, desordenadamente. Esos líos de las novelas que empecé a llamar desde entonces **«de papeles atados»** me parecieron de risa, al lado de lo que me estaba pasando a mí. (*Cuento de nunca acabar* 336-37; énfasis mío)

Extraigo de esta cita el título para este apartado: *novela de papeles atados*, aunque "historia desparramada" también haría justicia a lo que es la novela en esencia, una historia esparcida de textos que se reúnen. El proceso escriturario que Gaite lleva a cabo en *Nubosidad variable* es similar al descrito en la cita anterior. Alguien ha tenido que encontrar las cartas de Mariana y los cuadernos de Sofía, leerlos, compilarlos y ofrecerlos al editor para que surja *Nubosidad variable*. Pongo de manifiesto que, a veces, los escritores se presentan como compiladores y no como autores de los textos que componen como se ha analizado en el primer y tercer capítulo de este libro.

Esta designación de *novela de papeles atados* ha pasado desapercibida para la crítica. Atendiendo a la materialidad del texto, creo oportuno retomar este concepto por el valor y la agudeza de la idea que propone Gaite. Bajo esta etiqueta se pueden englobar novelas donde el orden de documentos, informes, cartas, cuadernos, notas, etc. podría haber sido siempre otro. Con *novela de papeles atados* Gaite subraya el desorden o la posibilidad de un orden alternativo como rasgo propio de narrativas fragmentarias compuestas por diversidad de textos escritos por las mismas o distintas manos, papeles cuya independencia el formato físico del libro no respeta.

En cuanto al concepto de *novela de papeles atados*, su originalidad es la de aludir directamente a la materialidad del texto alejándose de la concepción tradicional de libro. Las narrativas de las cuatro novelas estudiadas se componen de una importante variedad de papeles, son narrativas maleables, flexibles, versátiles. La composición heterogénea de la narración mediante distintos papeles descompone el libro y choca con la inflexibilidad de su formato, pues anula la riqueza de géneros textuales y empobrece las formas con las que los lectores se relacionan con el texto: el libro elimina la movilidad de los papeles como materiales textuales. En el caso de *Nubosidad variable* el libro funciona como repositorio de textos, sus rasgos inherentes impiden al lector manipular por separado las cartas de Mariana y los cuadernos de Sofía, dando una falsa imagen de unidad al lector. Los papeles provienen de diferentes plumas y la ordenación que se les ha otorgado es sólo una entre las muchas que podría tener. Cuando Gaite habla de *novelas de papeles atados*, está hablando de *Las ataduras* (1959) –para jugar aquí con el título de su novela– en sentido peyorativo, en cuanto nudo que impide el movimiento. Si el lector lee una ficción formada por textos materialmente autónomos y escritos por distintas manos, su orden siempre podrá ser otro. *El proceso de Macanaz* fue un ejercicio de depuración escrituraria. Aunque era un trabajo de carácter histórico, funcionó como filtro a través del cuál la escritura de Gaite suelta lastre. La autora sabía que había una historia en los papeles de Macanaz, tenía que jugar con ellos y atar cabos, buscar posibles órdenes para que el *puzzle* tomase forma y el mosaico textual quedase completo. Gaite habló de la importante repercusión que tuvo ese trabajo de archivo en su creación literaria:

> Aparte del estilo o de que digas más mentiras o verdades creo que empiezo a escribir mejor. Empiezo a escribir mejor porque el viejo Macanaz me probó tanto la paciencia para escribir su historia que en ese libro, aunque es un libro histórico, depuré mucho mi estilo, me di cuenta de que tenía que decir lo más significativo, lo esencial y me di cuenta también de que para hacerle entender a alguien un proceso tan enredado tenías que tener muchísima paciencia y mucho temple y mucha cabeza. Entonces cuando ya volví a la literatura traía el bagaje de haber aprendido a escribir con más rigor, y yo creo que se lo debo a Macanaz, que es lo único que le debo porque el dinero que me quitó a mí ese hombre [...] es el chulo de la Martín Gaite, Macanaz. (Soler 1980)

El final de la cita no carece de cierto humor. La autora de *Retahílas* (1974) explicó que *Macanaz* "me hizo entender el desfase que existe entre el desorden de los acontecimientos y su orden de sucesión dentro del relato" (Ciplijauskaité, *Carmen Martín Gaite* 27). Lo que manifiesta Gaite en estas citas es que para contar la historia de Macanaz tuvo una inmensa paciencia a la hora ordenar la cantidad de papeles escritos por aquel político. Se ha aludido al tema del (des)orden, me vuelvo a detener en él por su singular importancia en la obra de Gaite (Calvi, *Dialogo e conversazione* 68). Su poema "Libros y papeles" es significativo para este análisis de materiales textuales:

> Libros y papeles,
> el gran perdedero
> de un recto camino. [...]

> Tanta queja disecada
> de los muertos y los vivos
> en estantes y anaqueles
> y tanto afán para nada:
> para llenar los archivos
> de libros y papeles. (*Poemas* 97)

En este poema, Gaite identifica libros y papeles con un *perdedero*, o sea, un lugar donde podemos perdernos, un espacio laberíntico. Ciplijauskaité ha insistido en cómo la fragmentariedad ha ido en aumento en la novelística de Martín Gaite (*Carmen Martín Gaite* 44), aspecto que hará que el tema del (des)orden cobre importancia en adelante. La fragmentación obliga al lector a ser más activo en su lectura y a hilvanar fragmentos para construir el relato. El libro no es como la televisión –Gaite identificó las siglas *TV* con *Tedium Vitae*– que requiere un espectador pasivo, sino que es un objeto que urge a la actividad mental y física en cuanto que tenemos que manipularlo, aspectos sobre los que reflexionó en algunos artículos (Martín Gaite, *Tirando del hilo* 374). La fragmentariedad es central en la estructura de *Nubosidad variable*, pero también aparece como tema: "¿Qué me está pasando a mí, si no, desde que empecé estos cuadernos? No me salen más que cuadernos incompletos, todos son cachitos, y los voy uniendo como puedo, pero quedan cachitos para dar y tomar, vivos y coleando, empujándose para entrar en el argumento" (*Nubosidad* 305). A través del análisis del manuscrito y del estudio de su proceso de génesis sabemos que Sofía, al igual que Gaite, ficcionaliza su proceso de escritura. Hay aquí un juego especular de carácter circular entre escritora y narradora, ésta se presenta ahora más como 'autora implicada' (Reis 28-29) que como narradora.

Cabe recordar que el manuscrito está fragmentado en catorce cuadernos dentro de los cuales hay una nueva fragmentación de los capítulos que componen la novela. El (des)orden está presente en *Nubosidad variable* desde su genesis, un desorden con el que Gaite se siente a gusto. Al hojear la edición póstuma de *Cuadernos de todo* (2002), el desorden se muestra como característica inherente a la génesis textual en la producción gaitiana, aspecto con eco en su narrativa. Los capítulos de *Nubosidad variable* están fragmentados de por sí y ello da a conocer, por ejemplo, que el segundo capítulo, donde Mariana es la narradora, se ha escrito en tres días diferentes (*Nubosidad* 20, 28, 32). Por otro lado, asteriscos (*Nubosidad* 56, 153) o simples espacios en blanco (*Nubosidad* 143, 220, 243, 278, 297, 314) sirven de indicadores para poner de manifiesto la aparición de nuevos textos y la fragmentación interna de los capítulos.

Las protagonistas explicitan en su narración cómo van a ser sus técnicas de escritura. Sofía informa: "usaré la técnica del *collage* y un cierto vaivén en la cronología" (*Nubosidad* 153), el *collage* y el *vaivén* dan idea de cierto desorden en su escritura, un desorden que se debe al flujo de conciencia con el que escribe y que conlleva la espontaneidad del escrito a vuelapluma. En cuanto al *collage*, se conforma siempre por una diversidad de materiales dispares, la pregunta es cómo atarlos, con qué intención o criterio unirlos. Gonzalo Sobejano, analizando los enlaces y desenlaces en la novelística de Gaite, sostiene que los enlaces se constituyen como:

> hilos, ataduras, lazos que se pierden, desatan o sueltan después de haberse tendido entre persona y persona; [...] esos enlaces son primordialmente dialogales [...] los desenlaces coinciden generalmente con aquel momento en que los interlocutores no pueden ya seguir hablándose porque han perdido el hilo. (210)

La propuesta de reunir los textos y publicar esos apuntes como novela (*Nubosidad* 339) tiene la finalidad de atar papeles y coser heridas abiertas, unir escrituras y asentar una base sólida para una futura amistad entre las protagonistas. Crear una ficción es un proyecto común en el que las narradoras participan hombro a hombro, la escritura ha ayudado a soldar una amistad rota. Queda en el aire la idea de publicar la novela con esos papeles. No se sabe si, en última instancia, Sofía o Mariana se ocuparon de pautar esas escrituras, de enhebrar la aguja para hilvanar textos:

> Ponerse a contar es como ponerse a coser. "Para las labores –decía mi madre– hay que tener paciencia, si te sudan las manos, te las lavas; si se arruga el pañito, lo estiras. Y siempre paciencia". Coser es ir una puntada detrás de otra, sean vainicas o recuerdos. Se trata de una postura correcta del cuerpo frente al desplegarse de la memoria, una actitud de buena voluntad, empezar

poniéndose a bien con uno mismo, con el propio cuerpo. (Martín Gaite, *Cuento de nunca acabar* 39)

No es necesario recordar que "texto" y "tejido" comparten el mismo étimo (Corominas 545) y que, debido a ello, se pueden considerar productos de actividades amanuenses paralelas: escribir y tejer son prácticas manuales y, como se señaló, cabe encuadrarlas en lo que Miriam Schapiro denomina como *femmage* (Stiles 151).

Se puede poner al mismo nivel narrativo a Sofía, Mariana y a Martín Gaite que en su actividad manual se asemejan a las *moiras* griegas y a las parcas romanas. Establezco otro paralelismo con el cuadro titulado *Tres destinos* (1956) de la pintora hispano mexicana Remedios Varo. Esa pintura puede ser una alegoría lo que ocurre en la novela, pues en ella tres figuras distintas tejen con el mismo hilo estando en lugares diferentes, pero unidas por el mismo tejido.[85] Si el orden de la novela puede ser siempre otro, parece que estamos ante el taller de Penélope donde se teje un orden durante el día que es destejido por la noche para volver a ser tejido al día siguiente, un trabajo de autoconocimiento, de vuelta al interior como el que desarrollan las protagonistas. Las figuras de *Tres destinos* de Remedios Varo se ubican en lugares diferentes, en posición propicia para la actividad manual que desarrollan. Esta posición recuerda prácticas escriturarias atávicas –al escribano o amanuense en su taller de confección de textos– y rememoran una de las reglas que Sofía y Mariana se imponen para la elaboración de textos cuando se obligan a "dar noticia un poco detallada de ese lugar" (*Nubosidad* 20) en el que escriben. Las figuras del cuadro de Varo, inmersas en su actividad manual, rememoran

---

[85] Como afirma Ana Rueda "La cesta de la costura, a la que la protagonista acude en busca de algún fármaco para el insomnio, se sugiere como metáfora del taller literario en el que opera la escritora" (304). El tema de la costura y de los hilos es común en la obra literaria de Gaite y la obra pictórica de Remedios Varo, pintora del gusto de Gaite. La portada de *Retahílas* (1996) presenta un cuadro de Varo titulado *Les feuilles mortes –Los hilos muertos–* (1956) que también hace referencia a la costura. Gaite está muy alejada del surrealismo místico de las pinturas de Varo, pero ambas se interesan por la costura, me refiero a cuadros como *Premonición* (1953), *Ciencia inútil* o *El alquimista* (1955), *Presencia inquietante* (1959) o *Tejiendo el manto terrestre* (1961) donde el motivo de la costura y lo textil es recurrente. Un estudio que relaciona la obra de Gaite con la pintura de Varo es el de María Zanetta. Por otro lado, la investigación de Edith Mendoza Bolio abarca la génesis textual en la obra de Varo.

las tres voces que encontramos en *Nubosidad variable*: Sofía, Mariana y Carmen Martín Gaite, a ésta última se le puede atribuir, entrando en el juego de la ficción, la voz del epílogo en tercera persona omnisciente. Este epílogo está ciertamente desligado de toda la novela, es un papel añadido para culminar un relato cuya caligrafía no pertenece ni a Sofía ni a Mariana, sino al compilador de sus escritos: Carmen Martín Gaite. Cabe preguntarse qué les hubiera parecido a Sofía y Mariana esa intromisión última de Gaite en sus papeles. Seguramente no les gustaría, Mariana afirma que: "A mi madre empecé a odiarla cuando supe que me leía las cartas de Guillermo" (*Nubosidad* 39), Sofía dice que: "No soy amiga de fisgar en papeles ajenos" (*Nubosidad* 303), lo contrario de lo que el lector hace al husmear en los escritos personales de Sofía y Mariana. Gaite, que había organizado la vida y la historia de Melchor de Macanaz, lleva a cabo la misma operación con la historia de Sofía y Mariana. El propósito de estudiar el manuscrito de la novela es acompañar su proceso creativo para considerar la obra de Gaite desde una perspectiva abarcadora y entrar en su laboratorio de escritura. Gaite dejó el material genético de sus obras tan organizado que se dilucida un deseo por parte de la escritora de dar a conocer la labor íntima de su trabajo, era consciente de la importancia del proceso de génesis del texto en la interpretación del mismo.

 Lo que ofrece la compiladora de estas cartas y cuadernos es, en definitiva, una *novela de papeles atados* que el libro impide desatar debido a su formato. La labor final de costura de esos papeles debe cederse al lector, a él le corresponde hilvanar como mejor le parezca cartas y cuadernos, coger aguja e hilo para, como hizo ya Martín Gaite, tejer esta ficción.

PRÁCTICAS ESCRITURARIAS EN *NUBOSIDAD VARIABLE*

> *Meterse a hablar entre dos es un juego difícil que requiere mucha afición y esmero. Hay quien se queda hablando solo por redondear de forma definitiva lo que dice, y le cierra al otro la puerta en las narices. (...) Se pierde la ventaja de estar ante un rostro –capaz de una réplica que nunca te dará el folio en blanco– sin beneficiarse, como contrapartida, del rigor de la escritura.*
>
> C. M. Gaite. *El cuento de nunca acabar*

En anteriores apartados se ha destacado la importancia que la materialidad del texto tiene en *Nubosidad variable* para concluir que repercute directamente sobre su estructura narrativa. En esta sección se analiza cómo la producción textual de Sofía y Mariana configura los senderos narrativos por los que Gaite guía al lector al transferir la autoría a dos personajes que se leen y se escriben.

La estructura de la novela es compleja, se presenta como una serie de cartas y cuadernos que Mariana León y Sofía Montalvo comienzan a escribir tras un encuentro casual después de tres décadas sin tener noticias la una de la otra. Ese encuentro se produce en una exposición de arte ante una imagen que desagrada a ambas, hecho alegórico porque, mediante la lectura de sus papeles, se sabrá que tampoco les gusta la imagen que proyectan de sí mismas. Al despedirse, ante un viaje inminente de Mariana al día siguiente, las protagonistas prometen escribirse. Sofía y Mariana son, desde ese instante, remitentes y destinatarias, escritoras y lectoras de textos mediante los que se realiza su desglose psicológico.

A raíz de ese compromiso se emprende la escritura de textos de diversa índole, narraciones a las que el lector de *Nubosidad variable* tiene acceso. Así, se justifica la pertinencia de la escritura alterna en primera persona por parte de las protagonistas: Mariana emprende el relato de su vida con un estilo epistolar y produce una serie de cartas y textos que tienen como destinatario a Sofía, quien a su vez escribe cuadernos-diarios teniendo en mente a Mariana. Esta empresa a través de la escritura las lleva a una introspección psicológica que tendrá un resultado catártico. Los registros de ambas convergen y sus escrituras se presentan como rituales marcados por reglas:

> A pesar de los años que hace que no te escribo una carta, no he olvidado el ritual al que siempre nos ateníamos. Lo primero de todo, ponerse en postura cómoda y elegir un rincón grato, ya sea local cerrado o al aire libre. Luego, dar noticia un poco detallada de ese lugar, igual que se describe previamente el escenario donde va a desarrollarse un texto teatral [...] para que el destinatario de la carta se oriente y pueda meterse en situación desde el principio. (*Nubosidad* 20)

Esta reflexión metaescrituraria da pautas al lector de lo que encontrará en adelante. Hay prácticas escriturarias habituales en el pasado de las protagonistas que se retoman en el presente: "a lo escrito se contesta por escrito. Era otra de tus reglas de oro y lo debe seguir siendo porque no me mandas el teléfono" (*Nubosidad* 23), o "Nunca se tachará nada de lo escrito, a no ser que sea una rectificación gramatical o de estilo" (*Nubosidad* 28). Gaite ficcionaliza sus pautas de escritura extrapolándolas a sus personajes. Esta última cita es pertinente si atendemos a la tendencia poco tachista del manuscrito de *Nubosidad variable*, de nuevo la génesis textual abre puertas para la interpretación del texto édito. Martín Gaite explicita cómo estructura la ficción, qué normas la componen, reglas que se mantienen hasta el final de la novela y que aparecen al inicio para que el lector pueda corroborar si se siguen o no.

El libro que contiene esta ficción —considero libro como conjunto de hojas sueltas encuadernadas, pegadas o cosidas— se estructura en diecisiete capítulos y un epílogo.[86] Con excepción del epílogo, cada capítulo tiene como narradora a una de las dos protagonistas. Se alterna la escritura de cuadernos y cartas, aquéllos se corresponden con la escritura de Sofía y éstas con la de Mariana. Pero además, en *Nubosidad variable* encontramos escritores (23), sobres (23), recetas (34), pliegos (28), folios (29), Manuscritos (29), cuadernitos (47), tarjetas (49), fichas y

---

[86] Jacques Derrida explica sobre el étimo de la palabra libro para sostener que: "*Biblion*, que no quería ni en primer lugar ni siempre significar 'libro', todavía menos 'obra', podía designar un soporte de escritura (derivando entonces de biblos que nombra, en griego, la corteza interna del papiro, por consiguiente, del papel, lo mismo que el *liber* latino, que designaba, ante todo, la parte viva de la corteza antes de designar 'libro'). *Biblion*, por lo tanto, querría entonces decir solamente 'papel de escribir' y no libro, ni obra, ni opus, sólo la sustancia de un soporte particular, la corteza. Pero *biblion* puede designar también, por metonimia, cualquier soporte de escritura, unas tablillas por ejemplo, o incluso unas cartas, el correo" (*Papel máquina* 17).

libros (91), libros escolares (111), papeles que se pierden y que parecen multiplicarse por sí solos (112), repugnancia a los papeles administrativos (113): papeles que forman la infraestructura material de la novela. Gonzalo Navajas, en su estudio sobre novela posmoderna española, sostiene que "El posmodernismo se opone a un concepto orgánico de la obra y niega la existencia de un orden lineal y una unidad definida en el texto. Frente al significado unitario prefiere la metasignificación, el repertorio múltiple y dialécticamente conectado de significados" (15). *Nubosidad variable* sigue el patrón señalado por Navajas al conformarse por una variada gama de papeles en los que se hilvana una narración de la que emerge la ficción.

La propia escritura es el motor de la historia. La técnica narrativa seguida por Gaite se asemeja a la de *Ifigenia, diario de una señorita que escribía porque se fastidiaba*, novela de 1924 de la venezolana Teresa de la Parra, compuesta por "una carta muy larga donde las cosas se cuentan como en las novelas" (29), que coincide con la primera parte, y un segundo bloque que concuerda con el diario de María Eugenia y abarca la segunda, tercera y cuarta partes de la novela. La *infraestructura material* de *Ifigenia* se compone de una carta y un diario, pero hay muchos textos dentro de estos dos grandes bloques: cartas y libros que van y vienen, notas, hojas escritas y epitafios aparecen por doquier en la novela, textos que construyen la narración y que pasan ante nuestros ojos con extremada sutileza. *Ifigenia*, como *Nubosidad variable*, es una *novela de papeles atados* y, desde esa óptica, se podría hacer una nueva lectura del texto.

En *Nubosidad variable* la escritura se erige como punto de encuentro entre las amigas no sólo para reflexionar sobre ellas mismas, sino también para revisar la infancia y adolescencia que vivieron juntas, época que fraguó la fuerte amistad que las unía y donde el gusto por la lectura y la escritura eran tema común de conversación entre ellas. Al leer las distintas piezas de este puzle conocemos qué aconteció en la vida de las amigas, se presenta un universo femenino donde los temas tratados son universales: amor, trabajo, el paso del tiempo, vida y muerte, hijos o la complejidad de la vida adulta.

La crítica ha señalado lo epistolar como espacio escriturario propio de lo femenino. La relación entre las cartas y la escritura femenina es antiquísima, Bonnie Anderson apunta en su *Historia de las mujeres* ejemplos tempranos de este tipo de relación y, remontándose a la Edad Media tardía, pone por caso el de Christine de Pisan que: "Escribió su primera obra de cierta longitud, *Carta al dios del amor* (1399), [...] afianzó un puesto para sí como escritora de la corte y comenzó a asegurarse las ventajas que esto llevaba consigo" (102). Atendiendo a la datación de la carta se puede afirmar que lo epistolar es una costumbre atávica femenina al menos desde las mujeres letradas de aquel periodo. Otros críticos como Marjorie Agosín subrayan que: "Las cartas han sido siempre insinuaciones y gestos de la escritura femenina [...] las cartas de las mujeres siempre nos acercan a la escritura del reino de lo privado" (119). Este aspecto es claro en *Boquitas pintadas* de Puig donde la mayoría de la correspondencia se realiza entre mujeres. Así ocurre también en *Nubosidad variable*, cartas y cuadernos son recursos escriturales para explorar la psique de unas protagonistas que reconstruyen su pasado y presente a través de la plasmación en textos de sus reflexiones.

Otras prácticas escriturarias tienen que ver con cuestiones paratextuales. Gérard Genette define paratexto como: "la relación [...] que [...] el texto propiamente dicho mantiene con lo que sólo podemos nombrar como su paratexto: título, subtítulo, intertítulos, prefacios, epílogos, advertencias, prólogos" (11). Señalé que en el manuscrito de *Nubosidad variable* hay un número considerable de *collages* e ilustraciones de Martín Gaite, actividad que comparte Sofía, que ilustra también sus cuadernos.[87] La faceta de ilustradora hace la obra de Gaite especialmente

---

[87] La faceta de ilustradora de Martín Gaite se observa con toda plenitud en *Caperucita en Manhattan*. En el prólogo de *Cuadernos de todo*, el escritor Rafael Chirbes explica a Ana Martín Gaite, hermana de la escritora, que le parecía que esos cuadernos "iluminaban el proceso de creación de algunas de sus obras publicadas y ayudaban a entender la relación que Carmen había mantenido con la literatura, eso que se llama 'el taller del escritor'" (19). Chirbes describe la sensación que sintió cuando tuvo los cuadernos frente a sí: "la llegada a casa de los cuadernos escritos de su puño y letra, su materialidad sobre mi mesa de trabajo me hizo revivir a Carmen Martín Gaite como una presencia casi física, aún más tangible porque, como acostumbraba a hacer con casi todos los originales que escribía, también en este caso había ilustrado sus notas con dibujos hechos de su propia mano, con recortes y collages que ella misma componía: pequeñas iluminaciones que hacían que esa materialidad fuera más viva" (20).

Otro escritor español que escribió en cuadernos gran parte de su producción fue Torrente Ballester, en *La creación literaria de Gonzalo Torrente Ballester* de Ángel Abuín y Carmen Becerra hay artículos relacionados con sus cuadernos y la génesis textual de su obra.

interesante pues ella misma ilustró *Caperucita en Manhattan*. El gusto por lo pictórico es un aspecto que comparte con Clarice Lispector, ambas realizaban prácticas pictóricas en paralelo a la actividad literaria. Al igual que la narradora de *Água viva* pinta –Clarice lo hacía–, también Sofía ilustra y decora sus cuadernos como hizo Gaite, hay un trasvase de estas prácticas de escritoras a narradoras. Peter Burke, hablando de *La invención de lo cotidiano* de Michel de Certeau, afirma que en ese libro "tenemos la noción de lo cotidiano como un dominio en el que la gente común y corriente hace alarde de creatividad, a pesar de vivir en un mundo de objetos producidos en masa" (23). La faceta creativa es parte de la cotidianeidad humana y a eso se debe que Sofía adorne sus cuadernos para personalizarlos, singularizarlos y distinguirlos de los producidos industrialmente. Sofía realiza la misma tarea que Gaite con los cuadernos del manuscrito de *Nubosidad variable*.

En *El cuento de nunca acabar* Gaite etiqueta a un amplio número de cuadernos como *Cuadernos de todo*. Estos cuadernos evidencian la importancia que tendrán en el proceso de génesis literaria de la autora a partir del 8 de diciembre de 1961 cuando su hija le regala un cuaderno por su cumpleaños. Gaite reconoce que: "la presencia física de mis cuadernos aquí sobre la mesa es un vicio del que no soy capaz de prescindir. Son muchos, cada uno con su fisonomía peculiar me evoca determinadas vicisitudes de su historia" (*Cuento de nunca acabar* 45). La escritora trabaja rodeada de cuadernos de notas, hecho que tiene claras resonancias en *Nubosidad variable* ya que Sofía y Mariana están en contacto continuo con cuadernos y papeles, descritos a veces en pormenor. Martín Gaite describe de la siguiente manera el cuaderno que le regaló su hija y que inicia la saga de esos "cuadernos de todo":

> Era –y es, porque lo tengo aquí delante– un bloc de anillas cuadriculado, con las tapas color garbanzo, y en el extremo inferior derecha la marca, Lecsa, entre dos estrellitas, encima del número 1.050, todo en dorado. [...] En la primera hoja [mi hija] había escrito mi nombre a lápiz con sus minúsculas desiguales de entonces, y debajo estas tres palabras: 'Cuaderno de todo'. (*Cuento de nunca acabar* 45-46)

Una foto de este famoso cuaderno aparece en sus *Cuadernos de todo* (25). El "tono nuevo" de sus escritos se refiere a que la fragmentación de sus textos irá en aumento desde entonces, quizá por la libertad que ahora le ofrecen esos "cuadernos de todo".

Los materiales que componen un manuscrito forman parte de un todo heterogéneo y múltiple que la crítica genética estudia y analiza. Para Gaite, la ficción es un hilván de esas partes: "Al engarzar posteriormente una serie de secuencias aisladas y referirlas unas a otras, vamos amañando la novela de nuestra vida, magnificando lo que vimos, desmesurando lo que gozamos y padecimos" (*Cuento de nunca acabar* 237). Llama la atención los dos verbos que usa: *engarzar* y *amañar*. El primero de ellos se refiere al hecho de vincular o encadenar: textos en este caso. El segundo es más sugerente pues se refiere, según el *DRAE*, a una "disposición con engaño o artificio": ¿es la ficción para Gaite una vinculación de piezas dispuestas mediante engaño? Al parecer sí, pues para ella la historia se "compone de intentos aislados y fallidos, mal cosidos luego a la fuerza por quien se los encuentra" (*Correspondencia* 111). Gaite apunta aquí a la "historia" en referencia a la narrativa histórica y ficcional; ambas tienen una génesis similar que ella experimentó al contar la historia de Melchor de Macanaz. Hay, sin duda, un continuo y fecundo diálogo entre la obra ensayística y ficcional de Carmen Martín Gaite.

Los cuadernos de Sofía se acercan a la condición de diario y también las extensas cartas de Mariana tienen tendencia diarística. Son papeles en los que se cuentan vidas, *el papel de los papeles* es de enorme importancia en *Nubosidad variable* y en toda la obra de Carmen Martín Gaite, son la infraestructura material sobre la que se construye la narrativa, andamiaje que sustenta la ficción. Para Benjamin "El lugar de nacimiento de la novela es el individuo en soledad" (*Sobre el programa* 193), la sensación de soledad afecta a ambas narradoras que han podido paliar esa sensación a través de la escritura, Sofía y Mariana se plantean, al final, publicar sus escritos como novela. Martín Gaite crea un hábitat apropiado para que la escritura se desarrolle y fluya sin restricciones, las referencias a papeles, libros, sobres, cartas, cuadernos, álbumes, revistas o periódicos son usuales en la novela, y es que los textos acompañan la soledad de las dos protagonistas, son una defensa contra ella. Emma Martinell Gifre ha descrito la frecuencia de aparición de los papeles en la obra de Gaite:

> la referencia más frecuente es la de libros y papeles, sobre todo papeles, dado que el libro es más fácil de identificar y localizar, en tanto que el papel se escabulle, se pierde y, a menudo, es indescifrable. Hay montones de papeles: papeles de cartas, billetes de no se sabe qué, entradas, cuentas de restaurantes. Muchísimo papel. (*Carmen Martín Gaite* 48)

En *Nubosidad variable* estos papeles se esconden en cada página, Mariana describe que: "Miro hacia la mesa supletoria, tan atestada de papeles y libros como si ya lleváramos ella y yo un año aquí" (*Nubosidad* 180). Martinell informa también de que: "sí conozco la frecuencia con la que aparecen los términos montón, amontonamiento, amontonarse, etc.; revoltijo, revolver en los cajones [...] caterva, barahúnda, término cuyo contenido ya está en la zona límite del descontrol" (*Carmen Martín Gaite* 47). La mesa atestada de papeles es sintomática de un intenso proceso de producción textual. De igual manera, la descripción que hice del manuscrito da noticia de la febril práctica escrituraria de Gaite, de la cantidad de texto creado. Sostengo, siguiendo a Genette, que esos cuadernos que son parte de la génesis de la novela –por extensión, cualquier manuscrito literario también lo es– forman parte intrínseca del paratexto de *Nubosidad variable*. Sólo a través del estudio del proceso escriturario se puede afirmar que Martín Gaite ficcionaliza el propio proceso escriturario. *Nubosidad variable* refleja las prácticas escriturarias y lectoras de Gaite sobre todo en Sofía Montalvo, quien piensa que esos cuadernos que escribe podrían ser el material de una futura novela (*Nubosidad* 339). Los cuadernos de Sofía y las cartas de Mariana son, para la crítica genética, materiales pretextuales redaccionales que forman parte del texto édito de una novela que parece haber sido publicada sin editar. En otras palabras, *Nubosidad variable* no es una novela sino el manuscrito de una *novela de papeles atados* (Martín Gaite, *Cuento de nunca acabar* 336-37): Gaite ficcionaliza su proceso de producción textual.

La cuestión del orden/desorden en Gaite es tema importante en *Nubosidad variable*: "entre lo que traigas tú y lo que tengo yo salía una novela estupenda a poco que la ordenáramos, o incluso sin ordenar"

(*Nubosidad* 339). El lector ha de decidir, tras leer cartas y cuadernos, si esos papeles están ordenados o si otros órdenes son posibles. En caso de que lo estén: quién les ha dado orden, en caso de que no, habrá que releerlos y decidir si se considera necesario (re)ordenarlos. El formato del libro juega una mala pasada a la pirueta textual que Gaite propone al lector, pues coarta las posibilidades de lectura sugeridas. Una pregunta que aparece al tratar con narrativas fragmentarias es cómo tiene lugar la ficción, dónde acontece la literatura. Una respuesta plausible es que a consecuencia del montaje que se hace de esos papeles sueltos, hablar de *novela de papeles atados* hace justicia a lo que es *Nubosidad variable*, pues siempre podremos desatar los papeles para otorgarles otro (des)orden. La narración es un ensamblaje de textos que deja abierta la posibilidad de un orden *variable*.

La obra de Gaite es una tela de araña, una hifología donde los papeles son hilos que funcionan como vasos comunicantes por donde la ficción se mueve sin restricciones. Unos papeles llevan a otros, todo está intercomunicado de manera reticular. Hay continuos ecos entre las novelas de Gaite, pero también entre su obra ensayística y de ficción, e incluso con los *collages* en los que se incluía ella misma, siendo un elemento más de su propia creación.[88] *Nubosidad variable* es un artificio especular que refleja las prácticas escriturarias de Gaite en sus personajes. Se puede hablar de un fuerte componente "extratextual" ya que esas prácticas conllevan la producción textos como cartas y cuadernos (*Correspondencia, Cuadernos de todo*, Calvi 2014) que prefiguran los hábitos escriturarios de las protagonistas de *Nubosidad variable*. Los cuadernos y correspondencia personal son prácticas habituales en la rutina diaria de Gaite, una suerte de entrenamiento para la creación ficcional

---

[88] Los collages de *Visión de Nueva York* (Martín Gaite 2005) no dejan de ser curiosos, revisándolos el lector se imagina a una Gaite cuidadosa en la elaboración de los mismos. Dentro de esos *collages* hay fotos de la propia Carmen Martín Gaite, ella misma se introducía como un elemento más dentro de la vida de la Gran Manzana, rodeada de símbolos representativos de Nueva York y, a veces, acompañada por su hija. Esta inclusión de su imagen en esos *collages*, así como el hecho de que algunos personajes reflejen sus prácticas escriturarias y puedan ser considerados como *alter ego* de Gaite, dan idea del deseo de Carmen Martín Gaite de formar parte de su propia ficción.

que ha sido analizado por Calvi (2014). *Nubosidad variable* es parte de un mosaico más amplio de papeles, una pieza más dentro del complejo juego de papiroflexia que supone la obra de Gaite. Lo aquí señalado presenta a Gaite, además de como grafómana –el personaje principal de *Lo raro es vivir* (185) confiesa padecer esta manía–, como una maniática de los papeles (Martinell, *Mundo de los objetos* 56), una papirómana: una nueva enfermedad de transmisión textual entre Gaite y sus personajes.

Maria Vittoria Calvi afirma que los *Cuadernos de todo* son: "diario, autobiografía, ensayo y creación literaria [que] forman un todo inextricable, como si se tratara de una «obra total» cuyos heterogéneos componentes quedaran fundidos en el mismo proceso de elaboración" (42). Calvi cuenta en su ensayo que tuvo acceso a los cuadernos de Martín Gaite y que había en total más de ochenta, lo que apoya la idea de que la autora reflejó en *Nubosidad variable* su proceso de escritura. Cartas y cuadernos aparecen por doquier en la novela:

> La cuestión ahora es llenar este cuaderno de limpio para poder regalárselo el día que la vuelva a ver [...] Ahora vivo a la espera apaciblemente, arrullada por el ruidito de la pluma estilográfica al correr de las hojas satinadas. [...] Yo he deseado pocas cosas con la fuerza con que deseo en este momento volver a ver a Mariana [...] y poderle decir: "Mira te he traído de regalo este cuaderno"; así que me gozo en irlo llenando despacio, esmerándome en la letra. Eso es como estar ya con ella también ahora según lo escribo, un anticipo de la felicidad que conjura la muerte del tiempo. (*Nubosidad* 76)

Se describe no sólo el texto en proceso de formación, sino también los materiales que utiliza mientras redacta y las sensaciones que produce tal acción, aspecto que interesa desde la perspectiva de la génesis textual y de la materialidad del texto. En relación con esta última perspectiva, Martinell Gifre afirma sobre los objetos en la obra de Gaite que: "Las cartas y los 'papeles' contienen texto de uno mismo, o de otros. Por esta razón, en la obra de Martín Gaite es frecuente que un personaje relea cartas, ya sea que las ha buscado, ya sea que las ha encontrado" (*Mundo de los objetos* 119). Tanto en *Boquitas pintadas* como en *Nubosidad variable* la práctica epistolar de los personajes juega un papel primordial en su estructura narrativa, cartas que van y vienen, pero también misivas que nunca se llegan a enviar porque se prefieren entregar en mano.

La idea de cartas no enviadas la pudo extraer Gaite de su estudio sobre Melchor de Macanaz, asiduo escritor de cartas a la corte que jamás llegaban a su destinatario: "No sabía él, que al margen de casi todas estas cartas suyas aparece, generalmente de puño y letra del confesor del rey, una nota brevísima y desganada que indica que no habían sido siquiera leídas. Esta nota suele ser textualmente: 'No contestar a Macanaz'" (Martín Gaite, *Proceso* 24). Cartas y cuadernos se mezclan, se produce una metamorfosis de géneros literarios que ha sido señalada por diversos especialistas (Rueda, "Carmen Martín Gaite" 330-31), pues las cartas que no se envían, aunque tengan un remitente claro, se convierten en diario personal al testimoniar una vida.

Algunos trabajos (Jiménez, *Carmen Martín Gaite*; Calvi, *Dialogo e conversazione*; Martinell, *Mundo de los objetos*) se refieren a la metaficción como elemento clave dentro de la narrativa de Gaite. Los estudios de Martinell Gifre ponen de manifiesto la estrecha relación que Gaite tenía con los materiales textuales y afirma que en "*Nubosidad variable*, el texto reconstruido sobre otros dos textos, el que redactan las dos protagonistas [...] casi siempre hay una lectura metaficticia en la producción novelesca de Carmen Martín Gaite" (*Mundo de objetos* 17). La metaficción es tema central en *El cuarto de atrás* donde la novela aparece como producto finalizado, también en *Nubosidad variable* hay rasgos metaficcionales ya que se habla sobre la posibilidad de que todos esos papeles sean publicados y el proceso de creación del propio texto es tema relevante. El grado de metaficción en la novela llega a su punto álgido cuando Mariana, tras lanzar la propuesta de publicar una novela con lo que han escrito, piensa en un posible editor: "cuando vivía en Barcelona conocí a alguno de los editores que ahora están pegando, por ejemplo Jorge Herralde, que tiene fama de descubrir a gente nueva y atreverse a lanzarla" (*Nubosidad* 340). Jorge Herralde fue amigo personal de Carmen Martín Gaite que, mediante esta mención, establece vínculos entre realidad y ficción y rinde homenaje a uno de los editores españoles más importantes de la segunda mitad del siglo XX. Además, Jorge Herralde publicaría *Nubosidad variable*: la tela de araña atrapa al lector en estos juegos de ida y vuelta entre realidad y ficción.

La puesta en orden de los papeles se presenta como un reto para las protagonistas, pero también para el lector de esos textos que tiene que reconstruir la historia. La pluralidad de textos y la dualidad de la escritura amanuense se oponen a la unidad inflexible del libro y a la homogeneidad de la letra impresa. *Nubosidad variable* obliga al lector a ver las cosas desde dentro, a manejar documentos cuya materialidad está descrita en detalle por Mariana y Sofía. Toda esta amalgama textual, este hojaldre escriturario, comienza a tener más sentido visto en conjunto, cuando alejamos la imagen para ver el paisaje completo, el *collage* textual, el mosaico de papeles: "Comprendí que hay que mirar las cosas desde fuera para que el desorden se convierta en orden y tenga sentido. Todo se entiende y se aprecia de otra manera" (*Nubosidad* 37), afirma Sofía. Este distanciamiento de la realidad para poner las cosas en orden se lleva a cabo, a través de las prácticas del papel, hacia el final del capítulo XV. Sofía informa que: "Yo he escrito dos cuadernos y medio. [...] A ver si vuelve a tomar vuelo este avión de papel que me alza por encima de la realidad y me deja comprenderla mejor" (*Nubosidad* 301). La novela es una clara apología de la escritura, la introspección que tiene lugar mediante ella ayuda a Sofía a verse con perspectiva, a buscar su lugar dentro de la realidad, lo que coloca una vez más a la escritura como posible remedio a distintas afecciones. La novela acaba con las dos amigas compartiendo lectura y recomponiendo el puzle de sus escritos. El resultado de ese trabajo es *Nubosidad variable*: ¿habría otros órdenes para esos textos? En la novela se afirma esa posibilidad (*Nubosidad* 339). El adjetivo "variable" del título implica cambio constante: en ese sentido es importante el desplazamiento geográfico de ambas narradoras de Madrid a Cádiz ya que se escribe en y desde lugares diversos que acercan o distancian a las protagonistas. El título tiene una lectura simbólica desde la lente teórica desde la que enfoco este estudio. Las protagonistas gustaban en su infancia de interpretar o leer las nubes del cielo que se presentan como trazos de una escritura dispersa, partes de un texto mutable de libre lectura: tinta blanca sobre lienzo azul.

El epílogo es la última pieza añadida a este *collage* escriturario, introduce un nuevo narrador hasta entonces desconocido, un cambio importante de perspectiva. Mariana y Sofía pasan a ser ahora elementos observados dentro del paisaje, el punto de vista narrativo se ha desplazado del narrador en primera persona a la tercera persona omnisciente. Estos últimos párrafos describen un trabajo manual de organización de papeles por parte de las protagonistas y de Gaite que, como apunté en el análisis del manuscrito, encontró especial dificultad para concluir la novela.

La última línea vuelve al título de la novela, invitándonos de nuevo a volver a empezar, a poner orden a esta *textualidad variable*. El final es alegre, gotas de agua emborronan las palabras del título, pero implica el final del proceso de escritura, al cerrar la novela se anuncia tormenta: "las nubes arremolinadas se oscurecían amenazadoramente sobre el mar, poniendo trabas a la bajada ceremoniosa del sol" (*Nubosidad* 388). Las amigas están juntas, la escritura pasa a segundo plano y la lectura y el diálogo al primero, la meteorología parece hostil y algunos papeles se vuelan: "De una de las carpetas, mal cerrada, se escapó un folio y salió volando en remolinos" (*Nubosidad* 391): ¿querrá escapar este folio de la prisión del libro que le espera? Tomemos con humor esta pregunta pero esos papeles atados parecen querer volar. Habrá, por tanto, que volver a organizarlos.

Conclusión

Los capítulos precedentes acompañan el proceso de elaboración textual que lleva *del manuscrito al libro* en cuatro novelas del ámbito iberoamericano publicadas entre 1969 y 1992. Atendiendo al proceso creativo de estas narraciones y a su alto grado de fragmentariedad, revelo que el libro en formato de *codex* oculta una rica diversidad textual que cuestiona ese formato como el más idóneo para la transmisión textual. A lo largo de este estudio he intentado mostrar que las novelas estudiadas, unificadas bajo ese formato, se componen de una rica gama de textos de cuyo ensamblaje emerge la ficción. Esa variedad textual que esconde el libro tiene una importancia singular al informar sobre el armazón material de la novela.

Un concepto clave en mi análisis ha sido el de *infraestructura material* que he definido como una serie de textos materialmente autónomos que se sitúan jerárquicamente por debajo de la estructura narrativa y que estructuran el andamiaje material de la ficción. Esos materiales son cartas, folletos, informes, cuadernos, libretas, recetas, diarios, grafitis, notas, etc., que subyacen en la narrativa, forman el hojaldre textual y cimentan la narración. He sacado a la luz esos papeles que el libro oculta, pues sus características materiales y sus implicaciones en el acto de escritura y lectura aportan información sustancial sobre las prácticas escriturarias y lectoras de escritores y personajes. Aunque mi estudio se centra en la narrativa iberoamericana de la segunda mitad del siglo XX, la metodología seguida en el análisis puede extrapolarse no sólo a distintas épocas de la literatura escrita en español y portugués, sino también a literaturas escritas en otras lenguas.

Los estudios literarios en la época medieval, aureosecular y colonial han tenido siempre muy en cuenta la materialidad que vehicula los textos. En el siglo XX la heterogeneidad de materiales textuales y soportes de escritura se ha homogenizado sobremanera debido a la generalización del formato *codex* como material transmisor. No obstante, como se ha demostrado, el estudio de los manuscritos originales y los propios libros contienen una diversidad textual a menudo omitida en los estudios literarios que cuestionan el formato *codex* y delinean otras posibilidades de transmisión. Esa pluralidad merece cuidadosa reflexión por parte del crítico a la hora de enfrentarse al libro, pues éste es una tecnología posible entre muchas otras para vehicular escrituras. Estudiar el periplo que lleva *del manuscrito al libro* desvela una insospechada cantidad de textos unificados por el formato libresco. Al incorporar al análisis de la literatura contemporánea investigaciones en materialidad del texto y de los denominados *textual studies* (Greetham, *Theories*; McGann) se da un paso importante para comprender el hecho literario desde una perspectiva abarcadora en cuanto que se analiza el texto como objeto escrito y, en cuanto objeto, su relación física con autores y personajes.

El libro se muestra, desde su génesis, como contenedor de textos insuficiente para las propuestas literarias que sugieren algunas ficciones pues merma el abanico de lecturas. Al hablar de "contenedor" me refiero también a "contener" en el sentido de "sujetar" y "refrenar" las posibilidades de la ficción, por ello se ha reflexionado hasta qué punto el libro coarta pontenciales lecturas por parte del lector y se han sugerido nuevos formatos que optimizarían su uso en relación con la ficción que transmiten. La literatura va más allá del libro, éste es sólo un medio material transmisor elegido entre muchos otros —a veces tergiversador de su contenido— para transmitir una ficción.

Por otra parte, atendiendo a la importancia de la materialidad del texto en este trabajo, me he detenido en cuestiones metaescriturarias tanto en la obra ficcional como ensayística de los autores estudiados, pues al analizar los manuscritos de las distintas novelas se entra en el taller del escritor y se tiene un contacto casi de primera mano con sus prácticas escriturarias y creativas. De ahí que se haya planteado la idea de entender la escritura como actividad física llevada a cabo tanto por el escritor como por los personajes que escriben en la ficción. Partiendo del análisis del manuscrito, he mostrado cómo Manuel Puig y Carmen Martín Gaite ficcionalizan en sus novelas, a través de personajes que escriben, sus propios procesos de escritura al elaborar sus textos. Se ha llegado a esta conclusión tras estudiar minuciosamente los procesos escriturarios de sus novelas y reflexionar sobre cómo y dónde escribían. La riqueza de los manuscritos analizados no se refleja en los libros publicados aunque sí se halla una multiplicidad de textos que dan idea de la composición del manuscrito. Los originales aportan una información de incalculable valor para el análisis literario y para conocer las pretensiones del escritor al elaborar el texto, pues hablan sobre modos de escritura y sobre las complejas relaciones del escritor con su obra. Como se ha mostrado, la crítica genética tiene y tendrá un papel fundamental en la comprensión del proceso de elaboración literario. El estudio atento de varios manuscritos de un mismo escritor podría ayudar a que en un futuro próximo se pueda conocer el *modus operandi* y la praxis escrituraria de distintos escritores. En esos originales se hallarán claves interpretativas insospechadas para el análisis literario de la obra e incluso para elaborar una poética creativa de cada autor.

El estudio del manuscrito pone al investigador ante el hecho patente de que contar una historia es siempre descartar muchas otras, es un hecho que fascina y nos hace preguntarnos por qué no se contaron otras historias y si con las mismas piezas de esos puzles narrativos no se pueden formar imágenes distintas, historias que están ahí y que no vemos. De ahí que la portada de este libro sea un libro con mirilla, pues invita a mirar con curiosidad, sin ser visto, lo que antecede al libro impreso. Los borradores del texto literario informan sobre esas historias descartadas, tentativas erradas, proyectos inconclusos o personajes a medio hacer que nunca verán la luz para el gran público. Sin embargo, esa literatura potencial, esa ficción latente habla de una forma u otra sobre la historia final que el escritor eligió entre muchas posibles. Esa historia es reificada, sistematizada y aprisionada por el libro, sólo a través de la lectura se puede volver a liberar. Mi análisis asume que el medio material que transmite un texto contribuye de forma clara a su significado y que un mismo texto, si transmitido en distintos formatos, sería susceptible de lecturas más amplias.

Las cuatro novelas analizadas no ofrecen narrativas lineales sino muy fragmentarias desde el punto de vista cronológico y material. El espacio literario está lleno de incógnitas que el lector ha de resolver, no es un espacio claro y seguro sino difuso, resbaladizo, caótico y, a veces, incomprensible. El lector juega, teje, crea con esos fragmentos una historia supeditada a su deseo y voluntad replanteando el concepto de autoría y el papel del lector en la ficción. Los textos estudiados tienen finales abiertos, dando idea de historias inacabadas donde el lector tiene la última palabra: ¿cerrar el libro o recomponer las piezas de la ficción en busca de nuevas historias?

Trabajos citados

Abuín, Ángel y Carmen Becerra, coords. *La creación literaria de Gonzalo Torrente Ballester*. Vigo: Tambre, 1997.
Agosín, Marjorie. *Las hacedoras: mujer, imagen, escritura*. Santiago: Cuarto Propio, 1993.
Alberca Serrano, Manuel. *La escritura invisible: testimonios sobre el diario íntimo*. Oiartzun: Sendoa, 2000.
Alemany Bay, Carmen. *La novelística de Carmen Martín Gaite. Aproximación crítica*. Salamanca: Diputación de Salamanca, 1990.
Álvarez Barrientos, Joaquín y María José Rodríguez Sánchez de León. *Diccionario de la literatura popular española*. Salamanca: Colegio de España, 1997.
Amícola, José. "'El *fort-da* del discurso amoroso' (acerca de *El beso de la mujer araña* de Manuel Puig)". *Hispamérica. Revista de Literatura* 27/80-81 (1998): 29-45.
_____ "Para una teoría de la composición. Lectura de los pre-textos de *El beso de la mujer araña*". *Encuentro Internacional Manuel Puig*. José Amícola y Graciela Speranza, coords. Rosario: Beatriz Viterbo, 1998. 29-41.
_____ "Puig, los nombres y el geneticismo". *Revista de Crítica Literaria Latinoamericana* 27/54 (2001): 149-61.
_____ y Graciela Speranza, coords. *Encuentro Internacional Manuel Puig*. Rosario: Beatriz Viterbo, 1998.
_____ y Jorge Panesi, coords. *Manuel Puig. El beso de la mujer araña; edición crítica*. Madrid: ALLCA XX, 2002.
Anderson, Bonnie. *Historia de las mujeres: una historia propia*. Barcelona: Crítica, 1992.
Andrade, Maria das Graças Fonseca. "Da escrita de si à escrita fora de si, uma leitura de *Objeto Gritante* e *Água viva* de Clarice Lispector". Diss. Belo Horizonte: Faculdade de Letras da UFMG, 2007.
Ângelo, Iván. *A festa*. São Paulo: Summus, 1976.

Antelo, Raúl. "O objeto textual de Clarice". *Revista Iberoamericana* LXXX/246 (2014): 255-79.

Arlt, Roberto. *El juguete rabioso*. Madrid: Cátedra, 1985.

_____. *Los siete locos; Los lanzallamas*. Caracas: Biblioteca Ayacucho, 1978.

Arnal Moscardó, Margarita. *La auténtica baraja española: tarot tradicional*. Barcelona: Obelisco, 2009.

Arraes, Miguel. *A nova cara da ditadura brasileira*. Lisboa: Seara Nova, 1974.

Arrigucci, Davi. *Achados e perdios. Ensaios de crítica*. São Paulo: Polis, 1974.

Bacarisse, Pamela. *The Necessary Dream: A Study of the Novels of Manuel Puig*. Totowa: Barnes & Nobles, 1988.

Bachelard, Gaston. *El agua y los sueños: ensayo sobre la imaginación de la materia*. México D.F.: Fondo de Cultura Económica, 1978.

_____. *El aire y los sueños: ensayo sobre la imaginación del movimiento*. México D.F.: Fondo de Cultura Económica, 1959.

Baden, Nancy T. *The Muffled Cries: The Writer and Literature in Authoritarian Brazil, 1964-1985*. Lanham: UP of America, 1999.

Balderston, Daniel. "His Insect-Like Handwriting: Marginalia and Commentaries on Borges and Menard." *Variaciones Borges* 31 (2011): 125-34.

_____. *The Literary Universe of Jorge Luis Borges: An Index to References and Allusions to Persons, Titles and Places in his Writings*. New York: Greenwood Press, 1986.

_____ y María Julia Rossi, orgs. *Crítica genética y literatura latinoamericana: aportes teóricos y lecturas críticas*. *Revista Iberoamericana* LXXX/246 (enero-marzo 2014).

Barbosa, Maria José Somerlate. "O mergulho na matéria da palavra: Clarice Lispector e suas precursoras brasileiras". *Clarice Lispector: novos aportes críticos*. Cristina Ferreira-Pinto Bailey e Regina Zilberman, orgs. Pittsburgh: IILI, 2007. 165-81.

Barthes, Roland. *El grado cero de la escritura*. México D.F.: Siglo Veintiuno, 1973.

_____. *Lo obvio y lo obtuso: imágenes, gestos, voces*. Barcelona: Paidós, 1992.

_____ *El placer del texto*. Buenos Aires: Siglo Veintiuno, 1974.
_____ *Variaciones sobre la literatura*. Barcelona: Paidós, 2002.
Bataille, Georges. "Diccionario crítico". *La conjuración sagrada: ensayos 1929-1939*. Buenos Aires: Adriana Hidalgo, 2003.
Bauman, Zygmunt. *Modernidad líquida*. México D.F.: Fondo de Cultura Económica, 2003.
Béhage, Gerard. "Popular Music." *Handbook of Latin American Popular Culture*. H. E. Hinds, ed. Westport: Greenwood Press, 1985. 10-39.
Belmonte, Antonio. *Muertos de papel. La muerte en la historia, la prensa y las esquelas*. Albacete: La Mancha, 1998.
Benjamin, Walter. "Desempacando mi biblioteca: una charla sobre los coleccionistas de libros". *En torno a Walter Benjamin*. Claudia Kerik, comp. México D.F.: UAM, 1993. 13-22.
_____ *Obras escolhidas*. São Paulo: Brasiliense, 1985.
_____ *Poesía y capitalismo. Iluminaciones II*. Madrid: Taurus, 1980
_____ *Sobre el programa de la filosofía futura y otros ensayos*. Caracas: Monte Ávila, 1970.
_____ *The Work of Art in the Age of its Technological Reproductibility and other Essays on Media*. Cambridge: Harvard UP, 2008.
Bessa, Pedro Pires. *Loyola Brandão: a televisão na literatura*. Juiz de Fora: UFJF, 1988.
Biasi, Pierre-Marc de. "O horizonte genético". *Criação em processo: ensaios de crítica genética*. Roberto Zular, org. São Paulo: Iluminuras, 2002. 219-244.
Bilbija, Ksenija y Paloma Celis Carbajal. *Akademia Cartonera: a Primer of Latin American Cartonera Publishers = un ABC de las editoriales cartoneras en América Latina*. Madison: Parallel Press, U of Wisconsin-Madison Libraries, 2009.
Blanchot, Maurice. *La ausencia del libro. Nietzsche y la escritura fragmentaria*. Buenos Aires: Caldén, 1973.
_____ "The Book to Come." *A Book of the Book. Some Works and Projections about the Book and Writing*. Jerome Rothenberg y Steven Clay. New York: Granary Books, 2000. 141-59.
_____ *El espacio literario*. Introd. de Óscar del Barco. Buenos Aires: Paidós, 1969.

Blasco, Javier. *Poética de la escritura. El taller del poeta: ensayo de crítica genética (Juan Ramón Jiménez, Francisco Pino y Claudio Rodríguez)*. Valladolid: U de Valladolid, 2011.

Borelli, Olga. *Clarice Lispector. Esboço para um possível retrato*. Rio de Janeiro: Nova Fronteira, 1981.

Borges, Jorge L., Enrique Sacerio-Garí y Emir Rodríguez Monegal. *Textos cautivos: ensayos reseñas en El Hogar [de Buenos Ayres]*. Barcelona: Tusquets, 1986.

Bortnik, Aida. "Puig: Renace el folletín". *Señoras y Señores* I/3 (1969).

Bouza, Fernando. *Corre manuscrito. Una historia cultural del Siglo de Oro*. Madrid: Marcial Pons, 2001.

_____ *Imagen y propaganda: Capítulos de historia cultural del reinado de Felipe II*. Madrid: Akal, 1998.

_____ *Papeles y opinión: políticas de publicación en el Siglo de Oro*. Madrid: CSIC, 2008.

Branco, Lúcia Castello. "A escrita fora de si: do sopro Clarice à textualidade Llansol." *Revista do Centro de Estudos Portugueses Hélio Simões*. Ilheus, *Editus* 2 (2001): 307- 40.

Brandão, Ignácio de Loyola. *Bebel que a cidade comeu*. São Paulo: Global, 2001.

_____ *Eu por mim mesmo*. Página web oficial <http://www.ignaciodeloyolabrandao.com/>.

_____ *Os melhores contos*. Seleção de Deonísio da Silva. São Paulo: Global, 1993.

_____ *Não verás país nenhum*. São Paulo: Global, 2003.

_____ *Zero*. São Paulo: Global, 2001.

_____ *Zero. 35 anos correndo o mundo*. São Paulo: Global, 2010.

Bruner, Jerome y Weiser, Susan. "La invención del yo: la autobiografía y sus formas". *Cultura escrita y oralidad*. David R. Olson y Nancy Torrance, comps. Barcelona: Gedisa, 1995. 177-202.

Buarque de Hollanda Ferreira, Aurélio. *Pequeno dicionário brasileiro da língua portuguesa*. Rio de Janeiro: Editora Civilização Brasileira, 1979.

Buchli, Victor. *The Material Culture Reader*. New York: Berg, 2002.

Burke, Peter. "Michel de Certeau y la historia cultural". *La invención de lo cotidiano*. México: Museo Nacional de Arte, 2009. 22-29.

_____ *What is Cultural History?* Cambridge: Polity, 2008.

Butler, Shane. *The Matter of the Page. Essays in Search of Ancient and Medieval Authors*. Madison: U of Wisconsin P, 2011.

Butor, Michel. "Le livre comme objet". *Essais sur le roman*. Paris: Gallimard, 1964. 130- 57.

Caballé, Anna. *La vida escrita por las mujeres, I. Lo mío es escribir*. Introd. Alicia Redondo Goicoechea. Barcelona: Lumen, 2004.

Caballero Wangüemert, María. *Femenino plural. La mujer en la literatura*. Pamplona: Eunsa, 1998.

Cabrera Infante, Guillermo. "An Interview in a Summer Manner with Jason Wilson". *On Modern Latin American Fiction*. London: Faber & Faber, 1987. 305-25.

Calvi, Maria Vittoria. "La correspondencia entre Carmen Martín Gaite y Juan Benet: ensayo de n género". *Cuadernos AISPI* 3 (2014): 111-24.

_____ "Los *Cuadernos de Todo* de Carmen Martín Gaite: lengua y memoria". *Cuadernos AISPI* s/n, 37-49. CVC: <http://cvc.cervantes.es/literatura/aispi/pdf/18/18_035.pdf>.

_____ *Dialogo e conversazione nella narrativa de Carmen Martín Gaite*. Milán: Arcipelago, 1990.

Calvino, Italo. *El castillo de los destinos cruzados*. Madrid: Siruela, 1999.

_____ *Seis propuestas para el nuevo milenio*. Madrid: Siruela, 1989.

Camarero Arribas, Jesús. *Intertextualidad: redes de textos y literaturas transversales en dinámica intercultural*. Barcelona: Anthropos, 2008.

_____ *Metaliteratura: Estructuras formales literarias*. Barcelona: Anthropos, 2004.

_____ coord. *Michel Butor. Escrituras, una pasión por la invención estética. Revista Anthropos. Huellas del conocimiento* 178-179 (mayo-agosto). Barcelona: Proyecto A, 1998.

Campos, René. "La poética del bolero en las novelas de Manuel Puig". *Alpha* 9 (1993): 3-18.

Capote, Truman. *In Cold Blood*. London: Hamish Hamilton, 1966.

Cardona, Giorgio R. *Antropología de la escritura*. Barcelona: Gedisa, 1994.

Castillo Gómez, Antonio. *Entre la pluma y la pared: una historia social de la escritura en los Siglos de Oro*. Madrid: Akal, 2006.

_____ *Libro y lectura en la Península Ibérica y América (siglos XIII a XVIII)*. Salamanca: Junta de Castilla y León, Consejería de Cultura y Turismo, 2003

Castro, Edgardo. *El vocabulario de Michel Foucault*. Bernal: U Nacional de Quilmes, 2004.

Castro, Fidel. *Palabras a los intelectuales*. La Habana: Consejo Nacional de Cultura, 1961.

Centeno, Yvette. *No jardim das nogueiras*. Venda Nova: Bertrand, 1982.

Certeau, Michel de. *La escritura de la historia*. México D.F.: Iberoamericana, 2006.

_____ *La invención de lo cotidiano I. Artes de hacer*. Alejandro Pescador, trad. México D.F.: Iberoamericana, 2010.

_____ *Historia y psicoanálisis*, México D.F.: Iberoamericana, 2003.

Chartier, Roger. *A aventura do livro: do leitor ao navegador*. São Paulo: UNESP, 1999.

_____ *Cultura escrita, literatura e historia*. México D. F.: Fondo de Cultura Económica, 1999.

_____ *Entre poder y placer: cultura escrita y literatura en la Edad Moderna*. Madrid: Cátedra, 2000.

_____ *Forms and Meanings. Texts, Performances, and Audiences from Codex to Computer*. Philadelphia: U of Pennsylvania, 1995.

_____ *La historia o la lectura del tiempo*. Madrid: Gedisa, 2007.

_____ *El orden de los libros: lectores, autores, bibliotecas en Europa entre los siglos XIV y XVIII*. Barcelona: Gedisa, 1996.

_____ *On the Edge of the Cliff. History, Language, and Practices*. Baltimore: John Hopkins UP, 1997.

Chatman, Seymour B. *Story and Discourse: Narrative Structure in Fiction and Film*. Cornell: Cornell UP, 1980.

Chaudhuri, Sukanta. *The Metaphysics of Text*. Cambridge: Cambridge UP, 2010.

Chiapero, Branka Maria Tanodi de. "Sobre el concepto de archivo". *De archivos y archivistas: homenaje a Aurelio Tanodi*. Aurelio Tanodi.

Washington DC: OEA, Departamento de Asuntos Culturales, 1987. 165-72.

Chown, Linda E. *Narrative Authority and Homeostasis in the Novels of Doris Lessing and Carmen Martín Gaite*. New York: Garland, 1990.

Ciplijauskaité, Biruté. *Carmen Martín Gaite*. Madrid: Ediciones del Orto, 2000.

_____ *La construcción del yo femenino en la literatura*. Cádiz: U de Cádiz, 2004.

_____ *La novela femenina contemporánea (1970-1985). Hacia una tipología de la narración en primera persona*. Barcelona: Anthropos, 1988.

Cixous, Hélène. *Reading with Clarice Lispector*. Verena Andermatt Conley, trad. Minneapolis: U of Minnesota P, 1990.

Climent-Espino, Rafael. "Censura, literatura e cinema. Entrevista com Ignácio de Loyola Brandão". *Portal Crónópios. Literatura Contemporânea Brasileira*. 2011. <http://www.cronopios.com.br/site/artigos.asp?id=5068>.

_____ "Jogos de alteridade em *A menor mulher do mundo* de Clarice Lispector". *Romance Notes* 49/3 (2009): 339- 46.

_____ "Rádio e rádio-teatro em *Boquinhas pintadas* de Manuel Puig". Departamento de Comunicação Social, FAFICH/UFMG. *Rádio em Revista* 7 (2011): 22-25.

Corbatta, Jorgelina. "Encuentros con Manuel Puig". *Revista Iberoamericana* 49/123-124 (1983): 591- 620.

_____ *Mito personal y mitos colectivos en las novelas de Manuel Puig*. Madrid: Orígenes, 1988.

Corominas, Joan. *Breve diccionario etimológico de la lengua castellana*. Madrid: Gredos, 1961.

Cortázar, Julio. *62 modelo para armar*. Buenos Aires: Sudamericana, 1968.

_____ *Libro de Manuel*. Buenos Aires: Sudamericana, 1973.

_____ *Rayuela*. Buenos Aires: Sudamericana, 1966.

_____ *Relatos*. Buenos Aires: Sudamericana, 1970.

_____ *La vuelta al día en ochenta mundos*. Buenos Aires: Siglo Veintiuno, 1967.

Costa, Alexandre Rodrigues da. "A transfiguração no olhar. Um estudo das relações entre literatura e artes plásticas em Rainer Maria Rilke e Clarice Lispector". Diss. Belo Horizonte: Faculdade de Letras da UFMG, 2005.

Costa, Joan y Raposo, Daniel. *La rebelión de los signos: el alma de la letra.* Buenos Aires: La Crujía, 2008.

Coutinho, Edilberto. *Criaturas de papel.* Rio de Janeiro: Civilização Brasileira, 1980.

Cremades, Raúl. *Cuando llegan las musas: cómo trabajan los grandes maestros de la literatura.* Madrid: Espasa, 2002.

Crispin, Jessa. *The Creative Tarot: A Modern Guide to an Inspired Life.* New York: Simon and Schuster, 2016.

Cury, Maria Zilda Ferreira. "Acervos: gênese de uma nova crítica". *A trama do arquivo.* Wanter Melo Miranda, org. Belo Horizonte: Editora UFMG, 1998. 53-63.

_____ "A biblioteca como metáfora". *Presença de Henriqueta.* Abigail de Oliveira Carvalho, et al., org. Rio de Janeiro: José Olympo, 1992. 93-100.

Dalcastagnè, Regina. *O espaço da dor: o regime de 64 no romance brasileiro.* Brasília: UnB, 1996.

_____ *Literatura brasileira contemporânea: um território contestado.* Rio de Janeiro: EDUERJ, 2012.

Davidson, Michael. "The Material Page." *A Book of the Book. Some Works and Projections about the Book and Writing.* Jerome Rothenberg y Steven Clay, eds. New York: Granary Books, 2000. 71-79.

Deppman, Jed, Daniel Ferrer y Michael Groden, eds. *Genetic Criticism: Texts and Avant-textes.* Philadelphia: U of Pennsylvania P, 2004.

Derrida, Jacques. *Papel Máquina. La cinta de máquina de escribir y otras respuestas.* Madrid: Trotta, 2003.

_____ *Mal de archivo: una impresión freudiana.* Madrid: Trotta, 1996.

Didi-Huberman, Georges. *Lo que vemos, lo que nos mira.* Buenos Aires: Manantial, 1997.

Diniz, Júlio. "O olhar (do) estrangeiro –uma possível leitura de Clarice Lispector". *Tempo Brasileiro* 101 (1990): 29-50.

Diringer, David. *The Illuminated Book: its History and Production.* New York: Praeger, 1967.

Dolabela, Marcelo. *Hai Kaixa.* Belo Horizonte: Colecção Minimemória, 2002.

Dupont, Florence. *La invención de la literatura.* Madrid: Debate, 2001.

Durand, Gilbert. *Las estructuras antropológicas del imaginario. Introducción a la arquetipología general.* México D.F.: Fondo de Cultura Económica, 2004.

Echavarren, Roberto. "El beso de la mujer araña y las metáforas del sujeto". *Revista Iberoamericana* 44 (1978): 65-75.

Eliot, Simon y Jonathan Rose. *A Companion to the History of the Book.* Malden: Blackwell, 2007.

Feal, Carlos. "Hacia la estructura de *Fragmentos del interior*". *From Fiction to Metafiction: Essays in Honor of Carmen Martín Gaite.* Mirella Servodidio y Marcia Welles, eds. Lincoln: Society of Spanish and Spanish American Studies, 1983. 93-106.

Febvre, Lucien y Henri-Jean Martin. *La aparición del libro.* México D.F.: FCE, 2005.

Fellini, Federico. *8 1/5 (Otto e mezzo).* Motion Picture, 1963.

Fernández de Alba, Francisco y Pedro Pérez del Solar. "Hacia un acercamiento cultural a la literatura hispano-americana". *Iberoamericana* VI/21 (2006): 96-107.

_____. "Teorías de navegación: métodos de estudios transatlánticos". *Hispanófila* 161 (2011): 35-58.

Ferreira, Teresa Cristina Montero. *Eu sou uma pergunta: uma biografia de Clarice Lispector.* Rio de Janeiro: Rocco, 1999.

Ferrer, Daniel. "A crítica genética do século XXI será transdisciplinar, transartística e transemiótica ou não existirá". *Criação em proceso: ensaios de crítica genética.* Roberto Zular, ed. São Paulo: Iluminuras, 2002. 203-18.

_____. *Gèneses du romain contemporaine: incipit et entrée en ecriture.* Paris: CRNS, 1993.

Filha, Maria da C. Soares Beltrão. "Os mistérios da união em 'As águas do mundo'". *A ficção de Clarice: nas fronteiras do (im)possible.* Rita Terezinha Schmidt, ed. Porto Alegre: Sagra Luzatto, 2003. 128-36.

Finnegan, Ruth. *Literacy and Orality*. Oxford: Blackwell, 1988.
Fitz, Earl E. *Clarice Lispector*. Boston: Twayne, 1985.
Flaubert, Gustave. *Bibliomanía*. Barcelona: Centellas, 2011.
Fonseca, Rubem. *O caso Morel*. Rio de Janeiro: Atenova, 1973.
_____ *Feliz Ano Novo. Contos*. São Paulo: Companhia das Letras, 2007.
Foucault, Michel. *La arqueología del saber*. México: Siglo Veintiuno, 1988.
_____ y Paul Rabinow. *The Foucault Reader*. New York: Pantheon Books, 1984.
Franco, Jean. "Memoria, narración y repetición: la narrativa hispanoamericana en la época de la cultura de masas". *Más allá del Boom. Literatura y mercado*. David Viñas, ed. México: Marcha Editores, 1981. 111-29.
Franco, Renato. *Itinerário político do romance Pós-64: A Festa*. São Paulo: UNESP, 1998.
García, Adrián M. *Silence in the Novels of Carmen Martín Gaite*. New York: Peter Lang, 2000.
Garcia, Nelson Jahr. *Sadismo, sedução e silêncio: propaganda e controle ideológico no Brasil, 1964-1980*. São Paulo: Loyola, 1990.
García Canclini, Néstor. *Culturas híbridas: estrategias para entrar y salir de la modernidad*. Méjico D.F.: Grijalbo, 1990.
García de Enterría, María C. "¿Lecturas populares en tiempos de Cervantes?" *Escribir y leer en el siglo de Cervantes*. Antonio Castillo Gómez, ed. Barcelona: Gedisa, 1997. 345-62.
García Landa, José A. *Acción, relato, discurso: estructura de la ficción narrativa*. Salamanca: U de Salamanca, 1998.
Garraleta, Mercedes. "Una historia de traiciones. La traición del tango: *Boquitas Pintadas* de Manuel Puig. La traición del bolero: *Te trataré como a una reina* de Rosa Montero". *Notas y estudios Filológicos* 3 (1986): 109-19.
Gaspari, Elio. *A ditadura escancarada*. São Paulo: Companhia das Letras, 2002.
Geli, Carles. "En la cocina (inédita) de Roberto Bolaño". *El País* 06 marzo 2013.

Genette, Gerard. *Palimpsestos. La literatura de segundo grado*. Madrid: Taurus, 1989.

Gimferrer, Pere. "Aproximaciones a Manuel Puig". *Plural: crítica, arte, literatura* 57 (1976): 21-25.

Giordano, Alberto. *Manuel Puig: la conversación infinita*. Rosario: Beatriz Viterbo Editora, 2001.

Giordano, Enrique. "*Boquitas pintadas*, recontextualización de la cultura popular". *Manuel Puig: Montaje y alteridad del sujeto*. Roberto Echavarren y Enrique Giordano, eds. Santiago de Chile: Monografías del Maiten, 1986. 27-48.

Gironella, José María. *Un millón de muertos*. Barcelona: Planeta, 1961.

Glantz, Margo. *La desnudez como naufragio*. Madrid: Iberoamericana, 2005.

Glenn, Kathleen M. "Collage, Textile, and Palimpsest: Carmen Martín Gaite's *Nubosidad variable*." *Romance Language Annual* 5 (1993): 408-13.

Goldchluk, Graciela. *Cronología anotada de Manuel Puig*. Quilmes: Centro de Arte Moderno, 2001.

_____ *Descripción del manuscrito de Boquitas pintadas. Folletín.* <http://difusion.roble.biblio.unlp.edu.ar/roble/bibliotecas_de_la_red/fahce/servicios/dra_graciela_goldchluk.pdf>

_____ "¿Dónde sucede la literatura? Libro, manuscrito y archivo en Manuel Puig y Mario Bellatin". *El hilo de la fábula. Revista anual del Centro de Estudios Comparados* 8-9 (2009): 93-100.

_____ "Edición digital comentada del Archivo Puig". *Iberoamericana: América Latina España-Portugal* 5/17 (2005): 161-65.

_____ "La travesía de Valentín: de "la vida real" a *El beso de la mujer araña*". *Hispamérica. Revista de Literatura* 27/80-81 (1998): 47-79.

_____ y Mara Puig. *Archivo digital Manuel Puig*. Facultad de Humanidades y Ciencias de la Educación. Universidad Nacional de La Plata. <http://www.fahce.unlp.edu.ar/biblioteca/institucional/archivo-puig>.

Gómez-Bravo, Ana M. *Textual Agency. Writing Culture and Social Networks in Fifteenth-Century Spain*. Toronto: U of Toronto P, 2013.

González Echevarría, Roberto y Enrique Pupo-Walker. *Cambridge History of Latin American Literature*. Vol. 3. Cambridge: Cambridge UP, 1996.

_____ *Mito y archivo: una teoría de la narrativa latinoamericana*. México: Fondo de Cultura Económica, 1998.

Goody, Jack. *The Interface between the Written and the Oral*. Cambridge: Cambridge UP, 1988.

Gotlib, Nádia Battella. *Clarice: uma vida que se conta*. São Paulo: Ática, 1995.

_____ *Três vezes Clarice*. Rio de Janeiro: Centro Interdisciplinar de Estudos Contemporâneos, UFRJ, 1989.

Gramsci, Antonio. *Literatura y vida nacional*. México: Juan Pablos, 1976.

Greetham, D.C. *The Margins of the Text. An Introduction*. Ann Arbor: U of Michigan P, 1997.

_____ *Theories of the Texts*. Oxford: Oxford UP, 1999.

Grésillon, Almuth. *Critique génétique: lire les manuscrits modernes*. Paris: Presses Universitaires de Fance, 1994.

_____ *La mise en oeuvre: itinéraires génétiques*. Paris: CNRS, 2008.

Gubern, Roman. *Metamorfosis de la lectura*. Barcelona: Anagrama, 2010.

Gutiérrez Mouat, Ricardo. "Cosmopolitismo y latinoamericanismo: nuevas propuestas para los estudios literarios". *Nuevos hispanismos interdisciplinarios y trasatlánticos*. Julio Ortega, ed. Madrid: Iberoamericana, 2010. 103-28.

_____ "La narrativa latinoamericana del posboom". *Revista Interamericana de Bibliografía* 38 (1980): 3-10.

Hay, Louis, ed. *Essais de critique génétique*. París: Flammarion, 1979.

Hayles, Katherine N. *Writing Machines*. Cambridge: MIT Press, 2002.

Hernández, Felisberto. *Los libros sin tapas*. Prólogo de Jorge Monteleone. Buenos Aires: El cuenco de plata, 2010.

Herrero Olaizola, Alejandro. *The Censhorship Files: Latin American Writers and Franco's Spain*. Albany: State U of New York, 2007.

Highmore, Ben. *Michel de Certeau. Analysing Culture*. New York: Continuum, 2006.

Hill, Pati. "Truman Capote." *The Paris Review Interviews*. Philip Gourevitch. New York: Picador, 2006. 17-33.

Huizinga, Johan. *Homo ludens*. Madrid: Alianza Editorial, 1972.

Iannace, Ricardo. *Retratos em Clarice Lispector. Literatura, pintura e fotografia*. Belo Horizonte: Editora UFMG, 2009.

Inventário do Arquivo Clarice Lispector. Rio de Janeiro: Ministério da Cultura Fundação Casa de Rui Barbosa, 1994.

Jiménez, Mercedes. *Carmen Martín Gaite y la narración: teoría y práctica*. New Brunswick: SLUSA, 1989.

Jiménez Barca, Antonio. "Últimas noticias del inagotable Pessoa". *El País* 28 marzo 2013.

Jorge, Fernando. *Cale a boca, jornalista! O ódio e a fúria dos mandões contra a imprensa brasileira*. São Paulo: Vozes, 1987.

Kerr, Lucille. *Suspended Fictions: Reading Novels by Manuel Puig*. Urbana: U of Illinois P, 1987.

Knappett, Carl. *Thinking Through Material Culture. An Interdisciplinary Perspective*. Philadelphia: U of Pennsylvania P, 2005.

Knights, Vanessa. "Transgressive Pleasures: The Latin American Bolero." *Cultura popular: Studies in Spanish and Latin American Popular Culture*. S. Goldsland y A.M. White, eds. Berns: Peter Lang AG, 2002. 209-28.

Kohan, Martín. "Los boleros: fábulas de amor en la cultura de masas". *Revista de Filología* 31 (1998): 89-104.

Kolesnicov, Patricia. "Amores y odios en el pueblo de *Boquitas pintadas*". *Clarín* 07 octubre 2001.

Kraiser, Marcelo. "Textos dobrados, imagens impuras." Diss. Belo Horizonte: Faculdade de Letras da UFMG, 2002.

Krauss, Rosalind E. y Yve-Alain Bois. *Formless: A User's Guide*. New York: Zone Books, 1997.

Labanyi, Jo. "Matters of Taste: Working with Popular Culture." *Cultura popular: Studies in Spanish and Latin American Popular Culture*. S. Goldsland y A.M. White, eds. Bern: Peter Lang AG, 2002. 13-26.

Lerner, Júlio. *Entrevista com Clarice Lispector*. São Paulo: TV Cultura, 1977.

Levine, Suzanne Jill. *Manuel Puig and the Spider Woman: His Life and Fictions*. New York: Farrar Straus Giroux, 2000.

Lévi-Strauss, Claude. *El pensamiento salvaje*. México: Fondo de Cultura Económica, 1964.

Lima e Silva, Márcia Ivana. *A gênese de Incidente em Antares*. Porto Alegre: EDIPURS, 2000.

Lispector, Clarice. *Água viva. Ficção*. Rio de Janeiro: Artenova, 1973.

―――― *Aprendendo a viver*. Rio de Janeiro: Rocco, 2004.

―――― *Uma aprendizagem ou o livro dos prazeres*. Rio de Janeiro: Sabiá, 1969.

―――― *De corpo inteiro*. São Paulo: Siciliano, 1992.

―――― *A descoberta do mundo*. Rio de Janeiro: Nova Fronteira, 1984.

―――― *Felicidade clandestina: Contos*. Rio de Janeiro: Rocco, 1998.

―――― *A hora da estrela*. Rio de Janeiro: Rocco, 1998.

―――― *Objeto gritante*. Arquivo de Clarice Lispector. Arquivo – Museu de Literatura Fundação Casa de Rui Barbosa. Rio de Janeiro.

―――― *A paixão segundo G. H*. Rio de Janeiro: Editora do Autor, 1964.

―――― *Para não esquecer*. São Paulo: Círculo do Livro, 1980.

―――― *Perto do coração selvagem*. Rio de Janeiro: Francisco Alves, 1990.

―――― *Um sopro de vida: pulsações*. Rio de Janeiro: Nova Fronteira, 1978.

Lois, Élida. *Génesis de la escritura y estudios culturales. Introducción a la crítica genética*. Buenos Aires: Edicial, 2001.

Louzeiro, José. *Acusado de homicídio*. Rio de Janeiro: Nosso Tempo, n/d.

Ludmer, Josefina. "*Boquitas pintadas*, siete recorridos". *Actual* 8-9 (1971): 3-22.

Machado, Janete Gaspar. *Constantes ficcionais nos romances dos anos 70*. Florianópolis: Editora da UFSC, 1981.

Machado de Assis, Joaquim Maria. *Machado de Assis: contos e recontos*. São Paulo: Editora Salesiana, 2008.

Madoz, Chema. *Chema Madoz: 2000-2005. Premio nacional de fotografía 2000*. Madrid: Aldeasa, 2006.

―――― *Chema Madoz. Objetos: 1990-1999*. Madrid: Aldeasa, 1999.

Maestro, Jesús G. *El concepto de ficción en la literatura. Desde el materialismo filosófico como teoría literaria contemporánea*. Pontevedra: Mirabel, 2006.

Manrique Sabogal, Winston. "El papel del libro renace como objeto". *El País* 01 diciembre 2013.

Manzo, Lícia. *Era uma vez: Eu – a não-ficção na obra de Clarice Lispector: ensaio*. Curitiba: Governo do Estado do Paraná, 1998.

Marchamalo, Jesús. *Donde se guardan los libros: bibliotecas de escritores*. Madrid: Siruela, Fundación Germán Sánchez Ruipérez, 2011.

———— *Tocar los libros*. Madrid: Fórcola, 2010.

Marcuschi, Luiz Antônio. "A questão do suporte dos gêneros textuais". *Departamento de Letras Clássicas e Vernáculas (DLCV)*1, 1 (Out. 2003): 9-40.

Marías, Javier. "Olympia Carrera de Luxe". *El País* 10 julio 2011.

Martín Gaite, Carmen. *Agua pasada. (Artículo, prólogos y discursos)*. Barcelona: Anagrama, 1993.

———— *Las ataduras*. Madrid: Siruela, 2011.

———— *La búsqueda del interlocutor y otras búsquedas*. Barcelona: Destino, 1982.

———— *Caperucita en Manhattan*. Madrid: Siruela, 1991.

———— *Cartas de amor de la monja portuguesa Mariana Alcoforado*. Barcelona: Círculo de Lectores, 2000.

———— *Correspondencia*. Introd. y notas de José Teruel. Barcelona: Galaxia Gutemberg, 2011.

———— *Cuadernos de todo*. Edición e introducción de Maria Vittoria Calvi. Barcelona: Areté, 2002.

———— *El cuarto de atrás*. Barcelona: Destino, 1978.

———— *El cuento de nunca acabar. Apuntes sobre la narración, el amor y la mentira*. Madrid: Trieste, 1983.

———— *Desde la ventana*. Madrid: Espasa Calpe, 1987.

———— *Fragmentos del interior*. Madrid: Siruela, 2010.

———— *Irse de casa*. Barcelona: Anagrama, 1998.

———— *Nubosidad variable*. Barcelona: Anagrama, 2010.

———— *Obras completas. Novelas II*. Prólogo de Elide Pittarello. Barcelona: Círculo de Lectores, 2009.

———— *Los parentescos*. Barcelona: Anagrama, 2003.

———— *Poemas*. Barcelona: Plaza & Janés, 2001.

———— *El proceso de Macanaz: historia de un empapelamiento*. Madrid: Espasa, 1999.

———— *Lo raro es vivir*. Barcelona: Anagrama, 1996.

_____ *Retahílas*. Barcelona: Destino, 1996.

_____ *Tirando del hilo: artículos 1949-2000*. Madrid: Siruela, 2006.

_____ *Visión de Nueva York*. Barcelona: Siruela, 2005.

Martinell Gifre, Emma, coord. *Carmen Martín Gaite*. Madrid: Cultura Hispánica, 1993.

_____ *El mundo de los objetos en la obra de Carmen Martín Gaite*. Cáceres: U de Extremadura, 1996.

Masurovsky, Gregory y Michel Butor. *La plume et le crayon*. Paris: Somogy, 2004.

Maura, Antonio. "El discurso narrativo de Clarice Lispector". Diss. Facultad de Filología de la Universidad Complutense. Madrid: Servicio de Publicaciones de la UCM 1997.

_____ "Resonancias hebraicas en la obra de Clarice Lispector." Elena Losada Soler. *Clarice Lispector. La escritura del cuerpo y el silencio*. *Revista Anthropos*. Huellas del conocimiento. Extra 2. Barcelona: Proyecto A, 1997a. 77-81.

Mazzocchi, Giuseppe. "Los manuscritos y la definición de un género: el caso de la novela Sentimental". *Los códices literarios de la Edad Media: interpretación, historia, técnicas y catalogación*. Pedro M. Cátedra, ed. Salamanca: IHLL, 2009. 195-205.

McGann, Jerome J. *The Textual Condition*. Princeton: Princeton UP, 1991.

McKenzie, D. F. *Bibliography and Sociology of Texts*. Cambridge: Cambridge UP, 1999.

_____ *Making Meaning: 'Printers of the Mind' and Other Essays*. Peter D. McDonald y Michael F. Suarez, eds. Amherst, Boston: U of Massachusetts P, 2002.

Melillo Reali, Erilde. *O duplo signo de Zero*. Vilma Puccinelli, trad. Rio de Janeiro: Brasília/Rio, 1976.

_____ *Racconti in un romanzo*: "L'esperimento di Ignácio Loyola Brandão". *Annali dell'Istituto Orientale. Sezione Romanza* XXI, (1979): 37-58.

Mendoza Bolio, Edith. *«A veces escribo como si trazase un boceto». Los escritos de Remedios Varo*. Madrid: Iberoamericana, 2010.

Mignolo, Walter. *Writing without Words: Alternative Literacies in Mesoamerica and the Andes.* Durham: Duke UP, 1994.

_____ "Signs and their Transmission: The Question of the Book in the New World." Jerome Rothenberg y Steven Clay. *A Book of the Book. Some Works and Projections about the Book and Writing.* New York: Granary Books, 2000. 351-71.

Monticelli, Raphaël. "Aproximación al continente Butor (escritura-espacios)." *Michel Butor. Escrituras, una pasión por la invención estética.* José Camarero Arribas, coord. *Revista Anthropos. Huellas del conocimiento* 178-179. Barcelona: Proyecto A, 1998. 70-81.

Morales, Manuel. "Muñoz Molina dona su archivo a la Biblioteca Nacional". *El País* 25 enero 2012.

Morales Ortiz, Gracia. "Cuando veinte años son dos décadas: Una lectura de *Boquitas pintadas* de Manuel Puig". *Literatura y música popular en Hispanoamérica.* Ángel Esteban, ed. Granada: U de Granada, 2002.

Moreira, André Leão. *A hora dos animais no romance de Clarice Lispector.* MA. Diss. Belo Horizonte. FALE, UFMG, 2011. <http://hdl.handle.net/1843/ECAP-8EYJG9>.

Morell, Abelardo. *Abelardo Morell.* Text by Richard B. Woodward. New York: Phaidon, 2005.

Moreno, María. "El pago chico y los usos de Puig". *Ñ: Revista de cultura* 25 julio 2010.

Moriconi, Ítalo. *Os cem melhores contos brasileiros do século.* Rio de Janeiro: Objetiva, 2000.

Moser, Benjamin. *Why this World. A Biography of Clarice Lispector.* Oxford: Oxford UP, 2009.

Mourão, Cleonice Paes Barreto. "A fascinação pelo caleidoscópio. Uma leitura de *Água viva* de Clarice Lispector." Diss. Belo Horizonte: Faculdade de Letras da UFMG, 1981.

Muro Orejón, Antonio. *Homenaje al Dr. Muro Orejón.* Vol. II. Sevilla: U de Sevilla, 1979.

Musso, Pierre. "A filosofia da rede." *Tramas na rede. Novas dimensões filosóficas, estéticas e políticas da comunicação.* André Parente. Porto Alegre: Sulina, 2004. 17- 38.

Navajas, Gonzalo. *Teoría y práctica de la novela española posmoderna.* Barcelona: Edicions del Mall, 1987.

Nolasco, Edgar Cézar. *Caldo de cultura: A hora da estrela e a vez de Clarice Lispector.* Campo Grande: UFMS, 2007.

―――― *Clarice Lispector: nas entrelinhas da escritura.* São Paulo: Annablume, 2001.

Nunes, Benedito. *O drama da linguagem. Leitura de Clarice Lispector.* São Paulo: Ática, 1989.

―――― "Reflexões sobre o moderno romance brasileiro". *O livro do seminário, ensaios.* Affonso Romano de Sant'Anna y Domínicio Proença Filho, orgs. São Paulo: LR Editores, 1983. 43-70.

Nussbaum, Martha C. *La terapia del deseo. Teoría y práctica en la ética helenística.* Barcelona: Paidós, 2003.

Nye, Russel. B. *The Unembarrassed Muse: the Popular Arts in America.* New York: The Dial Press, 1970.

O'Leary, Catherine and Alison Ribeiro de Menezes. *A Companion to Carmen Martín Gaite.* Rochester: Tamesis, 2008.

Ong, Walter J. *Orality and Literacy: The Technologizing of the Word.* London: Methuen, 1982.

Orduna, Germán. *Ecdótica. Problemática de la edición de textos.* Kassel: Reichenberger, 2000.

Ortega, Julio. "Estudios transatlánticos". *Signos literarios y lingüísticos* III/1 (2001): 7-14.

―――― ed. *Nuevos hispanismos interdisciplinarios y trasatlánticos.* Madrid: Iberoamericana, 2010.

―――― "Post-teoría y estudios transatláticos". *Iberoamericana* III/9 (2003): 109-17.

―――― *Transatlantic Translations.* London: Reaktion Books, 2006.

Ortiz, Lourdes. *Los motivos de Circe.* Madrid: Dragón, 1988.

―――― *Voces de mujer.* Edición, introducción y guía de lectura de Nuria Morgado. Madrid: Iberoamericana, 2007.

Orué Pozzo, Aníbal. *Oralidad y escritura en Paraguay.* Asunción: Arandurã Editorial, 2002.

Orwell, George. *1984.* Madrid: Mestas, 2003.

Oviedo, José Miguel. "Puig: la provincia en versión magnetofónica". *Mundo Nuevo* 11 mayo 1969.
Oz, Amos y Fania Oz-Salzberger. *Los judíos y las palabras*. Madrid: Siruela, 2014.
Parra, Teresa de la. *Obra escogida I*. Caracas: Monte Ávila, 1992.
Pauls, Alan. *Manuel Puig: La traición de Rita Hayworth*. Buenos Aires: Librerías Hachette, 1986.
Pellegrini, Tânia. *Gavetas vazias: ficção e política nos anos 70*. São Carlos: Mercado de Letras, 1996.
Pennac, Daniel. *Como una novela*. Barcelona: Anagrama, 1993.
Pérez-Rioja, José Antonio. *Diccionario de símbolos y mitos. Las ciencias y las artes en su expresión figurada*. Madrid: Tecnos, 1971.
Peterson, Michel. "A língua chinesa de Clarice Lispector". *A ficção de Clarice: nas fronteiras do (im)possible*. Rita Terezinha Schmidt, ed. Porto Alegre: Sagra Luzatto, 2003. 32-49.
Petrucci, Armando. *Alfabetismo, escritura y sociedad*. Barcelona: Gedisa, 1999.
_____ *Libros, escrituras y bibliotecas*. Salamanca: Ediciones U de Salamanca, 2011.
Piglia, Ricardo. *La Argentina en pedazos*. Buenos Aires: Ediciones de la Urraca, 1993.
Pino, Claudia Amigo. *Criação em debate*. São Paulo: Humanitas, 2007.
Plett, Heinrich F. *Intertextuality*. New York: W de Gruyter, 1991.
Prado, Teresinha N. Meirelles do. "Procedimentos escriturais em Clarice Lispector". *Criação em debate*. Claudia Amigo Pino, org. São Paulo: Humanitas, 2007. 215-30.
Price, Leah. *How to Do Things with Books in Victorian Britain*. Princeton: Princeton UP, 2012.
Prieto, Char. *Cuatro décadas, cuatro autoras: la forja de la novela femenina española en los albores del nuevo milenio*. New Orleans: UP of the South, 2003.
_____ *No más sexo débil: la escritora española en el nuevo milenio*. Alicante: U de Alicante, 2006.
Puig, Manuel. *Los 7 pecados tropicales y otros guiones*. Buenos Aires: El Cuenco de Plata, 2004.

_____ *Bajo un manto de estrellas: pieza en dos actos; El beso de la mujer araña: adaptación escénica realizada por el autor.* Barcelona: Seix Barral, 1983.

_____ *El beso de la mujer araña.* New York: Vintage Books, 1994.

_____ *Boquitas pintadas. Folletín.* Barcelona: Seix Barral, 1972.

_____ *The Buenos Aires Affair. Novela policial.* Barcelona: Seix Barral, 2005.

_____ *La cara del villano; Recuerdo de Tijuana.* Barcelona: Seix Barral, 1985.

_____ *Estertores de una década, Nueva York '78; Bye Bye, Babilonia. Crónicas de Nueva York, Londres y París publicadas en Siete Días Ilustrados 1969-1970.* Buenos Aires: Seix Barral, 1993.

_____ *Maldición eterna a quien lea estas páginas.* Barcelona: Seix Barral, 1980.

_____ *Materiales iniciales para La traición de Rita Hayworth.* Introd. de José Amícola. La Plata: U Nacional de La Plata, 1996.

_____ "Moriré en Río de Janeiro" Buenos Aires: *Siete Días*, Nº 913, 19 diciembre 1984.

_____ *Los ojos de Greta Garbo. Relatos.* Trad. e Introd. de José Amícola. Buenos Aires: Seix Barral, 1997.

_____ *Querida familia: Tomo 1. Cartas europeas (1956-1962).* Compilación, prólogo y notas: Graciela Goldchluk. Buenos Aires: Entropía, 2005.

_____ *Sangre de amor correspondido.* Barcelona: Seix Barral, 1982.

_____ *La traición de Rita Hayworth.* Barcelona: Seix Barral, 1968.

Quaderni Iila. Incontro con Ignácio de Loyola Brandão. Premio Iila. Roma: Istituto italo latinoamericano. *Quaderni Iila* 2 (1984).

Rama, Ángel. *La novela en América Latina. Panoramas 1920-1980.* Bogotá: Procultura, Instituto Colombiano de Cultura, 1982.

Reis, Carlos y Lopes, Ana C. *Diccionario de narratología.* Salamanca: Almar, 2002.

Revel, Jean. *El conocimiento inútil.* Madrid: Espasa Calpe, 1993.

Reyes, Alfonso. "La 'Cárcel de amor' de Diego de San Pedro, novela perfecta". *Obras completas* I. México, 1955. 49-60.

Riobó, Carlos. *Sub-versions of the Archive: Manuel Puig's and Severo Sarduy's Alternative Identities*. Lewisburg: Bucknell UP, 2011.

Rizzi, Andrea. "El refugio de Carmen Martín Gaite". *El País* 25 agosto 2007.

Roa Bastos, Augusto. *Yo el Supremo*. Buenos Aires: Siglo Veintiuno, 1974.

Rodas, Giselle Carolina. "*Boquitas pintadas. Folletín*: Un recorrido por las publicaciones de la novela en Argentina y España". *Actas del II Congreso Internacional "Cuestiones Críticas"*. Rosario: Centro de Estudios de Literatura Argentina, 2009. <http://www.celarg.org/int/arch_publi/rodas.pdf>.

_____ "Tres modos de expectación: personajes femeninos y cine en *Boquitas pintadas*". *Folletín Escritural. Écriture d'Amérique Latine* 4, 2011.

Rodríguez Monegal, Emir. "El folletín rescatado". *Revista de la UNAM* 27/2 (1972): 25-35.

_____ "Writing Fiction under the Censor's Eye." *World Literature Today: A Literary Quaterly of the University of Oklahoma* 53 (1979): 19-22.

Rodríguez Núñez, José A. *Hojeando. Cuatro décadas de libros y revistas de artista en España*. New York: SEACEX, 2008.

Roig, Olga. *El arte de echar las cartas: baraja española*. Barcelona: Hermética, 2000.

Rolón-Collazo, Lissette. *Figuraciones: mujeres en Carmen Martín Gaite, revistas femeninas y ¡Hola!*. Madrid: Iberoamericana, 2002.

Romero, Julia. *Puig por Puig. Imágenes de un escritor*. Madrid: Iberoamericana, 2006.

_____ *El mapa del imperio: del escritorio de Manuel Puig al campo intelectual*. Buenos Aires: Al Margen, 2009.

Roncador, Sônia. *Poéticas do empobrecimento: a escrita derradeira de Clarice*. São Paulo: Annablume, 2002.

Rueda, Ana. "Carmen Martín Gaite: nudos de interlocución ginergética". *La novela española actual. Autores y tendencias*. Alfonso de Toro. Kassel: Reichenberger, 1995. 303-44.

Ruiz García, Elisa. *Catálogo de la sección de códices de la Real Academia de la Historia*. Madrid: Real Academia de la Historia, 1997.

———. *Manual de codicología*. Madrid: Fundación Germán Sánchez Ruipérez, 1988.

Ruscha, Ed. *Leave any Information at the Signal. Writings, Interviews, Bits, Pages*. Cambridge: The MIT, 2002.

Salamony, Sandra. *1000 Artists' Books: Exploring the Book as Art*. Beverly: Quarry Books, 2012.

Salinas, Pedro. *El defensor*. Madrid: Alianza Editorial, 1967.

Salles, Cecilia de Almeida. *Arquivos de criação: arte e curadoria*. Vinhedo: Editora Horizonte, 2010.

———. "Uma criação em processo: Ignácio de Loyola Brandão e 'Não verás país nenhum'". Diss. Pontifícia Universidade Católica de São Paulo, São Paulo, 1990.

———. "Crítica genética e semiótica: uma interface possível". *Criação em proceso: ensaios de crítica genética*. Roberto Zular, ed. São Paulo: Iluminuras, 2002. 177-201.

———. Crítica genética. *Fundamentos dos estudos genéticos sobre o processo de criação artística*. 3ª edição revisada. São Paulo: EDUC, 2008.

———. *Gesto inacabado. Processo de criação artística*. 4ª Edição. São Paulo: Annablume, 2009.

———. *Redes de criação. Construção da obra de arte*. São Paulo: Editora Horizonte, 2008.

San Pedro, Diego de. *Cárcel de amor*. Madrid: Cátedra, 1974.

Santiago, Silviano. "Manuel Puig: a atualidade de um precursor". *Revista Iberoamericana* XXIV/225 (2008): 1119-29.

Santos, Lidia. *Kitsch Tropical. Los medios en la literatura y el arte en América Latina*. Madrid: Iberoamericana, 2004.

Sarduy, Severo. "Note to the Notes to the Notes... A Propos of Manuel Puig." *World Literature Today* 65/4 (1991): 625-30.

Schapiro, Meyer. *Words, Script, and Pictures: Semiotics of Visual Language*. New York: George Braziller, 1996.

Segre, Cesare. *Principios de análisis del texto literario*. Barcelona: Editorial Crítica, 1985.

Semeraro, Cláudia M. y Christiane Ayrosa. *História da tipografia no Brasil*. São Paulo: Museu de Arte de São Paulo, 1979

Senís Fernández, Juan. *Mujeres escritoras y mitos artísticos en la España contemporánea*. Madrid: Pliegos, 2009.
Severino, Alexandrino. "As duas versões de *Água viva*". *Remate de males* 9 (1989): 115-18.
Shaw, Donald L. *The Post-boom in Spanish American Fiction*. Albany: State U of New York P, 1998.
Silveira, Paulo A. *A página violada: da ternura à injúria na construção do livro de artista*. Porto Alegre: Ed. UFRGS, 2001
Silverman, Malcolm. *Protesto e o novo romance brasileiro*. Carlos Araújo, trad. Rio de Janeiro: Civilização Brasileira, 2000.
Simis, Anita. *Cinema e televisão durante a ditadura militar: depoimentos e reflexões*. São Paulo: Cultura Acadêmica, 2005.
Smith, Keith A. "The Book as Physical Object." *A Book of the Book. Some Works and Projections about the Book and Writing*. Jerome Rothenberg y Steven Clay, eds. New York: Granary Books, 2000. 54-70.
Sobejano, Gonzalo. "Enlaces y desenlaces en las novelas de Carmen Martín Gaite". *From Fiction to Metafiction: Essays in Honor of Carmen Martín Gaite*. Mirella Servodidio y Marcia Welles, eds. Lincoln: Society of Spanish and Spanish American Studies, 1983. 209-23.
_____ "Funciones textuales del espejo en la narrativa de Martín Gaite". *Carmen Martín Gaite: Cuento de nunca acabar / Never-Ending Story*. Kathleen M. Glenn y Lissette Rolón Collazo, ed. y prefacio. Boulder: Society of Spanish and Spanish American Studies, 2003. 183-95.
Soler Serrano, Joaquín. *A fondo: Carmen Martín Gaite*. Madrid: RTVE, 1980.
_____ *A fondo: Ernesto Sábato*. Madrid: RTVE, 1977.
_____ *A fondo: Manuel Puig (videograbaciones)*. Barcelona: Editrama, 2000. 41 mints.
_____ *A fondo: Severo Sarduy*. Madrid: RTVE, 1978.
Speranza, Graciela. *Manuel Puig: Después del fin de la literatura*. Buenos Aires: Norma, 2000.
Stiles, Kristine and Selz, Peter H. *Theories and Documents of Contemporary Art: a Sourcebook of Artists' Writing*. Berkeley: U of California P, 1996.
Süssekind, Flora. "Polémicas, retratos e diarios (Reflexos parciais sobre a literatura e a vida cultural no Brasil pos-64)". *Fascismo y experiencia*

literaria: Reflexiones para una recanonización. Hernán Vidal, ed. Minneapolis: Society of Contemporary Hispanic and Lusophone Revolutionary Literatures, 1985. 255-98.

―――― *Papéis colados.* Rio de Janeiro: Editora UFRJ, 1993.

―――― *Tal Brasil, qual romance? Uma ideologia estética e sua história: o naturalismo.* Rio de Janeiro: Achiamé, 1984.

Tanselle, G. Thomas. *Bibliographical Analysis: a Historical Introduction.* Leiden: Cambridge UP, 2009.

―――― *Book-Jackets: their History, Forms and Use.* Charlottesville: The Bibliographical Society of the U of Virginia, 2011.

―――― *Literature and Artifacts.* Charlottesville: The Bibliographical Society of the U of Virginia, 1998.

Tomlinson, John. *Globalización y cultura.* México: Oxford, 2001.

Torre Nilsson, Leopoldo. *Boquitas pintadas.* Argentina: Divisa Home Video, 1974.

Urbanc, Katica. *Novela femenina, crítica feminista: cinco autoras españolas.* Toledo: Textos Toledanos, 1996.

Valdés, Mario J. *La interpretación abierta: Introducción a la hermenéutica literaria contemporánea.* Atlanta: Rodopi, 1995.

Vale, Sérgio. "Ignácio de Loyola Brandão: mascate de palavras". *Discutindo Literatura* 3/17 (s/d): 10-16.

Vargas García, Miguel A. "Comunicación epistolar entre trabajadores migrantes y sus familias". *La conquista del alfabeto: escritura y clases populares.* Antonio Castillo Gómez. Gijón: Ediciones TREA, 2002. 247-63.

Vargas Llosa, Mario. "Borges entre señoras". *El País* 14 agosto 2011.

Vasconcellos, Elaine. "O arquivo Clarice Lispector". *Inventário do Arquivo Clarice Lispector.* Rio de Janeiro: Ministério da Cultura. Fundação Casa de Rui Barbosa, 1994.

Vauthier, Bénédicte y Jimena Gamba Corradine, eds. *Crítica genética y edición de manuscritos hispánicos contemporáneos: aportaciones a una poética de transición entre estados.* Salamanca: U de Salamanca, 2012.

Vianna, Lúcia Helena. "O figurativo inominável: os quadros de Clarice". *Clarice Lispector: a narração do indizível.* Regina Zilberman, y otros. Porto Alegre: Artes e Ofícios, 1998.

Vogler, Thomas A. "When a Book is not a Book." *A Book of the Book. Some Works and Projections about the Book and Writing.* Jerome Rothenberg y Steven Clay, eds. New York: Granary Books, 2000. 448-66.

Walsh, Rodolfo. *Operación masacre.* Buenos Aires: Planeta, 1994.

Wasserman, Renata R. Mautner. "Clarice Lispector e o misticismo da matéria". *Clarice Lispector: novos aportes críticos.* Cristina Ferreira-Pinto Bailey e Regina Zilberman, orgs. Pittsburgh: IILI, 2007. 73-93.

Waugh, Patricia. *Metafiction. The Theory and Practice of Self-Conscius Fiction.* New York: Methuen, 1984.

Willemart, Philippe. *Critique génétique: practiques et théorie.* Paris: L'Harmatta, 2007.

White, Hayden. "Figuring the Nature of the Times Deceased: Literary Theory and Historical Writing." *The Future of Literary Theory.* Ralph Cohen, ed. New York: Routledge, 1990. 19-43.

Woodward, Ian. *Understanding Material Culture.* Los Angeles: SAGE, 2007.

Zanetta, Maria A. "Carmen Martín Gaite y Remedios Varo: Trayectos hacia el interior". *Anales de Literatura Española Contemporánea* 27/2 (2002): 279-309.

Zular, Roberto. *Criação em proceso: ensaios de crítica genética.* São Paulo: Iluminuras, 2002.

www.ingramcontent.com/pod-product-compliance
Lightning Source LLC
Chambersburg PA
CBHW071403300426
44114CB00016B/2167